英汉新闻编译运用测试研究：
从构念界定到效度验证

郑美玲◎著

中国商业出版社

图书在版编目（CIP）数据

英汉新闻编译运用测试研究 ：从构念界定到效度验证 / 郑美玲著. -- 北京 ：中国商业出版社，2022.1
ISBN 978-7-5208-1998-5

Ⅰ. ①英 Ⅱ. ①郑 Ⅲ. ①新闻－英语－编译－研究 Ⅳ. ①G213

中国版本图书馆CIP数据核字(2021)第260357号

责任编辑：张新壮 刘万庆

中国商业出版社出版发行
（www.zgsycb.com 100053 北京广安门内报国寺1号）
总编室：010-63180647 编辑室：010-83118925
发行部：010-83120835/8286
新华书店经销
三河市明华印务有限公司印刷
*
787毫米×1092毫米 16开 17.25印张 265千字
2022年1月第1版 2022年1月第1次印刷
定价：72.00元
* * * *

前　言

整体而言，语言测试研究领先于翻译测试研究，而翻译测试研究又领先于变译测试研究。在变译研究领域，对变译理论和变译技巧的探讨占一定比例，但变译教学和变译测试研究却相当薄弱。编译属于变译的一种，目前，编译实践日益丰富，特别是在新闻等领域中有较大的市场需求。在此背景下，开展新闻编译测试研究有一定的理论意义和现实意义。本研究的主要目的是开发一套新闻编译运用测试并验证其效度，使其服务于新闻编译资格水平鉴定、媒体机构招聘或者新闻编译教学。在此基础上，本研究试图回答四个问题：第一，测试的构念是什么？第二，测试的内容和形式是什么？第三，测试的分项评分量表包括几个评分维度？每个维度的等级如何设定？第四，测试的效度怎样？

本研究大致包括两个阶段：第一阶段为测试的研发与设计，主要基于工作分析，回答前三个问题，具体包括构建新闻编译能力模型，确定最常用的新闻编译任务，基于所构建的模型开发新闻编译测试的分项评分量表；第二阶段根据Weir的效度验证理论，从基于理论的效度、情境效度、评分效度、结构效度、效标关联效度和后果效度层面收集证据进行效度验证，回答第四个问题。最终得到如下研究结果。

第一，测试构念的界定。结合调研和文献结果构建了新闻编译能力模型，包括语言能力、知识结构、使用能力、编辑能力、转换能力和生理—心理机制。其中，语言能力和知识结构为说明性知识，使用能力、编辑能力和转换能力为程序性技能，每个子能力还可以继续细分。编辑能力是重点能力，是对稿件的加工和整理，包括删、增、调等区分主次的能力；转换能力是核心能力，包括源语言理解能力、源语言和目标语言之间的转换能力和目标语言生成能力。

第二，测试内容和形式的确定。通过工作分析，可以确定最常用的新闻编译任务，并进而明确测试方法和测试内容。工作分析包括对新闻编译从业人员和教学人员进行访谈和问卷调查，其中从业人员主要来自新华社、环球网、路透中文网、中国日报社和央视等媒体。数据分析显示，新闻编译从业者需要具备五种基本的编译技能，面临十种最常用的编译任务，在各类交际任务中，读—译模式占主体，该模式中，最常用的任务是将两篇或以上英文稿件制作为中文稿件。对此类任务的文本特征进行分析之后，进行实地考察获取真实语料，最后请教专家，确定了测试任务：考生作为新华社国际部工作人员，须在100分钟内阅读两篇国际时政类体裁的英文消息（1000字左右），确定主题，自拟标题，将其编译成一篇中文稿件（700—900字）。

第三，测试量表的开发。以新闻编译能力模型为理论基础，同时结合调研和文献结果，开发了分项评分量表，该量表包含三个分项，分别为内容、编辑和语言，每个分量表被划分为五个等级，每个等级都有相应的描述词。

第四，测试效度的验证。在本研究的第二阶段，首先组织试测和试评，结果基本符合预期，随后向60名考生发放试卷，聘请3位评分员分别利用分项量表和整体量表进行评分。项目反映理论的多面Rasch模型和经典真分数理论的信效度检验方法为本测试的效度检验提供了理据，利用FACET和SPSS分析评分结果，最后得到如下效度证据：（1）通过工作分析所确立的新闻编译能力模型和测试任务为本测试提供了理论效度证据和情境效度证据；（2）评分效度证据主要来自对分项量表和整体量表的

比较分析，统计结果显示分项量表的质量更好，具体表现在以下两个方面。① 相关分析和方差分析表明，分项量表在各个分项和分项总分上都表现出更高的一致性，而且分项量表下三位评分员两两之间的评分结果无显著差异。②多面Rasch模型分析结果显示，从拟合值、分隔比率、分隔系数和卡方检验值来看，分项量表下的观察分数与模型拟合更好，对考生的区分能力更强，评分员之间的严厉度差异性更小，量表的等级设置更合理。偏差分析也进一步显示，分项量表下评分员与考生、评分员与评分分项之间均无显著交互，质量更高。（3）分项量表下各个维度的拟合值均在合理范围之内且|Z|<2，这表明该量表无冗余分项，内容、编辑和语言这三项从不同维度共同测量了新闻编译能力，测试具有较高的结构效度。（4）效标关联效度证据来自本测试与其他效标的相关分析，结果显示，本测试分项量表下的评分结果与整体量表下的评分结果、新闻全译测试和新闻编辑测试的评分结果之和，以及新闻全译测试评分结果之间的相关系数依次递减，这是合理的。（5）后果效度证据来自对测试的反拨效应调查，多数被访者表示本测试对今后的编译学习能够起到积极的促进作用。

本研究的意义体现在如下几方面：第一，在学术思想上，本书对于译者新闻编译能力构成成分的分析，鲜见于以往同类研究，具有理论探索性；本研究聚焦新闻编译测试的研发，从测评视角探究新闻编译活动是该领域的一次尝试性讨论，拓宽了新闻编译的研究范畴，揭示了新闻编译测试研究的跨学科性和多层次性特点。第二，研究方法上，本研究应用工作分析法设计编译运用测试题目，研制分项评分量表，编译运用测试开发流程的整体设计是在翻译测试领域中应用新方法的尝试性探索，完善了功能主义翻译运用测试的开发框架，为今后此类运用测试的开发提供了新思路。第三，实践方面，本测试可为资格认定机构的译员资格评定提供依据，也可为媒体单位的编译人才选拔以及教学单位对学员编译员的评价提供一定参考。本书亦可供语言测试学和翻译测试学的研究生及翻译教学与研究工作者阅读参考。

由于作者理论水平和学术视野有限，本书还存在不少疏漏或不妥之处，恳请各位专家、读者不吝批评指正。

目　录

第一章 导 论

本研究分两大部分：一是英汉新闻编译运用测试的研发与设计；二是对该测试的效度验证。本章首先介绍研究背景和研究目的，然后阐述研究内容，最后是文章的结构安排。

1.1 研究背景

现如今，全球化进程不断加快，国际交流与合作也随之日益频繁，信息传播成为各国间沟通与合作的重要桥梁。在各种信息传播方式中，新闻以其独有的特点，每天在联通世界各地的信息高速公路上快速有效地传递着各个国家和地区的最新信息。在通讯社、报社、电台、电视台和网络媒体等媒体机构的翻译活动中，编译占相当一部分比例（吴启金，2002），是"媒体采用最多的新闻翻译方法"（刘其中，2009a：9）。编译的方向主要是英译汉或汉译英，或者两个方向兼有，传递的信息以"多、快、好、信"为显著特色，中文和外文两种语言之间的新闻编译活动成为我们了解世界、外界了解我们的重要途径和窗口。编译在工作中使用频繁，合格的编译者成为媒体单位急需的翻译人才。

然而，10年前，我们很少关注新闻编译能力的培养。刘其中（2009b）在《汉英新闻编译》一书的序言中提到，尽管高校设有许许多多的新闻院系，但很少有人致力于开设新闻编译课程[①]。国内现行翻译教

① 早年开设新闻编译课程的院校很少。值得一提的是中国传媒大学。1982 年，该校外语系率先开设国际新闻专业，随后为该专业的学生开设了《国际新闻编译》课程，截至目前，这门课程已经有 30 多年的历史，成为一门传统专业课。

程大都以全译作为教学对象，教材中难觅摘译、编译等训练内容，国外也暂未见到类似教材（黄忠廉、李红青，2004）。测评方面，早在20世纪90年代，加拿大渥太华大学翻译学校、康科迪亚大学等学校翻译系的入学笔译考试中都设有编译或文章摘要等测试题目，类似的考题却很少出现在国内的翻译测试中。编译的难度大于全文翻译，翻译教育界要注重对学生编译能力的培训，有必要在教学大纲的制定、教材的编写以及翻译测试中加入编译的内容（穆雷，1994），提高学生“综合、归纳、分析、复述和简练的能力”（庄智象，1992），从而满足用人单位的需求，避免人才培养与社会实际需要脱节（刘树森，1993）。

近年来，越来越多的外语院系和新闻院系开始开设新闻编译课程，如清华、人大、北外、北语、上外等。随着新闻编译实践的活跃繁荣，新闻编译教学日渐兴旺，新闻编译教材相继问世，新闻编译题型也开始出现在翻译竞赛中[①]，然而英语专业本科生的翻译测试中很少涉及编译（邹申，2012：293），高等级的翻译资格考试中仍未见编译题型。新闻编译测试研究更是较少受到重视，一直处于新闻传播学和翻译学的灰色地带，这方面的研究极度匮乏，严重滞后于实践需求。原因是多方面的。第一，新闻编译研究整体薄弱。专门系统讨论新闻编译的专著只有两部，为数不多的新闻翻译专著只在个别章节讨论新闻编译，新闻编译方面的论文也多集中在编译原则、方法和策略的探讨上。第二，“编译”研究的数量仍远远落后于“全译”研究。近年来，虽然编译相关研究成果有所增加，但是，编译作为一种特殊的翻译实践活动（黄忠廉，2002），在翻译界的地位有待提高。第三，翻译测试研究的滞后从一定程度上影响了编译测试研究。2012年，国外学者Golavar（转引自王振亚，2012b）曾写道：“非常奇怪，尽管翻译评估非常重要，但翻译测试研究极少，这个领域需要比现在多很多的研究。”国内也有研究者

① 北京语言大学主办的第三届（2013）、第四届（2014）和第五届（2015）国际口笔译大赛中均设有新闻编译（英汉 / 法汉）组别。第三届大赛试题见附录一。

指出，翻译测试研究“在量上偏少，在质上几乎‘失语’，迫切需要针对具体考试展开定性定量结合的效度验证研究”（张新玲，2011）。总之，编译测试研究起步晚，落后于翻译测试研究，而翻译测试研究又落后于语言测试研究。

最新研制的《中国英语能力等级量表》将编译能力纳入翻译能力体系，在翻译能力分量表中多次提到“变通”“调整”等概念，指出译者在翻译话题广泛的新闻时，要“根据需要适当编译，再现原文观点和隐含意义”。同时，随着翻译职业化进程的加快，翻译资格考试和译者招聘考试都与职业译员的需求有密切关系，如何考查翻译人才在时政、经贸等领域的应用翻译能力成为亟待研究的问题（王鸣妹，2017）。编译人才培养应顺应市场对相关人才的需求，鉴于编译是媒体单位使用频率相对较高的翻译方法这一需求现状，推进相关能力的测评研究具有现实意义。总之，新闻编译测试是评判译员资格、选拔译员雇员、衡量教学质量的一种重要依据和手段，我们需要该领域的研究成果，以期将来能够应用到教学、资格评定和人员招聘等各环节。

1.2 研究目的

鉴于当今的国际形势和信息传播方式，国内各类媒体单位急需一批合格的新闻编译人才。相应地，对新闻编译人员的专业能力的评价便提上日程。本研究旨在开发一套测试系统，用来检测新闻编译从业者的新闻编译运用能力。

简言之，本书将运用语言测试、翻译测试、变译理论和新闻编译的研究成果，研发一套测试系统用于评价新闻编译人员的专业水平，并通过一系列的实证方法验证其效度。在研发过程中，作者将从开展新闻编译业务（英、汉两种语言）的媒体单位中选取典型单位作为调研对象。在测试任务的设计环节，我们将上最大限度模拟这些单位的真实交际环境，通过引入语境这一因素，我们可以测量出考生更真实的新闻编译运用水平。

1.3 研究内容

简单来说，本研究旨在回答这几个问题：本研究开发的测试测量的能力是什么，由哪几部分构成？如何测量这一能力？怎么评价这一能力？测试的效度怎么样？具体来看，研究问题包括以下几个方面。

（1）本研究欲开发的测试的构念是什么？

本研究拟构建新闻编译能力的构成成分，结果是包含多个子能力的新闻编译能力模型。评分量表必须与测试要测量的构念一致，因此，明确该模型中的各项子能力，可以为新闻编译测试的分项评分量表的开发提供理论基础。

（2）本研究欲开发的测试的形式和内容是什么？

开发运用测试的关键是了解实际工作中的新闻编译任务的类型和内容，并通过工作分析，来确定实际工作中的交际任务类型和特征，从而为新闻编译工作任务转换为新闻编译测试任务奠定基础。工作分析涉及访谈法、问卷法和观察法，因此，本书的工作分析是确定测试内容和方法的实证基础。

（3）本研究欲开发的测试的分项评分量表应包括哪些分项？每个分项的等级是多少？每个等级的描述词如何撰写？

这些问题的解决主要基于问题一，即新闻编译能力模型的确立。

（4）本研究欲开发的效度怎样？

本测试的效度验证主要是从测试的构念、测试的内容、评分员、考生、评分分项和评分量表等方面收集证据，用来检验基于理论的效度、情境效度、评分效度、结构效度和效标关联效度等（Weir，2010）。

本研究分两个阶段，第一阶段主要回答前三个问题，第二阶段主要回答第四个问题，具体如图1.1所示：

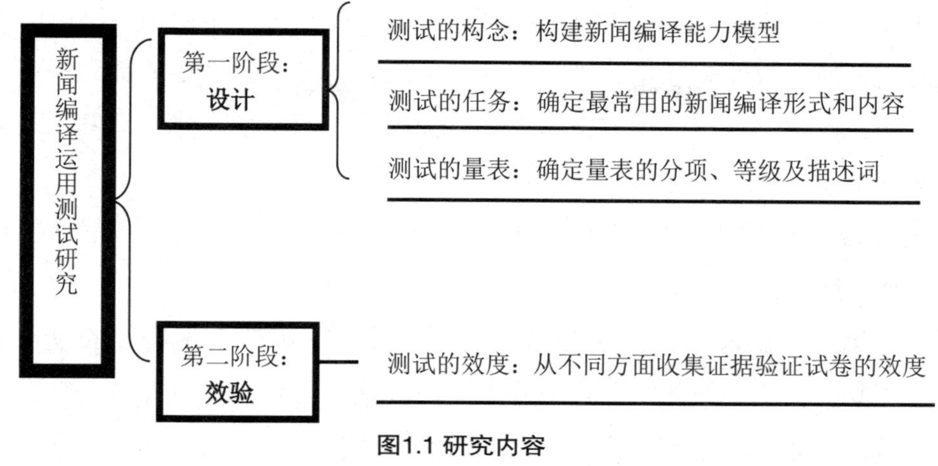

图1.1 研究内容

1.4 本书结构

本书共分七章：第一章导论，第二章文献综述，第三章新闻编译测试研究的理论基础与测试开发框架，第四章研究设计，第五章新闻编译运用测试的研发和设计，第六章新闻编译运用测试的效度验证，第七章结论。

首先，导论部分主要介绍研究背景、研究目的和研究内容，最后是本书结构。

第二章文献综述。重点梳理新闻编译相关领域的研究进展和现状。对新闻、新闻翻译、新闻编译等关键概念进行界定和阐述，为后面的文献梳理做铺垫。文献梳理大致分两部分内容：一是编译的理论基础研究现状；二是编译研究现状。前者分别介绍了功能派翻译理论和变译理论，后者则按照文本类型介绍了不同类文本的编译研究现状，重点梳理了新闻类文本的编译研究，并对其进行了评价。

第三章新闻编译如测试研究的理论基础与测试开发框架：重点从测试开发的角度对相关理论进行梳理。这些理论包括以Carroll、McNamara、Bachman为代表的测试开发专家所提出的语言测试理论，以及国内学者王振亚的功能主义翻译运用测试理论。综合4位测试专家的研究成果，作者最后提出了本测试的测试开发框架，用以指导测试的开发。另外，效度验证是测试开发环节中最后一环，也是很关键的一环，因此，作者单独用一小节介绍效度验证理论，用来指导对所开发测试的效度验证。

第四章研究设计。介绍了研究问题、研究方法、研究对象、研究步骤和数据分析方法等。

第五章新闻编译运用测试的研发和设计：本章是本研究的重点章节。其中，第一节的工作分析是本研究的重中之重，通过面谈、问卷、文献、观察、收集等一系列方法确定测试的任务形式与内容、构念和量表。第二节的新闻编译运用测试的研发和设计是以工作分析结果为基础，撰写设计报告（包括试题），明确测试规范。第三节试测，根据上一节的报告和规范，作者施测于30名考生，随后聘请2位评分员利用事先设计好的分项量表进行试评分，最后利用SPSS和FACET两款软件对评分结果进行数据分析，从评分员、考生、评分分项、评分量表等不同角度检验试卷的效度。若结果符合预期，则本章节制定的设计报告和测试规范可以应用到正式测试中。若有偏差，则修改后再投入到正式测试中。

第六章新闻编译运用测试的效度验证。作者对3个班级的60名考生展开正式测试，由3名评分员评分后，利用SPSS和FACET两款软件分析评分结果，从不同层面验证本测试的效度。

第七章结论。作者总结了研究成果、研究意义、研究局限和未来研究方向。

第二章 文献综述

本章共包括四小节，详细论述本研究的必要性。第一节厘定新闻、编译和新闻编译等关键概念；第二节介绍国外和国内编译相关理论研究进展，功能派翻译理论为新闻编译研究提供理论支持，变译理论则使得编译研究真正进入我们的视野；第三节将编译研究分为两大类：一是外宣、科技、旅游、广告或一般类文本的编译研究现状，二是新闻文本的编译研究现状。从本体、译者和实践三视角对发表在核心期刊的非新闻类文本编译研究以及硕博论文相关成果进行评述，进而从理论、实践和本体视角综述核心期刊、硕博论文和书籍等不同成果形式的编译研究；最后一节是总结。

2.1 关键概念

2.1.1 新闻

本节介绍新闻的定义、分类及新闻的媒介组织。

根据童兵（2000：24）的观点，“国人有好事者，曾经收集到三百多个新闻定义，国外更有人扬言，新闻定义在千种之上”。可见，对于新闻的定义，目前学术界尚未有定论，穷尽所有定义亦非易事。对于较典型的见解，我们仅列举一二。对于新闻的界定，陆定一（1943转引自刘其中，2009b）认为：“新闻的定义，就是新近发生的事实的报道。”杨保军（2005）在系统论述新闻的基本范式和类型后，将新闻定义为：“新闻本质上是一种新近发生或正在发生的事实信息；真实、新鲜是其内容的本质特点；及时、公开是其具有的传播特征。”前者的定义更为简明精辟，亦是新闻界普遍接受的定义之一；后者则更加全面，提到了新闻的本质和属性。新闻的分类可以采用渠道、区域、内容、性质等标准（张健，2007），如表2.1所示。

表2.1　新闻分类（张健2007）

分类标准	新闻的种类	本研究中使用到的新闻
交际渠道	通讯社新闻、报刊新闻、网络新闻、广播新闻、电视新闻、杂志新闻等	通讯社为主，报刊、网络和电视新闻为辅
区域与范围	国际新闻、国内新闻、地方新闻	国际新闻
内容	政治、经济、科技、灾难、暴力与犯罪、体育、社会新闻	政治新闻
发生的性质	硬新闻和软新闻	硬新闻
写作技术	客观新闻、阐释性新闻、调查新闻	客观新闻

新闻的媒介组织包括通讯社、报社、网站、电视台和电台，除通讯社外，与其他组织相对应的新闻媒介依次是报纸、互联网、电视、广播。通讯社是引自国外的概念，英文表述为news agency或news service。顾名思义，通讯社可简单定义为“向其他新闻媒介提供新闻服务的机构”（杨保军，2005）。它将消息汇总，并且保证新闻消息的流通高速、有效，是“供应新闻的大动脉”。通讯社的核心业务是提供新闻信息服务，包括收集和供应新闻稿件、图片和资料。服务对象为报社、电视台、电台和网媒等。目前，世界四大通讯社为美联社（The Associated Press，AP）、路透社（Reuters）、法新社（Agence France-Presse，AFP）、合众国际社（United Press International，UPI），它们垄断着世界上大约40%的国际新闻的传播。近年来，通讯社虽受新媒体的影响较大，但依然位于新闻产业链的最顶端，依旧是有较大影响力的新闻“批发商”和“零售商”。

新华社是我国的官方通讯社，自诞生初期便有了新闻编译活动。1944年，延安清凉山的一个窑洞里，新华社英文编辑一大早在翻看《解放日报》，把认为适合对外播发的新闻编译成英文。下午4时，通讯员骑马把稿件取走，并在一两个小时内，用莫尔斯电码向美国发出。这就是新华社早期的对外英文大广播[①]。近年来，新华社在国际新闻通讯界的地位正不断上升。

本研究将从新华社以及报刊媒体、网媒和电视媒体中选取单位，调查新闻编译的使用情况，这部分内容将在工作分析部分作详细说明。

2.1.2 新闻编译

2.1.2.1新闻翻译

对于新闻翻译，刘其中（2004）给出的定义是："新闻翻译是把用一种文字写成的新闻（原语新闻，News in Language A）用另一种语言（译语语言，Language B）表达出来，经过再次传播，使译语读者（Language B readers）不仅能获得原语新闻记者所报道的信息，而且还能得到与原语新闻读者（Language A readers）大致相同的教育或启迪，获得与原语新闻读者大致相同的信息享受或文学享受。"简言之，新闻翻译就是一个将语言A制作的新闻用语言B准确、得体、快速地表达出来的过程。本质上，这里"新闻翻译"的定义与一般意义上"翻译"的定义都涉及跨语言之间的信息传播，都强调目标语言读者对目标文本的感受与原语读者对原文本的感受要大致相同。不同的是，信息的载体从某种语言文字变为某种语言的新闻文本。此外，新闻翻译属于新闻信息的二次传播，受到除语言、文化外更多因素的限制，比如政治因素、媒体立场、译者素质、目标群体等，因而会涉及较多的编译处理，这里提到的"教育"、"启迪"或"享受"也只能是"大致相同"。

新闻翻译"按译文的形式主要有全文翻译、摘要翻译、综合编译3种"（刘其中，2009a：8），简称为全译、摘译和编译。其中，"编译是媒体采用最多的新闻翻译方法"（ibid.：9），"被通讯社、报纸、广播、电视、网络等新闻媒体广泛采用"（ibid.：204）。在新闻翻译类教

---

① 来自网络：http://news.xinhuanet.com/2011-11/01/c_111139229_3.htm.

材中，学者们通常仅用一两章（节）介绍摘译和编译。

2.1.2.2编译

中国社会科学院语言研究所词典编辑室编的《现代汉语词典（第7版）》对编译的解释简单，仅五个字："编辑并翻译"，至于"编"和"译"的次序、比例、内涵等，无从得知。在编译研究领域，关于编译的定义，目前仍无定论，有关编译的新阐释不断出现。

许明武（1998）较早尝试着厘定编译的概念，"编译，简言之，指编辑和翻译，是夹杂着编辑的翻译活动，是先编后译的过程，是据编译对象的特殊要求对一篇或几篇文献加工整理后再进行翻译的过程。加工指将原作制成新作，以达到编译的特定要求；另一层意思是使原文更完善，更能为译文读者所接受；整理则指使原文更加条理化，或据译者（或读者）要求更具针对性，调整秩序，使之有序化"。后人虽不断提出新的定义，但基本未脱离该段文字所表达之义。比如，刘丽芬、黄忠廉（2002）提出了类似的界定，只是将"文献"改为"原作"，"翻译的过程"改为"翻译的变译活动"，强调了编译属于变译。受篇幅所限，我们不再赘述其他定义。简言之，编译是译者采用翻译和编辑的手段进行的实践活动，包括翻译和编辑两部分。其中，编辑属于7种变通手段中的一种，具体是"将原作内容条理化、有序化，使之更完美、更精致的行为，包括编选（从原作中选取一部分加以整理）、编排（按一定的顺序将原作内容重新排列先后）、编写（将原作提供的材料加以整理，写成译语文字）等。原文在此可是一个句群、一个段落、一文一书。亦可是多文多书，对其编辑，旨在使主旨更加鲜明，使内容非常明确集中，能给人留下清晰深刻的印象，使内容单一，为中心服务，依主旨的需要去组织原作材料"（黄忠廉，2002）。

2.1.2.3 新闻编译

刘其中（2004）认为："新闻编译是采用翻译和编辑的方法，按照既定的编辑方针，把用一种语文写成的新闻处理成另一种语文新闻的方法或过程。"林柏（2007：3）认为，新闻编译实际上只是把中文或英语原文的新闻稿当作“新闻素材”，根据这些“素材”（一篇或者多篇原文新闻稿）进行“重写”，而不是“翻译”，既不是“直译”，也不是“意译”。后者强调新闻编译和新闻翻译之间的差异，拉近了新闻编译和新闻写作之间的距离。从某种程度上来说，任何译文的表达都需要一定的目标语写作能力，编译也不例外。但是，编译仅类似“重写”，并非“写作”。我们不能说新闻编译不是翻译，因为任何称之为写作的活动只发生在单语环境中，不涉及两种语言之间的转换，而编译活动则不同，编译者“编辑”后的内容必须经过译者的“转换”这一环节，才能为目标语读者所理解。当然，假设译者对一篇稿件99%的内容进行编辑，只是翻译了极少一部分内容，那么这种活动是否属于新闻编译则另当别论。我们调研发现，实际工作中译者很少这么去做，典型的编译活动是翻译为主，编辑为辅。

本研究所讨论的新闻编译按照传播方向的不同，可分为汉英新闻编译和英汉新闻编译。汉英新闻编译，顾名思义，“就是将中文新闻翻译、编辑成英文新闻。说得更完整、更准确些，就是将中文新闻或中文新闻素材（用中文写成的新闻）通过翻译和编辑的方法将其转换成英文新闻，供国外、国内的英文读者阅读。汉英新闻编译是把用中文写成的新闻（或中文新闻信息）通过翻译和编辑的方法处理成英文新闻进行对外传播的新闻报道形式”（刘其中，2009b:3）。英汉新闻编译，是通过翻译和编辑的方法将英文新闻或者英文新闻素材（用英文写成的新闻）转换为中文新闻，供国内外的中文读者阅读。它是将英文新闻信息经过一定的处理后进行对内传播的新闻报道形式。

综上所述，本研究对新闻编译的定义是：新闻编译是一种译者以英文/中文文本（一篇或多篇）、视频、音频或图片等新闻素材为原材料，采用翻译为主、编辑为辅的处理方法，制作成中文/英文的新闻稿件供国内外读者阅读的跨文化交际形式。它是一项集翻译、编辑、写作于一体的特殊的新闻翻译技巧，这些创造性的劳动几乎同时进行。

2.2 编译的理论基础研究

2001年，国内学者黄忠廉基于我国翻译实际提出了变译理论，指出编译属于变译方法的一种。而在此之前，以诺德为代表的国外学者提出的功能派翻译理论也对编译的理论与实践产生了深远的影响，可以说，两者共同奠定了新闻编译研究的理论基础。

2.2.1 功能派翻译理论

传统翻译研究从翻译本体的理念出发，拒绝承认全译以外的翻译方法的合法性。但是，20世纪七八十年代，翻译研究领域的文化学派开始倡导一种“去原文中心主义”的翻译研究方法。比如，翻译理论家Lefevere（2004）认为应当重写并操控，“翻译是最显而易见的一种重写”，“重写者在一定程度上改编或操控原作，使之适应当时的意识形态以及诗学标准”。赞助人、意识形态和诗学等是使翻译成为重写的深层原因。从此，人们开始重新思索传统翻译研究对于翻译理论的界定。

20世纪 70年代，德国功能翻译学派诞生，代表人物包括德国的Reiss、Vermeer和Nord，主要理论包括Reiss提出的文本类型与翻译策略论、Vermeer和Nord的目的论以及Nord的功能语篇分析理论。其中，目的论是功能派翻译理论的主导理论，它颠覆了原语文本的核心和权威地位，主张译文的语气目的或功能决定整个翻译过程，包括翻译策略和方法的选择，即“目标决定方式”（the ends justifies the means）。并且该理论开始把翻译放入行为理论和跨文化交际理论的框架中，并把文本功能引入译学研究，具有首创意义。

Reiss是该派别的先导人物，她在1971年出版的《翻译批评的可能性与限制》一书中提出了功能派翻译理论的雏形（贾文波，2004）。她认为，在翻译实践中某些等值是无法实现的，因此不该一味追求译文与原文的等值。相应地，翻译批评也应以翻译行为是否达到特殊目的为准则。考虑到具体的翻译任务，译文和原文可以有不同的功能，并提出了三大功能文本类型，包括“信息型”、“表情型”和“操作型”。虽然此分类标准有其局限性，但是将语言功能与翻译结合起来属首创之举，为功能派翻译理论奠定了基础。

Vermeer是目的论的首倡者（Munday，2001），认为所有翻译遵循的首要规则就是“目的规则”，翻译目的决定翻译策略与具体的翻译方法。简言之，翻译目的决定翻译行为。翻译的结果是译文，但译者必须清楚地了解翻译的目的与译文功能，才能做好翻译工作，产生出理想译作。目的论把原文视为信息来源，译者可根据翻译目的选择需要的信息在译文中进行重新表达。翻译目的主要是由译文读者决定的，这在翻译发起人的翻译要求中常有所体现，或由译者与顾客共同商定。可见，持目的论者强调目的语文本和目的语文化的重要作用，原文被“罢黜”，其地位明显低于传统翻译等值论中的源语文本的地位。源语文本不再是译者做决定的首要和唯一标准，它更多地是为目标受众提供他们乐意接纳的某种信息而存在。除了“目的规则”，目的论中另外两个重要的规则分别是“连贯规则”和“忠实规则”，前者指文内连贯，后者为文本间的连贯。三大规则按重要性排序分别为：目的规则、连贯规则和忠实规则。

继目的论之后，Mänttarix提出了翻译行动论（theory of translational action）（Munday，2001），该理论把“翻译行为”视为“为实现信息的跨文化、跨语言转换而设计的复杂行为”。该行动所涉及的参与者包括行动的发起者、委托者、原文产生者、译文产生者、译文使用者及译文接受者。翻译理论好比环环相扣的链条，每一个参与环节都有自己的目的，并关联到下一环节。该理论拓展了功能翻译理论的研究领域。

Nord（2001）是功能翻译理论学派的最后一位主导人物，在综合分析各流派优缺点的基础上，提出了“功能+忠诚”的翻译原则，说明了译者、作者、译文读者、发起者等主体之间的人际关系，对功能理论作了系统合理的阐释。此外，她还根据文本功能和翻译目的提出了“文献”翻译和“工具”翻译两大翻译方法，进一步完善了功能翻译理论体系。文献性翻译指充当原作者和原文接受者之间进行原语文化交流的文献，译者保留原文中的文化特有词汇，原语文化特色在译文中保持不变，如逐字翻译和“异域情调翻译”就属文献性翻译，译语读者通过译文了解原文思想，但知道这是译文。后者则是在目的语文化交流中充当一种独立的信息传递工具，实现特定的交际意图，译文功能可以与原文相同，也可以具备不同功能，这时需要译者明确翻译动机，根据翻译目的对原文作相应调整。相应地，译文读者则感受不到翻译的痕迹。在2017年的一次访谈中，诺德再次阐述了忠实与忠诚的区别，强调前者关注文本之间的关系，而后者指译者与作者、委托人和读者等之间的关系，译者为了忠诚于原作作者和译文读者，可以不用忠实于原文（田璐、赵军峰，2018）。总之，功能翻译理论采用“自上而下”的研究方法，“视翻译为人与人之间的交际活动”，指导译者翻译行为的参照系是“译文在译语文化环境中所预期达到的一种或几种交际功能”（叶小宝、徐志敏，2011）。译者为实现特定的预期功能需要对文本进行删改等必要的调整，功能决定着调整的度。译文的评价标准从“对等”转向交际“功能”的实现程度。

功能派翻译理论颠覆了原语文本的权威地位，赋予译者较大的自主权，为编译实践提供了强大的理论支持，编译的合法性在理论上也因此而得以伸张。但是，我们注意到，或许因为传统翻译观念根深蒂固，编译这种改写手段未受到重视，有研究者仍无法接受称其为“翻译”。这一方面是因为“翻译”一词在外延上作了狭隘化的理解；另一方面，则是因为人们对翻译的改写手段及其重要性还知之甚少。编译真正进入国内研究者的视野是在变译理论产生之后。

2.2.2 变译理论

翻译实践中存在完整性翻译和非完整性翻译，这两个对立的现象又被称为全译和非全译。前者追求原文和译文在最大程度上对等，后者则从翻译目的出发，目的决定翻译方法的选择。非全译作为一种变译现象早在盛唐时期就存在，但一直被忽视并受到排斥。世纪之交，国内学者黄忠廉从我国翻译实际出发，在分析大量翻译事实之后提出变译理论，系统论述了变译的本质、系统、方法、手段、体系、单位、过程、机制、特效、规律、标准等（黄忠廉，2002）。该理论的出现使得中国的翻译理论研究摆脱了20年来对国外翻译理论的依赖，这一系统、实用、新颖的翻译理论逐渐为译界和译论界所认识并接受。

根据黄忠廉（2002：96）“变译是译者根据特定条件下特定读者的特殊需求，采用增、减、编、述、缩、并、改作为变通手段摄取原作有关内容的翻译活动”，变译可看作全译与创作的结合，或先变后译，或先译后变，或变译交融。变译方法包括11种：摘译、编译、译述、缩译、综述、述评、译评、改译、阐译、译写、参译（2002：124）。前5种方法的信息全部来自原作，后6种方法的信息来自原作内外。换言之，前5种方法是以原作信息为主的变译，后面6种构成了一个由译到作的信息来自原作内外的变译。各种变译方法自成体系、呈阶梯状上升、难度逐渐加大（2002：157）。变译理论作为一个整体框架，囊括了编译这一变通方法，编译是在变译理论指导下的具体运用和实施，变译和编译之间是一般和具体的关系。变译理论考虑到译语读者需求，为新闻编译研究提供了强有力的理论支持。

近年来，变译能力培养相继写入指导性文件：最新版《大学英语教学指南》将翻译技能的“提高”目标描述为能够“摘译”所学专业相关文献，《中国英语能力等级量表》翻译书面论述能力分量表中提到，译者要能够根据需要适当“编译”新闻。学界对变译教学的探讨也越来越具体化，然而，变译批评这一研究领域仍然有待开拓（厉平，2014）。变译测试研究极少，严重滞后于实践需求。

2.3 编译研究

作者于2020年3月22日在中国期刊网上对外国语言文字条目下发表于2000年1月1日至2020年3月1日期间的文章，以主题为搜索条件分别对翻译、新闻翻译、变译、摘译、编译和新闻编译进行高级检索，得到结果如图2.1所示：在过去21年间，按照论文发表数量，各类主题由高到低排列依次为翻译（129578篇）、新闻翻译（2446篇）、变译（673篇）、编译（597篇）、新闻编译（314篇）。尽管各研究主题之间存在一定的重合，这些数据仍有助于我们比较各类主题的发展趋势。数据表明，各类研究成果的数量存在极大差异：一般性翻译的研究数量占绝对优势，达到129578篇，而变译相关的论文仅673篇，编译研究远远多于摘译研究。事实上，在变译诸方法中，只有编译的地位能够与翻译（全译）相颉颃，得到人们的公认。查遍《现代汉语词典》（修订本，1999），与译事有关的词项，只有两个，一个是“翻译”，另一个是“编译”（田传茂，2005）。

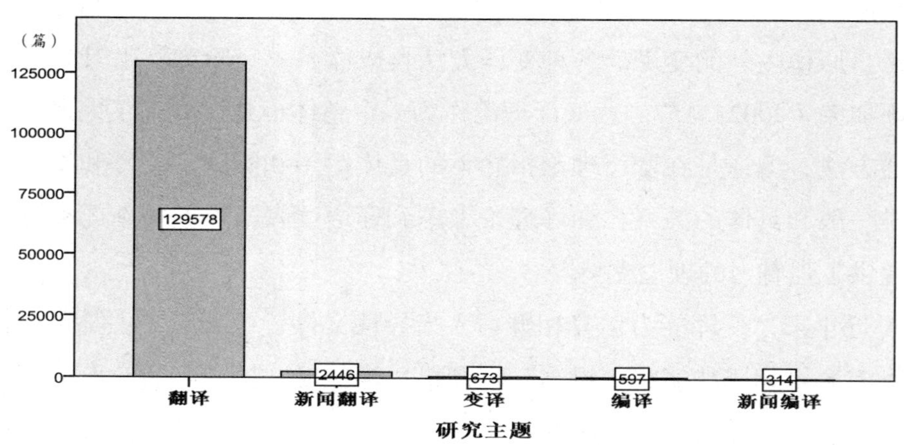

图2.1 各类主题研究成果比较

刘其中曾指出（2004），新闻翻译“依旧是一门正在为自身的存在和发展呐喊的学科”。相比之下，新闻编译更是一门为自身的存在而呐喊的新兴学科，它在翻译研究领域中的地位与一般性翻译相差悬殊。仅从数量上看，新闻编译研究明显不足。

为进一步了解编译研究趋势，作者于2020年3月22日在外国语言文字条目下，不限定时间，以编译为主题进行搜索，共得到641条结果。大体来看，国内翻译界对编译的关注和研究始于1986年邝日强在《上海科技翻译》上发表的《我的业余编译活动》。20世纪80年代的编译研究多属于经验之谈（战英民、黄汉生、王心纯等，1989）。90年代后，研究者开始探讨编译的方法、技巧和原则等实践问题。21世纪后的研究则大多从理论出发去探讨某一文体的编译实践问题（刘丽芬、黄忠廉，2001；黄忠廉，2002；田传茂，2005；等等）。从论文形式来看，2000年以前，编译研究成果较少且以期刊为主，2000年以后，成果数量逐年增多且呈现出期刊文章、硕士论文和会议论文等多层次的成果形式。研究题材以新闻为主，其次是外宣和科技。总之，近年来，编译的研究主题已经从经验探讨上升到理论探究，研究题材和成果形式等方面已经呈现多样化趋势。

从文体入手，作者将编译研究大致分为两类：新闻编译研究和新闻外其他文体，包括一般类文体的编译研究。下面将首先简要介绍非新闻文体的编译，然后是新闻文体的编译。

2.3.1 广义的编译和新闻外其他文体的编译

作者从641条检索结果中剔除标题含有“新闻”和“编译”或者“新闻编译”的文章，再剔除剩余部分中与编译相关不大的文章（据不完全统计，只有前100篇与编译或者新闻编译有直接关联），然后以核心期刊论文和硕博论文为例对剩余文章进行分析。总体来说，核心期刊论文的编译研究可大致分为三类：第一，编译的本体研究，包括定义、特点、性质、原则、标准、要求与问题等；第二，编译译者素养研究，如编译人才培养、编译者能力、译者主体性；第三，编译的实践研究，包括编译策略、方法与技巧。

第一类，从本体出发探讨编译。裴豫敏（1991）从自身编译实践出发，从文章结构、句型处理、选择用词等方面提出科技论文英译稿中的某些问题及处理方法。马逢葛（1991）以《腐馋与防腐词典》为实例，剖析了当前科技词典编译上存在的一些问题，如概念和术语的理解、语法关系的梳理等，并提出相应的建议。魏晋慧（1999）论述了编译的特点，并以实例探讨了编译和全译标准的异同。王涛（2000）认为编译的过程包括“编辑”和“翻译”，从主题思想、信息价值、篇章结构和语言风格等四个方面对编译的标准进行探讨。刘丽芬、黄忠廉（2002）通过例证阐述了译前的编辑性、主题的明确性、材料的集中性、材料的典型性、详略的得体性、结构的调整性、篇幅的合理性等7项编译的基本原则,为编译实践活动提供了操作的依据。田传茂（2005）探讨了编译的性质，如编辑和翻译的比例、顺序、重心和关系等，阐述了编译中“编辑”的特点，并说明了编译的原则，包括如何对原文进行加工、整理以及之后的等值问题。徐建国（2008）分析了编译的特点、标准和优势，为编译正名，认为编译研究应该在译界占有一席之地。倪秀华（2013）从译者主动性出发，以铁莫志科所倡导的行动主义翻译视角，探讨了20世纪30年代斯诺在中国组织编译《活的中国》的过程中所发挥的积极能动性与社会参与性。杨凤军（2013）从语体风格、语言特点、独特句法等方面论述了童谣的语言特色，兼评何兰德对《孺子歌图》的编译，论证童谣的语言特点对编译方法的重要影响。邓笛（2013）以目的论为理论基础，着重分析了中西思维差异对翻译的影响，认为中国的意向思维传统在某种意义上造就了20世纪出现的广义编译。

第二类，从译者的角度认识编译。俞可怀（1991）指出编译是翻译和编写，编译者可以调整段落章节，也可删去不伤大雅的段落和文字，甚至自行遣词造句，并允许编译者在译文中增加一定的合理想象，正确进行推理论断和文字的润色加工。可见，编译比翻译更自由和灵活，属于再创作。其中，对于可以增加合理想象这一观点，作者有不同观点。以新闻编译为例，译者在编辑时有较高自由度，但并非自由不羁，增加的想象难免破坏译文对原文的忠实，尤其对新闻类消息而言。译文的真实性和客观性至关重要，译者不宜增加主观判断。庄智象（1992）在分析我国翻译教学及其研究现状后，提出了一系列的改革和建议，其中第6条便是呼吁“重视培养学生的编译和译述能力”，以帮助毕业生快速适应工作岗位，并强调编译比全译要复杂，要求译者具备较强的综合、归纳、分析、复述或简述能力等概括和综合能力。随后，刘树森（1993）发表《编译：外语专业高年级学生应该掌握的一种能力》一文，呼吁有必要培养学生的编译能力：“与全译相比，编译自身的特殊性对译者提出了更高、更全面的要求，第一，译者需要有深厚的语言功底。第二，要有较敏锐的悟性和相关专业知识。第三，也是最重要的一点，译者需具备较高的分析、概括、综合等属于编辑范畴的能力。只有这样才能在全面而深刻地理解原作内容的基础上做到去粗取精，言简意赅，忠实地再现原作的内容。”简言之，这里的编译能力被视为一种综合能力，包括语言能力、专业知识和编辑能力，其中，编辑能力最重要，它包括逻辑分析、概括、综合等能力。这里虽未提及转换能力，但它也是构成编译能力一种不可或缺的能力，其重要性与编辑能力不相上下。魏晋慧（1999）在文章结尾提到外语院校毕业生从事非文学类翻译的机会要远远大于文学类翻译，也呼吁外语院校的翻译教学要注重培养学生的编译能力。

第三类，从实践的视角研究编译。李兴福（2007）在分析英汉、汉英科技辞典的特点的基础上，分别从更新内容、注释原则、辨析强化、例句选用等方面探讨了如何进行辞典的编译。崔艳秋（2008）从读者群、实用性、可读性、逻辑性等角度分析了如何编译英文用户手册。王静（2010）提出了外宣文本的功能性编译法，包括删减法、解释法和重构法。熊力游、刘和林（2011）在分析旅游网页文本的基础上，探讨了如何采取有效策略编译此类文本，如结构重组、文化过滤、描述功能的转换等。郭辉（2012）以编译四大技巧“增、减、调、并”中的增加为切入点，举例探讨了在对外汉语教材的编译中，如何有效利用加法这一技巧对富含中国文化元素的内容进行必要的解释、说明或逻辑连缀，从而符合译入语的语言特点，满足读者的期待。刘丽芬、黄忠廉（2002）提出了微观和宏观的编译方法，前者包括摘取、合并、概括、调序、转述，后者包括段内编译、段际编译、篇内编译、篇际编译、书内编译、书际编译。

有些研究同时涉及上述三类，比如许明武（1998）的文章谈及编译的概念、原则、方法、步骤、局限性、译者培养等多个问题，并指出这些问题有待深入研究。

也有其他研究从理论视角探讨编译。张美芳（2004）以功能派翻译理论为基础，从原文语篇类型、译文功能、译文读者等方面分析一则编译实例，探讨编译的合理性。张旭（2008）以后结构主义话语批评理论对张佩瑶等编译的《中国翻译话语英译选集》进行述评，主要从意识形态、话语策略、翻译选材与方法等方面讨论该书的特色及价值，提出自己的反思意见，从而为新时期的中外文化交流和对话提供借鉴。

编译的硕士论文数量不及期刊论文，且研究模式大体一致，大都从某种理论出发去探讨某一类文体的编译问题，这些理论包括功能翻译理论、变译理论、目的论、改写论、多元系统理论、译介学、叙事学、关联理论、文本类型理论等。论文的主题包括国内外文学文本，如《红楼梦》《水浒传》《鲁宾孙漂流记》等的编译，以及广告文本、旅游、企业简介和杂志的编译或者编译实践报告等。7篇博士论文中只有4篇与编译有较明显的关联性，分别是胡兴文的《叙事学视域下的外宣翻译研究》、刘建树的《印度梵剧〈沙恭达罗〉英汉译本变异研究》、赵征军的《中国戏剧典籍译介研究》、葛中俊的《钱锺书视域中的翻译之名与译品之实》。从论文标题可见，编译均作为博论的一小部分进行探讨。

2.3.2 新闻编译

为进一步了解新闻编译研究现状，作者于2020年3月22日，在外国语言文字条目下，不限定时间，以“新闻编译”为主题进行搜索后得到计量可视化分析图（见图2.2），从图2.2我们可以观察到如下趋势：

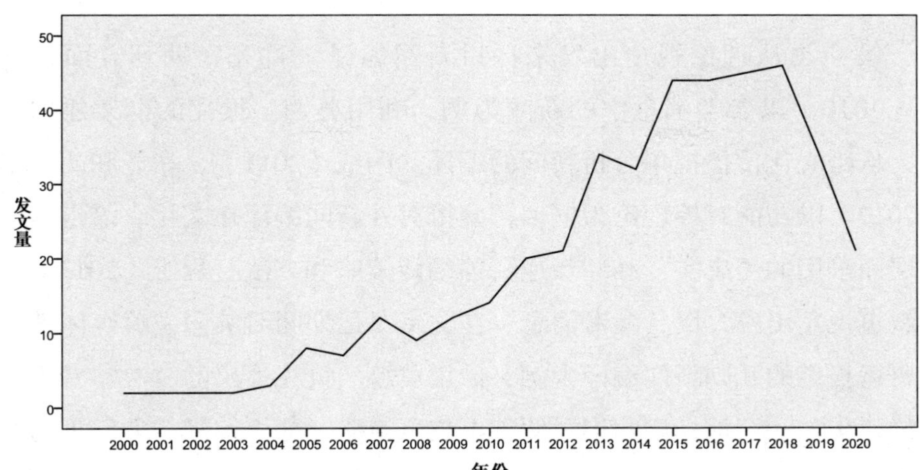

图2.2　新闻编译成果年代分布

从2004年到2010年，新闻编译研究成果的数量开始缓慢增长。2011年到2015年是急速增长期，2018年出现高潮。与此同时，新闻编译研究的跨学科特点越来越明显，2007年以来，除了外国语言文字外，新闻与传媒和中国语言文字学科下的相关文献数量愈来愈多，这与新闻翻译研究趋势大体一致："2007 年以后，新闻类期刊的刊文比逐年上升。同时，其他期刊种类和刊文量也增加明显。从作者来源看，有新闻媒体从业人员、高校师生，也有政府外宣部门和专业出版机构编辑，甚至外文局翻译（译审）等。"（杨凤军，2012）此外，从论文类别的角度看，大部分新闻编译研究为硕士论文，其次是期刊文章，最后是会议论文。

总之，仅从研究成果数量看，论文数量呈递增趋势，新闻编译研究受到越来越多的关注。成果类别以硕士论文和期刊文章为主，会议论文占极少部分，没有博士论文。

下面作者将以核心期刊和硕士论文为例，对新闻编译研究做一综述。与上一节的编译研究类似，新闻编译研究也可大致分为如下几类：第一类是从理论视角对新闻编译的探讨；第二类从实践出发探讨新闻编译；第三类属于新闻编译的基础研究，包括新闻编译本体研究，比如编译的特点、性质、原则和问题。此外，一小部分文献涉及新闻编译的译者研究，比如译者的主体性和能力。

第一类从理论视角出发来探讨新闻编译。首先，期刊方面，程维（2010）以参考消息中的新闻为例，利用莫娜·贝克的框架建构理论，从跨文化传播视角分析新闻的编译。闫威（2011）、翟芳和胡伟华（2017）以功能对等理论为框架，分析对外新闻编译在文化、语言等不同层面采用的“忠实”和“叛逆”等编译策略和方法。程维（2013）从再叙事视角出发，以《参考消息》在北京奥运期间对美国主流媒体就北京奥运报道的几则新闻编译为例，借用莫娜·贝克提出的“参与者重新定位建构”和“加标记建构”两种再叙事策略，分析编译者如何重构原新闻故事中的反讽叙事。鄢佳、李德凤（2013）也以奥运新闻为例，利用评价系统理论分析了体育新闻编译过程中评价意义的使用差异和改写的原因。其次，硕士论文方面，所采用的理论与上面提到的编译硕士论文一致，使用最多的是功能翻译理论，其次是变译理论和接受美学等。文本题材包括时政、财经、娱乐、体育新闻等。几乎九成以上的新闻编译硕士论文属于第一类。

第二类从实践出发探讨新闻编译的方法、技巧和策略。陈明瑶（2001）分析了在新闻编译中，如何在语言层、文化层以及对政治言辞进行加工，从而提高目的语读者的阅读效果，避免西方舆论误导。魏涛（2006）阐述了如何以传播效应为目的进行英语电视新闻文体的编译。简单讲，电视新闻文体要求译者长话短说，但考虑到受众的理解力，则在必要时短话长说。徐林（2011）从稿件的选取到标题、摘要、导语的撰写，再到正文的文字、图片和视频的处理，详细分析了如何编译网络新闻。徐英（2014）探讨了新闻编译的意识形态转换策略及其在语言层面的实现。

第三类是新闻编译的本体研究。文军、宋佳（2007）从新闻的政治性、主题明确性、结构调整性和新闻时效性等方面论述了报刊英语新闻评论的编译原则。王丽（2008）从标题、词句和结构等方面阐述了网络英语新闻的编译特点，而且指出编译者“不但要有一定的语言和专业知识、相当的编译水平，而且还要有善于鉴别、巧于剪裁、加工整理的功力”，译者在编译新闻时对原文所做的这些改写、调整或语言操控很多时候是出于维护国家形象的需要（胡伟华、郭继荣，2019）。另外，也有几篇硕士论文探讨了英语新闻网站、英语新闻文体、体育新闻的编译特点，也有3篇硕士论文围绕译者的角色开展研究。

除了以上研究主题外，还有一篇质量评估方向的书评，探讨了广义的网络新闻的翻译。

新闻编译研究专著较少，与新闻编译有直接关联的著作包括刘训成的《新闻英文编译》、林柏的《国际传播英语—英语新闻写作与编译》、刘其中的《汉英新闻编译》、Bielsa和Bassnett的*Translation in Global News*。其中，刘其中对新闻编译的探讨最具专门性和系统性。表2.2中的其他著作多是将新闻编译作为新闻翻译的一小部分，采用一两章（节）进行简要论述。

2.3.3 对现有研究的评价

综上所述，我们通过对编译相关文献（见表2.2）进行梳理，发现编译研究已经取得了一定的成绩，具有如下特点，但也存在一定的问题。

第一，就期刊论文而言，有以下问题。

（1）从论文发表层次来看，核心期刊较少，特别是新闻编译研究，核心期刊仅占新闻编译论文总数的1/10。较之新闻编译研究，非新闻文体编译研究的核心期刊数量虽较多，但所占比例仍然有限。

（2）从论文研究主题看，研究内容比例失衡。以实践研究为主，本体研究为辅。本体研究相关问题仍有待解决，编译的一些基本概念还需进一步澄清和厘定，比如编译的定义、翻译和编辑的顺序、比重等。较少有人探讨编译者的素质，极少探讨编译者的教学，论文中零星出现的对编译人才培养的探讨也多半呼吁大于行动，编译评价和编译测试研究匮乏，书评类文章仅一篇。

第二，就学位论文而言，从论文数量和主题看，新闻编译的硕士论文数量远多于期刊论文，但是研究主题较单一，编译的理论研究占主体，多是利用翻译学和语言学的理论，其中功能理论和变译理论更是多次重复使用，不利于拓宽编译研究领域的视野。以新闻编译为主题的博士论文极少。

表2.2 新闻编译相关著作

作者	出版年份	书名	出版单位
刘训成	2002	新闻英文编译	厦门大学出版社
许明武	2003	新闻英语与翻译	中国对外翻译出版公司
郑宝璇	2004	传媒翻译	香港城市大学出版社
林柏	2007	国际传播英语—英语新闻写作与编译	对外经济贸易大学出版社
刘其中	2009	英汉新闻翻译	清华大学出版社
刘其中	2009	汉英新闻编译	清华大学出版社
王银泉	2009	实用汉英电视新闻翻译	武汉大学出版社
张健	2010	英语新闻业务研究	上海外语教育出版社
王海	2011	传媒翻译概论	暨南大学出版社
吴波、朱健平	2011	新闻翻译：理论与实践	浙江大学出版社
Bielsa, Bassnet	2011	*Translation in Global News*	上海外语教育出版社
尚京华、李新宇	2016	国际新闻编译	中国传媒大学出版社
武锐	2018	中日新闻编译	南京大学出版社

第三，就书籍而言，专门讨论新闻编译的专著较少，系统而深入的新闻编译著作仅3本。多数著作仅用几个章节介绍编译。

总体来看，编译研究远远落后于翻译研究，其研究方法单一，定性研究多，定量研究少；重复研究多，创新研究少，比如编译人员的培训研究未得到足够的重视；理论研究多，实证研究少；单一学科研究多，跨学科研究少；基础研究薄弱，新闻编译的某些本体问题有待解决。此外，研究对象涉及的媒介组织形式单一，报刊新闻的编译研究占主体，电视和网络新闻的编译所占比例较小。

从某种意义上讲，国内编译研究出现以上问题的原因是多方面的。一方面，变译研究起步晚，新闻编译研究属于跨学科研究，同时具备新闻、翻译和编译等学科的特质，但又处于相关学科的灰色地带，成为被忽略的研究领域；另一方面，新闻翻译研究需要跨学科复合型人才，兼具传播学和译学理论的新闻编译专业师资队伍匮乏。

作者认为在关注新闻编译理论和实践研究的同时，要关注新闻编译批评和新闻编译人才培养，特别是新闻编译人才培训。因为，新闻编译属于应用型翻译，是高校翻译专业学生毕业后使用最多的一种变译方法，理应在高校外语专业设置相关课程，系统训练学生的新闻编译技能，加快对复合型新闻编译人才的培养，以便缩短高校翻译教学与社会现实需求之间的差距。具体来讲，我们可以利用已有的翻译、变译和其他学科的研究成果，从教学手段、评估方法和课程设计等方面展开研究。

2004年，海芳在博士论文中曾呼吁要开发多种测试题型（包括变译中的摘译和编译）来测量考生的翻译能力。10多年过去了，编译测试研究有待深入开展。在此背景下，本研究将以新闻编译测试的开发为主题，采用定性定量相结合的研究方法，对某类媒体机构的新闻编译使用情况进行调研，在此基础上定义新闻编译能力，设计测试题型和内容，开发评分量表。本研究是复合型研究，涉及翻译/变译理论、语言测试理论、翻译测试理论和新闻学知识。

2.4 本章小结

第一节对新闻、编译和新闻编译这几个关键概念进行了厘定。第二节和第三节分别从理论和实践这两个视角对现有的新闻编译研究进行了梳理。第二节介绍了功能派翻译理论和变译理论，这两大理论为新闻编译的合法性提供了强大的理论支持。第三节是本章的重点，作者按照文本类型对现有的编译研究进行了系统梳理，其中对新闻文本的编译研究现状梳理及评价是本章的重中之重，通过综述新闻编译的理论、实践和本体研究，明确了本研究的必要性：从题材来看，编译研究以新闻为主，其次是科技；从论文形式来看，研究成果呈现以期刊为主，硕士论文、书籍和会议论文多层次发展的趋势；但是，新闻编译研究远远落后于翻译研究，新闻编译研究内容比例失衡，极少有人探讨新闻编译教学和人才培养，新闻编译评价和测试研究几乎是一个空白。因此，开展新闻编译测试研究有一定的意义。

鉴于当前急需新闻编译人才的社会现状以及新闻编译研究现状，作者认为我们需要关注新闻编译的理论和实践研究，但是更要注重新闻编译人才的评价研究。新闻编译属于应用型翻译，新闻编译者属于复合型人才，我们可以从测试、评估、教学和课程等方面入手，从而缩短高校人才培养和社会需求之间的差距。

第三章　新闻编译测试研究的理论基础与测试开发框架

本章共五小节，阐述研究的可行性，为测试研发提供理据。前两节分别介绍语言测试理论和翻译测试理论，第三节评述效度验证理论，这些理论共同奠定本研究所提出的测试研发和效验的理论基础。在此基础上，第四节厘清本研究中的新闻编译运用测试这一关键概念，提出测试开发框架，最后一节是全章的总结。

3.1 语言测试开发理论

语言测试拥有悠久的历史。语言测试方法发生过一系列的巨变，经历了心理测量学—结构主义语言测试模型、综合语言测试模型和交际语言行为测试模型三个发展阶段（王振亚，2009a：31）。心理测量学—结构主义测试模型是语言测试史上第一个现代测试模型，它萌芽于20世纪早期，成熟于20世纪五六十年代。该模型的代表人物是Robert Lado。Lado从结构主义语言学出发倡导测试的成分——技能说，认为测试应该包括被试的语言技能，如听、说、读、写等，以及语言成分，如音位、词汇、语法和流利度等。此外，心理测量学的引入使得该类测试更标准、更客观，多选题成为最受欢迎的题型，测试的信度空前提高。但是，随着社会语言学、心理语言学、话语分析、功能语言学以及语用学等学科的发展，语言能力的内涵不断扩大，相应地，在测试中增加综合式题型的呼声越来越高。在此背景下，20世纪70年代，综合语言测试模型产生。该模型的代表人物是Oller，他提出了“整体语言能力假设”，认为语言能力是不可分的，提倡采用完型填空和听写类的题型。但是，Oller的假设缺少理论基础和实证数据的支持，题型也较单一。最后，Oller本人也放弃了该假设。

前两类测试模型虽属于截然不同的阵营，但也有相同之处，比如都属于能力测试和间接测试，都是通过非交际语言运用行为测量并推测被试的语言能力，然后通过测试成绩再推测其在真实环境中的语言水平。随着Hyme的交际语言能力模型（1972）、Bachman的交际语言模型（1990）的提出，交际语言行为测试出现了。此类测试模型与前两个模型不同，属于运用测试（performance test）和直接性测试，是“根据应试者的测试行为直接推测其在非语言测试环境下运用语言的情况的测试”（王振亚，2009a：167）。与标准化测试相比，运用测试由于增加了评分员、评分量表和被试的语言运用三个因素，使得制定评分量表和培训评分员成为开发此类测试的重要环节。该类测试主要采用主观性题型，如写作、面试、口笔译等。此类题目虽有耗时长、信度低、费用高等弊端，但是效度较高，尤其是能为教学带来积极的反拨作用。自20世纪90年代，运用测试逐渐受到学者们（Messick,1995； McNamara, 1996, 1997；Bachman 2002；Brown, 2004）的青睐，被广泛应用到各类测试和评估量表的研发中，比如美国口语能力面试（OPI）、雅思考试（IELTS）、澳大利亚国际第二语言能力评定考试（ISLPR）、欧洲语言教学与评估框架性共同标准（CEFR）、美国外语教学委员会能力量表（ACTFL）等，对语言教学与测试界带来了深远影响。

本研究欲开发的新闻编译运用测试是相当于交际语言运用测试的翻译测试，下面将按照时间顺序，重点介绍交际语言测试时期的代表人物及其代表著作和测试理念。

3.1.1 Carroll的交际语言测试理论

1980年，Carroll（1980）出版专著*Testing Communicative Performance: An Interim Study*，英国文化委员会推出Carroll领先开发的ELTS（English Language Testing Service）考试。Carroll的专著和ELTS的出现标志着一个全

新的语言测试模型的到来，即交际语言测试模型。

以ELTS的开发为例，该测试的测试对象是那些申请到英语为母语的国家攻读大学学位课程或者职业教育课程的英语为非母语的学生。测试的目的是评价这些申请者是否具备学习这些即将开始的课程的英语能力。需要指出的是，该能力不是一般意义上的英语水平，也不是某一特定学科的专业知识，而是在特定专业领域中的语言运用水平。测试结果将决定申请者的录取与否。测试内容则通过需求分析（Needs Analysis）来确定。Carroll在专著中详细介绍了该需求分析模式，指出该模式由识别参与者、目标、环境、交际对象、交际工具、方言、目标水平、交际事件和活动以及交际口吻等因素构成。继而以申请到英国攻读商科类学位或者继续在商务课程领域深造的外国学生为例，进一步阐述如何进行需求分析。但是，该需求分析模型后来也受到批评，主要原因是模型陈旧且缺乏实证数据的支持。

交际语言运用测试是直接性测试和专门用途语言测试相结合的产物。测试的直接性决定了测试任务的真实性（authenticity），测试的专门性要求测试运用随测试任务和语境的变化而变化。就ELTS的开发而言，测试任务应该与被试将来在某一专门学术领域所从事的语言运用或交际在最大程度上保持一致。根据Carroll的论述，在真实的交际环境中，交际可以分为口头和书面交际两大类，前者可细分为听和说，后者是读和写，共四类语言运用行为。根据实际语言运用情境，交际任务又可分为几种常用的组合，如读、读和写、听和说等。在明确交际工具的形式后，Carroll进一步分析并预测申请者会经历的交际事件和活动，这些事件和活动本身可能就是测试任务，并在此基础上列举了这些交际事件和活动所需要的语言技能。根据应试者的测试表现，设计9分制整体性评分量表，包括总体评分量表、写作和口语的评分量表，其中，Carroll还根据目标水平的基本能力准则从长度、范围、准确性和得体性方面为应试者的高级水平、中级水平和基本水平单独制定了评分标准。所有量表的最高级都是9级，但Carroll指出，在学术英语运用测试中，即便是本族语使用者也很难得到9级分数。ELTS的研发也在一定程度上受到其他学者的影响，比如Wilkins，Munby（1978）的意念—功能大纲和Hyme的交际能力模型（1972）。

总之，ELTS的研发理念新颖，影响深远。后来，经过历时6年的ELTS效度研究，IELTS（International English Language Testing System）诞生，它与ELTS一脉相承，都属于学术英语运用测试。最终，IELTS成为与学术英语能力测试TOEFL（Test of English as a Foreign Language）相抗衡的力量。

3.1.2 McNamara的第二语言运用测试理论

1996年，McNamara出版专著*Measuring Second Language Performance*，介绍为澳大利亚政府研发的面向医疗卫生职业从业人员的专门用途英语测试（Occupational English Test，OET），目的是评价应试者在从事医疗卫生工作中有效使用英语交际的能力。

该书首先阐明第二语言运用测试的概念。Jones（1985）和Slater（1980）（转引自McNamara，1996）曾经将语言运用测试分为三类。direct assessment，work sample method，and simulation techniques。第一种是在工作场所直接对考生进行评价，比如某行业取得从业资格的就业人员需在工作单位进行一段时间的实习，该实习期间在工作岗位进行的测评属于此类。第二种也发生在工作场所，不过测试任务得到控制从而实现测评标准化。第三种测试任务是对现实生活中工作单位所涉及的工作任务的抽象化测评，测试任务都从真实任务域中选取，此类测试开发者需要搜集证据证明其效度。前两种属于强势运用测试，最后一种属于弱势运用测试。强势运用测试是在实际生活情境下对考生直接进行测试，语言是运用的媒介，任务表现是测量的目的。测试任务不可模拟，不存在取样。此类测试应用不多。主流测试类型还是弱势的运用测试，在此类测试中，语言运用是测量手段，运用背后的能力或构念是测试的目的。测试任务相似于或者模拟真实生活中的任务，考生完成这些任务的能力实际上不是测试关注的焦点，测试旨在获得考生的语言样本从而推测其语言能力，因此，构念仍是此类测试的核心。此类测试因其测试任务和真实生活中的任务具有高度相似性而被称为“真实”测试，近似的程度最大化是此类测试成功的要求之一，但是，测试任务和真实任务始终存在区别，无法作到完全一致。鉴于此，开发者在开发此类测试时，需要从现实生活中进行测试任务的取样，选取典型的、有代表性的测试任务。McNamara开发的OET就是以语言为本位的弱势语言运用测试。

McNamara用一章的内容评价现有语言能力模型，旨在探讨交际语言运用测试效度验证的理论基础问题。McNamara指出，要想证明语言运用测试的效度，必须首先提出一个语言能力模型。遗憾的是，作者在书中未阐明OET测试所依据的能力模型。OET是直接测试和专门用途测试相结合的语言运用测试，根据Messick（1989）的整体效度观，可以说，OET有较高的表面效度、内容效度和评分效度，但是对结构效度的验证还需更多理论支持，比如对语言能力的界定，这是该研究的弱项。同时，McNamara也指出，从Hymes的交际语言能力到Bachman的交际语言能力模型都存在一定的缺陷，后者更是打开了潘多拉之盒，一些问题有待进一步探究。这也是结构效度证据较难收集的原因之一。

最后，作者用全书2/3的篇幅介绍了OET的开发全过程和多面Rasch模型这一效度验证统计方法。我们将在数据分析和测试的效度验证部分阐述Rasch模型，这里重点探讨OET的开发程序。

McNamara以其开发的OET测试为例，详细介绍职业相关运用测试的开发流程。

第一步，说明测试理据（test rationale），即描述测试使用者、测试构念、测试对象和测试目的。简单来说，阐述测试的理据就是要回答这样几个问题：测试使用者是谁？测试使用者想要了解关于哪类考试对象的哪些能力？了解的目的是什么？

第二步，是资源与局限。运用测试的开发比较费时，费力。比如，若要保证测试分数的公平性，需要多个评分员，以及对评分员培训，并进行多次评分，因此，测试开发者需要考虑到现有的时间、人力、物力、财力等，协调好资源需求与供给的矛盾。

第三步，测试内容的选择，此部分通过工作分析（job analysis）来实现。“制定合适的测试内容是开发工作样本测试需要重点考虑的问题。”（McNamara，1996：90）职业倾向运用测试开发者的主要任务之一是测试任务的取样，而任务的选择最重要，也最难。通常，测试任务的选择依靠开发者的主观判断，如下步骤可以增强任务选择的合理性。

（1）咨询相关专业人士

决定OET测试内容选择的相关信息主要来自三类专业人士。

①在临床机构中负责任一相关职业的职业培训的专业人士。那些为来自海外的医疗卫生从业者提供直接临床指导的专业人员为OET的测试内容选择提供了重要的信息。

②在澳大利亚临床机构学习过过渡性课程的海外教育机构的毕业生。

③澳大利亚临床机构的过渡性课程的英语教师，他们考察过这些海外教育机构的毕业生和医院工作人员和病人之间的交往，致力于帮助这些毕业生克服交际困难。

（2）文献搜索

在OET开发过程中，相关人员查阅了大量有关医学交际的文献。在有些文献中，医学交际被作为事件来研究，包含若干阶段，相互间有时间顺序上的联系。另外一些文献从社会心理学、会话分析、话语分析等视角探讨交际的过程。

（3）对工作场所的直接观察和工作分析

OET开发者对该测试涉及的各行业从业人员在工作场所的交际活动进行充分观察，并以其共性作为相关职业测试的测试任务设计的基础。

（4）工作场所的语篇收集和考察

OET的开发人员在工作场所录制了大量的录音材料，内容包括病案讨论会和查病房时的对话以及看病过程的录像材料，也收集和复制了书面语语篇。这些材料将用于OET中（McNamara，1996）。

McNamara的工作分析程序和Munby与Carroll所倡导的需求分析都以被

测试人的真实交际活动为依据，本质上区别不大。但是，也存在一定差别。首先，OET的测试目标和测试内容之间的吻合度更高。OET是职业英语测试，被测试人的身份、职业、交际场合和交际活动都非常明确，其测试目标也非常明确，即测量与被测试人职业相关的语言交际行为。其次，实证性是OET测试内容选择程序的另一主要特征。OET开发者开展了大量实证性调查研究工作；Munby与Carroll在直觉和经验的基础之上提出需求分析理论框架。

第四步，开发测试规范，撰写测试材料：开发测试规范指测试开发的一系列具体步骤，包括测试内容、测试形式或评分过程，比如测试文本的特点和测试任务形式、测试题目导语、评分标准、评分量表、评分员的选拔和培训、测试结果的报告形式等。测试规范指导测试材料的撰写，在撰写测试材料时，要循环论证测试规范的合理性并结合专家意见实时修改。测试规范的撰写涉及一系列的效度问题，需要寻求相关专家的帮助。

第五步，试测。

第六步，评分员的选拔与培训。

第七步，试测的数据分析。分析试测数据，比如检查试卷的信度、效度，为修改测试内容、进一步开展评分员培训、设定标准或及格线等做准备。

第八步，测试规范与测试材料的修改。根据第七步所得到的数据，修改材料和规范。

第九步，设立标准。通常参考专家意见来划定考生在目标语境中完成特定任务需具备的最低能力标准。

第十步，正式施测。包括测试的实施、数据分析、信度和效度验证。

总之，在McNamara的测试开发环节中，测试内容的确立是职业相关运用测试开发的重要环节，因此作者采用大量篇幅着重论述，这也成为此类测试研发的一大特点。相比之下，作者未花大量笔墨介绍测试开发的其他环节，比如测试的构念、信度和效度问题、试测和正式测试等，但并不代表这些环节不重要，相反，这些内容在测试开发中也都占有举足轻重的地位。

McNamara提出的测试开发步骤环环相扣，对本测试的研发有较大的借鉴意义。然而，不同运用测试的使用情境存在差异，测试研发者需要根据实际情况对研发流程进行适当调整，比如在OET的开发模式中，构念的界定发生在测试内容的确定之前，但实际情况有可能是，开发者深入工作单位了解各类交际任务的使用情况之后才能确定任务的共性，明确测试任务及相应的能力。此外，这里的工作分析主要用来确定测试的形式和内容，但在一定程度上讲，测试开发者通过调研所获得的交际任务使用情况等数据对能力模型的构建和量表的开发也有一定的指导意义。因此，工作分析的内涵可以扩大。

3.1.3 Bachman的语言测试理论

1990年，Bachman出版专著《语言测试要略》（*Fundamental Considerations for Language Testing*）。随后，《语言测试实践》（*Language Testing in Practice*）和《语言评价实践》（*Language Assessment in Practice*）相继问世。

在《语言测试要略》一书中，Bachman指出，语言测试开发包括三个步骤：第一，从理论上对构念进行定义（define the construct theoretically），即决定测什么；第二，对所测构念进行可操作性定义（define the construct operationally），即确定怎么测，选择恰当的操作或测试方法将抽象的概念可观察化；第三，对观察结果进行量化（quantifying observations）。其中，测试的构念属于心理范畴，看不见摸不着，只能间接地去测量。该书的一个重大贡献是提出了交际语言能力模型（communicative language ability）（1990），包括语言能力（language competence）、知识结构（knowledge structure）和策略能力（strategic competence），将传统的纯语言能力拓展到了交际能力的范畴。该模型影响深远，不仅得到广大语言测试学者的支持，也得到外语教育界人士的青睐。其中，语言能力子模型包括语言组织能力（organizational competence）和语言运用能力（pragmatic competence），两部分并重，这是到目前为止对语言能力最详细和合理的阐述。相比之下，策略能力子模型就逊色一些。尽管Bachman试图利用心理语言学研究成果将语言外的因素模型化，但是，定义交际语言能力并非易事，正如McNamara（1996）所言，Bachman的策略能力子模型就像打开了潘多拉魔盒。该书的另一个贡献是提出了测试方法方面框架（framework of test method facets），包括测试环境方面、测试指导语方面、测试语言输入方面、预期应答方面、输入与应答之间的关系等方面。这一框架不是从宏观视角对测试方法，如面试、写作、多选等题型的整体考察，而是从微观层面去探讨测试方法的分析性特征。

在《语言测试实践》一书中，Bachman和Palmer提出了语言测试的理论框架，该框架包括6个组成部分：语言运用情境及任务特征、语言测试任务及情境特征、语言运用、语言测试表现、语言使用者的特征、语言测试应试者的特征等。前两个成分只有在最大程度上保持一致，才能保证测试的真实性。解决途径可以是上文提到的Carroll的需要分析，也可以是McNamara的工作分析，具体视测试的用途而定。Bachman在制定测试的理论框架之后，提出语言测试有用性框架（a model of test usefulness）用来指导测试的开发。该框架包括6个品质：信度（reliability）、构念效度（construct validity）、真实性（authenticity）、互动性（interactiveness）、后效性（impact）和实用性（practicality）。开发语言测试不能顾此失彼，需要综合考虑，找到平衡点，论证测试的有用性。

2010年，Bachman 和Palmer出版新作《语言评价实践：语言测试的开发及其在现实社会中使用的论证》，在语言测试有用性框架的基础上，提出测试使用论证框架（Assessment Use Argument，AUA）。AUA和测试有用性框架一脉相承，遵循美国教育测量专家Samuel Messick（1989）的整体测试效度理念，论证更加全面、系统、深入，提到了测试的公平性、社会性、专业化和职业道德等问题。

AUA包括六大要素和四大类主张，其中，六大要素指论证测试使用所涉及的主要环节，包括数据（data）的收集、主张（claims）的提出、陈述各主张的理据（warrants）和反驳（rebuttals）、寻找支持理据的证据（backings）和支持反驳的证据（rebuttal backings）。四大类主张是AUA理论的核心思想：主张1认为测试的使用和依据测试结果所作的决定对利益相关群体产生的影响必须是正面的；主张2认为基于测试所作的决策必须尊重群体的价值观，符合相关法规，且对所有利益相关者公平；主张3认为对所测语言能力的诠释必须有意义、公正、可推广、相关且充分；主张4认为对于不同的测试任务、测试环境以及考生群体，考生表现的记录和考生能力的描述必须保持一致。Bachman指出，测试使用者要对前两个主张负主要责任，对后两个主张有所了解；而测试开发者要对后两个主张负主要责任，对前两个主张有所了解。换言之，首先，测试研发者要保证不同评分员在不同场合下对考生群体在测试任务上的打分应该尽量保持客观、一致，这涉及测试任务的真实性和典型性以及评分员评分的一致性问题；其次，通过被试的测试分数推测其语言能力时，要保证能力的推测或解释有意义、公正、相关且充分。可见，AUA框架下的主张3和主张4分别对应测试有用性框架中的构念效度和信度。此外，该书还以具体语言项目为例详细介绍如何构建AUA框架。语言项目有典型性，覆盖不同教育层次，包含学业测试、分级测试和形成性评估等不同测试类型。总之，该书堪称一本探讨广义上的语言测试效度的小百科全书（赵中宝、范劲松，2012）。

Bachman的另一个重要贡献是提出测试研发的具体步骤。在《语言测试实践》中，Bachman把测试的研发分成设计（design）、操作（operationalization）和施测（test administration）3个阶段，如图3.1所示。3个阶段之间为线性关系，相互联系，前一阶段的决策会对后一阶段产生重大的影响。

第一，在设计阶段，开发者需要对考试的设计进行详细描述，以保证被试在考试中的作答反应能够充分体现出其在实际操作中的能力，考试分数能够得到最有效的解释。在考试设计阶段需要对以下方面做出解释和描述：

（1）考试的目的。

（2）目标被试群体。

（3）所测构念的界定。

（4）对考试质量的评价。

（5）各类资源及其分布管理详情。

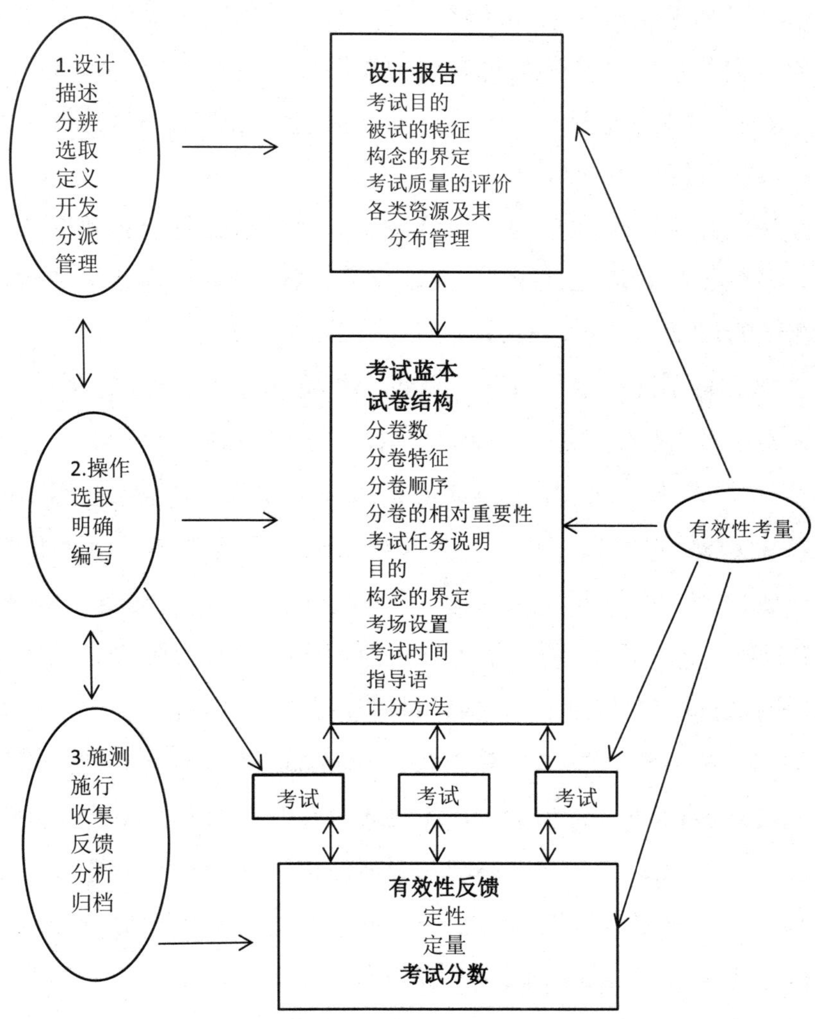

图3.1　Bachman的测试开发流程

设计阶段最终形成的设计报告为后续研发奠定基础，便于研究者在考试开发过程中及时监控和调整，以免偏离预先的设想。

第二，在操作阶段需要完成考试蓝本（blueprint），撰写考试指导语，确定分数体系。考试蓝本与设计报告有所不同，主要侧重对考试结构的描述。在考试蓝本中需要确定考试的题型、不同题型之间的比重、试卷的组成部分、不同部分的顺序及所需的时间，以及不同部分对考试构念的考查情况。考试指导语应说明对考生的作答要求和考试的施测过程，这将影响考试过程的标准化程度和考试的信度。最后，在操作阶段还需要确定分数体系，从而对被试的作答反应进行评价，客观题要进行正误判断，主观题要制定出评分标准，根据事先确定的分数体系形成最后的分数并进行适当的解释。

第三，施测阶段主要包括实施测试、收集数据和分析数据几部分。其中，对数据的处理至关重要，通过对数据进行定性和定量分析，进而验证测试的信度和效度，最后给予反馈信息并归档。

在测试有用性框架和AUA框架下，语言测试的研发步骤是一致的。

总结上述3位语言测试专家的观点，我们得出如下结论。

第一，从测试的适用范围来看，Bachman的测试理论适用范围广，既包括主观测试或客观测试，学术类测试或职业类测试等的研发，也涵盖形成性测试、学业测试和选拔测试等不同层次的测试类型的研发。Carroll和McNamara则分别从学术和职业的视角探究交际语言运用测试的开发，测试目标越来越明确，实证性越来越强。

第二，从测试研发的步骤来看，Bachman和McNamara的测试理念存在相似之处。Bachman指出，语言测试的开发涉及三大基本步骤，即测什么、怎么测以及怎么评，强调先对所测能力构建模型并予以验证，以此为基础设计题型测量能力模型中的各子能力，制定评分标准对观察结果进行量化。McNamara的测试开发也包括三大步骤：第一步是明确测试的理据，即“who wants to know what about whom, for what purpose？”其中，“know what”，用Bachman的术语来说就是测试的构念；第二步是测试内容的选择，通过工作分析来实现；第三步是评分量表的设计和评分员的培训。由此可见，这与Bachman的“测什么、怎么测及怎么评”是基本一致的。然而，二者也存在区别：Bachman提出的三大步骤的顺序是不可逆的，测试内容和方法的确定必须以能力模型的构建为前提，主张测试开发者在开发语言能力测试时从理论出发。McNamara认为研发者在开发第二语言运用测试时，应该以实证调研所取得的数据为出发点。因此作者认为，测试构念和测试内容都由实际工作情况决定，都需要实证数据的支持，而非构念决定内容，这两个步骤或者可逆，或者同时进行，视实际调研情况而定。

第三，效度验证方面，从语言测试理论框架，到测试的有用性框架，再到AUA框架，Bachman对效度的探讨越来越深入、全面。McNamara则以OET为例，探讨了测试的内容效度、评分效度和构念效度等的实现。

总之，Bachman更多地从宏观视角探讨语言测试的研发，McNamara和Carroll的测试理念则更偏重某一领域的测试研发。有鉴于此，作者认为，Bachman的测试理论可为本测试的研发提供宏观指导。同时，本测试属于职业相关的交际运用测试，McNamara的OET开发模型与本测试具备更高的契合度。因此，我们将以McNamara的测试理念为理论基础，借鉴OET的工作分析程序、评分量表的设计以及利用Rasch模型对测试进行效度验证等方法研发编译测试。

3.2 功能主义翻译运用测试开发理论

国内学者王振亚（2012b）提出了功能主义翻译运用测试模型，该模型是“建立在语境主义语言理论基础之上，建立在直接性测试、专门用途语言测试和翻译实务测试理论基础之上的测试”。功能主义翻译运用测试的语言观是语境主义，即语境、语义和词汇—语法三个层面之间存在制约关系，语境决定交际中使用的语言特征，测试内容的确定就是明确翻译对象在交际中使用语言的选择情况，“这在功能主义翻译运用测试中占有非常重要的地位，甚至可以说是功能主义翻译运用测试和翻译能力测试的分水岭之一”（王振亚，2012b）。直接性测试主张通过引出近似真实的测试行为来直接测量相关能力。在直接性测试中，测试行为和在非测试环境下的行为具有相似性，因此，直接性测试的结果更容易与非测试环境下的行为结合起来，即直接性测试具有更高的表面效度（Davis，et al. 1999）。专门用途语言测试指为专门学术领域、职业领域、行业领域的语言学习者设计的测试。功能主义翻译运用测试是相当于交际语言运用测试（如IELTS和OET）的翻译测试，也是主观测试和专门用途测试相结合的产物。此类测试的开发流程如图3.2所示。

其中，准则翻译运用指实际工作中的翻译运用行为。工作分析是OET测试开发中的重要环节，此类分析在功能主义翻译运用测试中也具有举足轻重的地位，OET的工作样本模型改造如下。

（1）咨询相关专业人士：咨询翻译人员的培训单位和使用单位，主要是教师和雇主；

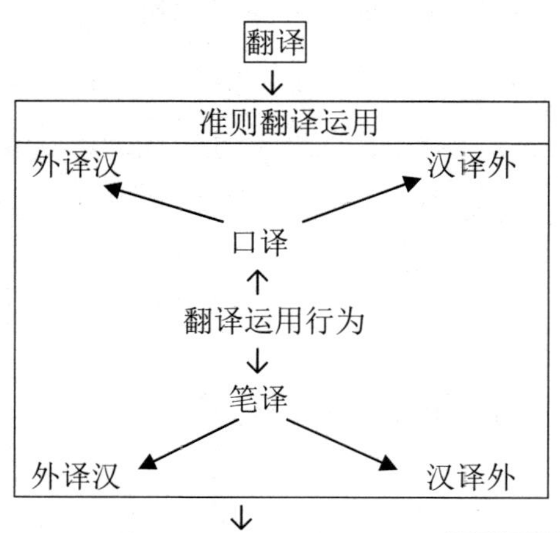

图3.2 功能主义翻译运用测试开发流程（王振亚，2012b）

（2）文献搜索：相关文献中有关翻译事件与行为的论述；

（3）对工作场所的直接观察和工作分析：记录译员的翻译工作类型、过程及工作环境；

（4）工作场所的语篇收集和考察：翻译的语篇特征，源语言和目的语的对比分析。

通过工作分析，我们可以更好地了解译员在非测试环境下的翻译运用行为及其与语境之间的关系。此外，我们可以确定翻译测试的源语篇，即测试内容，还可以确定是采用单焦点测试还是混合形式测试，前者主要对不同方向的笔译或交替翻译或同声传译单独测量，后者则多采用口笔译结合和汉外双向的翻译测试方法。确定了测试内容和方法后，我们就可以测试翻译运用情况。对翻译测试行为的测量指评分过程，作者根据Carroll的九分制整体评分量表和McNamara的语义微分式量表分别制定了功能主义翻译运用测试九分制总评评分量表和外译汉分析型5范畴语义微分式的评分量表。

功能主义翻译运用测试理论与交际语言运用测试一样，都把交际语言的选择作为测试开发的重要环节。翻译运用测试理论的产生，将交际语言测试理念引入翻译测试领域，打破了传统的翻译能力测试理论指导下以语篇翻译题型为主的单一局面，丰富了翻译测试理念以及翻译测试的题型开发模式。需要指出的是，功能主义翻译运用测试中的“功能”指要根据不同的语境开发不同类型的测试，因为语境决定语言形式，特定的语言特征实现特定的语言功能。

3.3 效度验证理论

关于效度，Lado（1961）曾经指出，一项测试有无它要测量的东西，如果答案是肯定的，那么它就是有效的。效度是测试质量评价中的一项重要指标。对于效度，国内外语言测试文献大多持这样的观点：效度指测试是否真正测量了它所要测量的东西。该定义虽有待具体化，但在目前的测试著作里仍然频繁使用。自20世纪80年代以来，效度被视为整体概念，它指的是对测试分数的解释和使用以及在分数基础上所作的推断和决定的合理性（Messick，1989；邹申，2012：138）。2010年，Weir进一步论述了效度的本质：第一，效度不是测试本身的特征，而是测试分数对被试语言能力的解释力度有多大，或者说在多大程度上测试分数的解释和使用是合理的；第二，效度是多层面的概念，这些层面是互补而非替代关系，因此，效度证据也需要从多层面收集；第三，效度是一个程度问题，是相对的概念，效度有高低之分而无有无之别。

效度验证指的是“出示理论根据和收集经验证据的过程”（邹申，2012：145）。收集证据验证测试效度是非常有必要的。如果没有证据，或者证据较少，那么我们得到的测试分数的意义将非常有限，测试的公平性也将受到影响。虽然测试开发者都意识到了这一点，但是很少测试能够给出充足合理的证据（Messick，1992）。

语言测试效度理论的发展经历了分类、整体、论证三个阶段，效度验证理论也随之不断涌现，从Bachman的“测试方法层面框架”到“测试有用性框架”、“测试使用论证框架”，再到Weir的“基于证据的效验框架”，效验框架的可操作性越来越强。作者认为Bachman的效度验证理论，特别是AUA框架全面、详尽、具体、科学，但是该框架的使用耗时长，需要测试开发者和测试使用者协同合作。

Weir（2010）指出，长期以来，效度研究更倾向于利用测试实施后获得的测试结果对测试分数与测试所要测量的构念之间的关系进行统计分析，较少有人去关注基于理论的效度。Weir秉承“让证据说话”的原则，提出多层次效度验证理论（见图3.3），涵盖两大类五方面的证据：事先的效度证据和事后的效度证据，前者用来验证基于理论的效度（对构念的界定）和情境效度（传统的内容效度），此类证据在整个效验过程中占有举足轻重的地位。后者则用来验证效标关联效度、评分效度（传统的信度）、结构效度和后果效度。总之，在这一效验框架下，证据的收集始于测试设计阶段，效验贯穿测试过程的始终，这使得各方面证据之间的关联更明确，也改变了以往仅重视对分数的统计分析这一传统，对本研究有很强的指导意义。

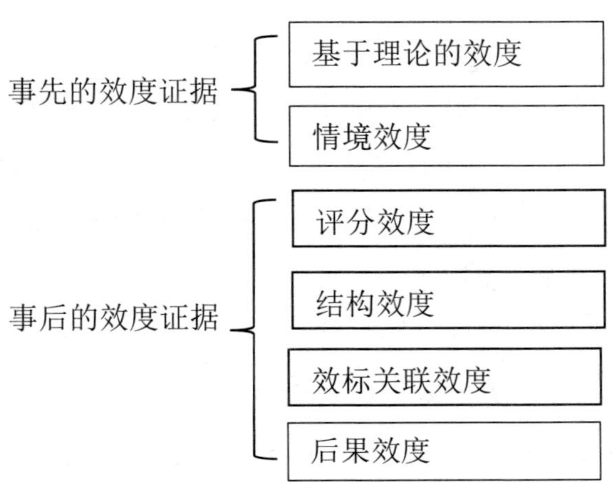

图3.3　Weir的多层次效度验证理论

基于理论的效度："理论"指有关测试所测量的能力的理论，即对测试构念的描述。此类证据在测试前收集，用非统计方法得到，旨在对将要测量的东西有一个清楚的了解和解释，对构念进行详尽、全面的描述。Weir利用Bachman的CLA模型来论证基于理论的效度。事实证明，我们对即将测量的构念描述得越详尽，测试后得到的分数解释力越强，意义也越大。但测试研究者对此类证据重视不够，传统的效度研究更关注构念效度，该类效度的验证离不开统计分析，多从测试分数出发，统计测试分数与其他有效的对类似构念的测量的相关性，或者用因素分析法计算测试分数所反映的被试语言能力有哪些，是不是要测量的那些构念。然而，统计数据本身仅告诉我们是否测量了想要测量的能力，可能无法告诉我们要测量的能力是什么，这正是测试开发者需要关注的核心问题，应该在测试初始阶段解决。可见，两者结合是最好的。这类似于探索性因素分析法和验证性因素分析法，当我们对某一能力展开探索的时候，若对该构念已有一定的认识，则无须回避。相反，我们可以对这些构念进行描述，然后再去验证。Weir也指出，在验证的第二阶段，即得到分数之后，可以进行描述性统计、相关分析、因子分析、t检验和多面Rasch分析等定量统计方法。

Weir还指出，理论效度和评分量表之间关系密切，强调开发主观语言运用测试要重视评分量表的制定。正如McNamara（1996）所言："在语言运用测试，如写作测试中用到的量表，都会或清楚或含蓄地代表测试所依赖的理论基础，也就是说，它代表测试开发者对测试测量的技能或者能力的认识。因此，设置量表或者一组量表以及量表中每一等级的描述词对于测试的效度都至关重要。"相应地，翻译运用测试也要注重评分量表的制定。

情境效度：Weir 认为情境效度是测试任务在多大程度上代表了该任务取样的全域。情境效度考虑语言使用的社会性，即语言的处理过程不是发生在真空中，而是有特定的语言使用环境或条件。Weir的"社会—认知模式"能帮助我们更好地认识语言发生的社会环境和语言的心理过程。当然，情境效度较难实现，将真实生活中的语言使用放到测试中来很难作到全面。

评分效度：Weir将评分效度代替传统的信度。Alderson（1991a，转引自Weir，2010）也曾提到信度和效度的本质区别：内部一致性信度和平行文本信度可能会给人带来疑惑，因此，也可以看作效度证据的一种。信度既然是效度的前提和基础，我们可以把信度系数也归入效度证据。评分效度能够解释测试分数在多大程度上免受测量误差的影响，以及我们可以在多大程度上依靠测试分数对被试的能力作解释。

效标关联效度：主要依赖统计手段，采用定量测量的方法，关键在于效标必须有效且得到证明。效标可以是已有的或有公信力的测量相同构念的测试，也可以是教师对学生能力的评价排名或者是学生的自评。通过计算所设计的测试和效标的相关系数来看效度如何，系数0.9以上说明信度较高，这时两份测试拥有80%的方差。共时效度和预测效度都可以使用这些效标，但预测效度的实施比较困难，因为时间跨度大，可能会涉及很多实际问题。共时效度的效标还可以用复本形式（alternate form），即对同一组被试用复本卷在同等条件下进行的两次测试。复本包括平行、对等和可比的形式。第一种有相同的平均分、标准差、错题结构等，从第一种到第三种，统计结果的相似性越来越小，而两份试卷在内容方面的相似性则越来越大。同样，这样的两份试卷较难设计出来。

后果效度：近年来争议最大。测试分数的意义影响测试的使用，测试的使用反过来影响测试分数的意义。具体证据来自三方面。（1）测试的公平性。这一般通过偏差来判断，而偏差的产生又与文化、种族、年龄、母语、性别等有关。（2）测试对社会的影响。从宏观角度讲，测试影响着社会、机构，比如CET成绩可能会决定考生能否顺利大学毕业，也会影响雇主的录取决定。从政治社会角度上讲，CET影响着考生的生活。（3）测试的反拨作用。从微观角度讲，测试对教师的教和学生的学具有反拨作用。测试对学生学习的影响是最主要的，这也是本测试主要关注的后果效度证据。形成性评价的反拨作用应该得到更多重视，比如，教师可以适当开展课堂评价对考生能力进行诊断性评价并及时提供反馈信息。

Weir坚持效度整体观，“基于理论的效度”“情境效度”“评分效度”“效标关联效度”“后果效度”仅指从不同的方面去收集证据进行效验，并非指多种不同的效度。

总体来看，主观运用测试涉及多方因素且各因素间存在交互作用（如图3.4所示），这些因素威胁着测试的效度。测试开发者对构念描述得越充分，量表的开发越科学，测试的内容越典型、越充分，分数越稳定，与其他有效效标的关联性越强，测试的效度就越高。与此同时，我们使用的效度验证方法越全面，证据收集得越多，分数的解释力越大，我们对测试的合理使用把握也就越大。

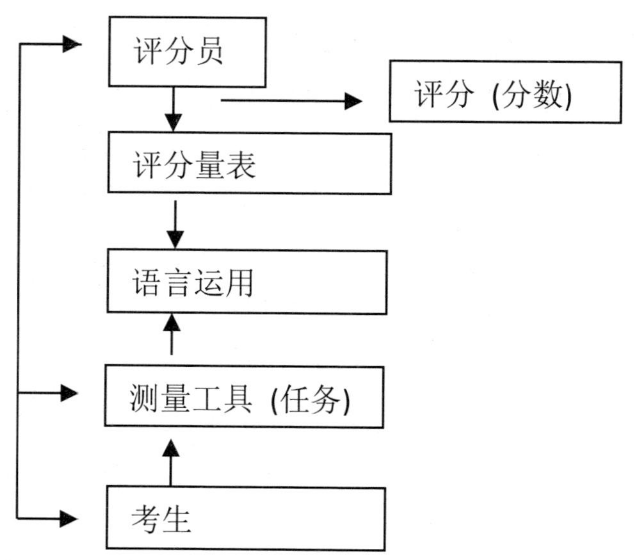

图3.4 运用测试中的因素及因素间的交互作用（改编自 McNamara, 1996）

3.4 新闻编译运用测试及其开发框架

本研究开发的新闻编译测试以功能主义翻译运用测试为理论基础，遵循语境主义语言观，假设不同语境中的语言形式不同，通过工作分析确定测试内容和形式，根据测试结果直接推测应试者在非测试环境中的编译运用行为。“一个译员通常主要在一个语境下，或者说最擅长在一个语境下工作。这个语境可能是外交、文化、商务、科学、人文、社科或其分支。”（王振亚，2012b）本测试考查的对象是新闻和面向新闻领域的从业者，测试目的是通过测量考生在新闻这一语境中的编译运用行为来推测其在真实工作环境中的新闻编译能力。因此，本测试是直接性测试和专门用途语言测试相结合的产物，属于典型的运用测试。

简言之，新闻编译运用测试是测量应试者如何运用编译这一特殊的翻译变体来处理新闻文本的测试，新闻的语境指新闻言语交际所发生的环境，也包括上下文、情境和社会文化语境。新闻信息的传播和交流离不开传播者和受众共同理解的各种语境。测试方法可以采用混合式，包括英译汉和汉译英两个编译方向，文本编译、图片编译和视频编译等不同形式。新闻编译测试任务的形式和内容通过工作分析来确定，并根据预先设计好的评分标准和评分等级来评判其能力大小。

综上所述，本研究将遵循第二语言运用测试以及功能主义翻译运用测试研发理念，同时借鉴Bachman的测试开发基本框架来开发新闻编译运用测试。原因有二。第一，本研究开发的测试属于职业运用测试，因此我们将使用McNamara提出的工作分析法对常用新闻编译任务展开分析，把编译交际语言的选择作为本测试开发的重要环节，并利用Rasch模型对测试进行有效性考量；对于McNamara略述的测试开发环节，作者也进行了补充和完善，比如，以Bachman的交际语言能力为基础设计新闻编译能力模型，界定完成编译任务所需要的能力，据此设计评分量表评价考生表现。第二，Bachman的测试理论更全面，可以指导普遍意义上的测试的研发，因此作者将沿用Bachman提出的设计、操作、施测这三大基本步骤。

作者综合利用上述相关理论，设计新闻编译运用测试开发流程图，重要环节已加粗表示，如图3.5所示。

第一步，撰写设计报告，明确测试目的、测试对象、测试的构念，选择测试的内容，了解测试所需资源（详见本书5.2.1）。此阶段的成果主要通过工作分析来实现，工作分析包括访谈、问卷、文献查阅，工作场所的实地考察等（详见本书5.1）。

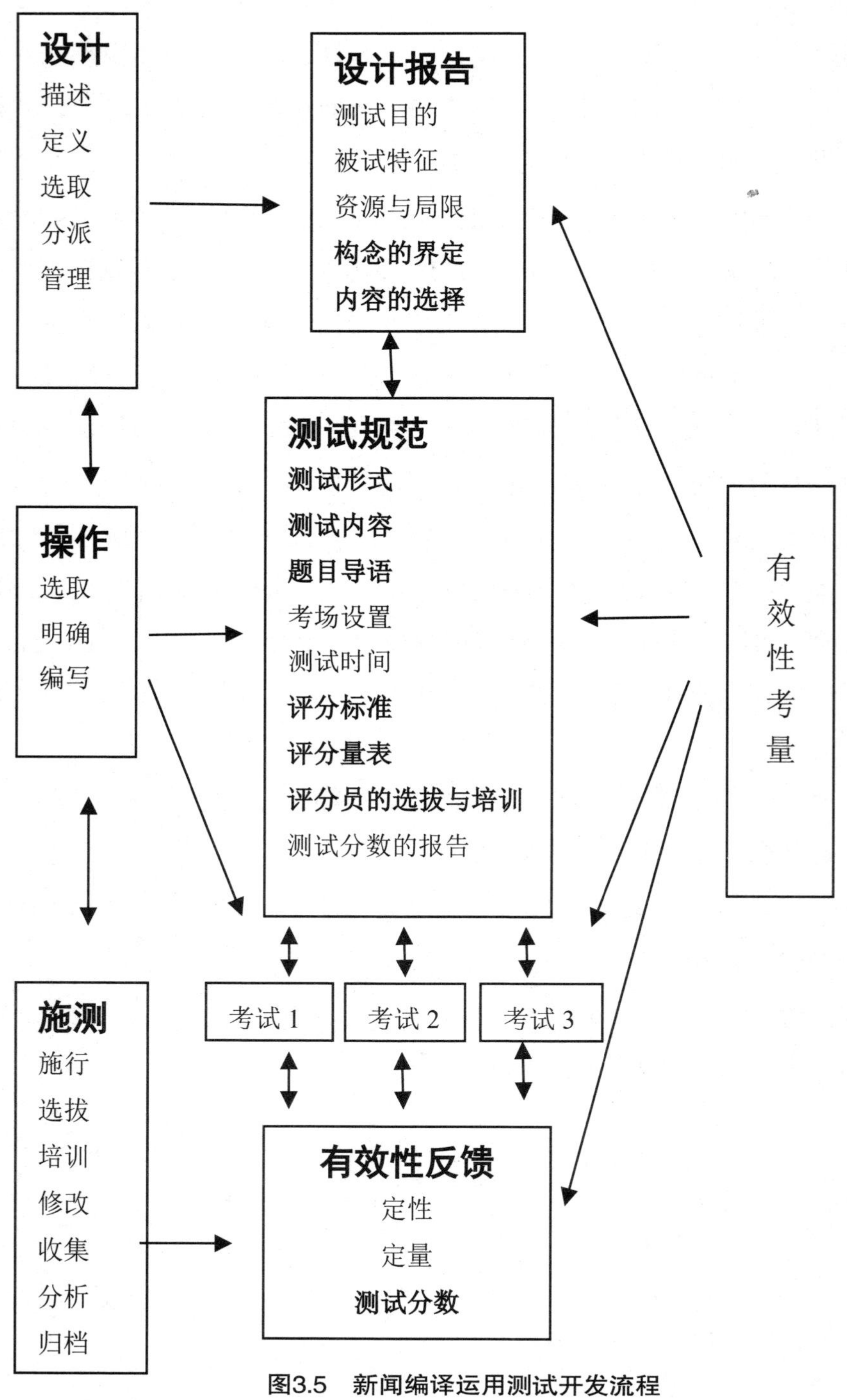

图3.5　新闻编译运用测试开发流程

第二步，开发测试规范并撰写测试材料，通过工作分析明确测试的形式和内容，根据工作分析结果设计测试的题型，包括数量、顺序、分值、各个题目的导语，此外，还要研制评分量表和评分标准，制定评分员的选拔和培训方案，以保证所有评分员对评分标准的理解达成一致。（详见本书5.2.2）

第三步，实施测试，获得考生的作答行为表现，对评分员进行选拔和培训，对考生表现进行评分，获得考生分数，利用统计方法分析数据，验证测试的信度和效度（详见本书第六章）。

3.5 本章小结

本章共5小节。第一节评述语言测试领域以Bachman，Carroll，McNamara为代表的测试专家提出的测试理论。通过对比分析，作者认为，Bachman的测试理论更全面，偏宏观，可以指导普遍意义上的测试研发；McNamara和Carroll则是分别从职业和学术视角探讨特定领域的交际运用测试的研发，与Carroll的交际语言运用测试相比，McNamara的第二语言运用测试的测试目标更明确，实证性更强，与本研究的关系也更为紧密。第二节为功能主义翻译运用测试理论。在翻译测试领域，功能主义翻译运用模型是主观测试和专门用途测试相结合的产物，是相当于交际语言运用测试的翻译测试，其核心理念正是McNamara所倡导的工作分析。本研究属于翻译运用测试，功能主义翻译运用测试开发理论为新闻编译测试的研发提供了更坚实的理论基础。第三节介绍效度验证理论。效验是对测试质量的检验，是测试开发的关键环节，本研究将使用Weir的效验理论进行效验。第四节首先界定新闻编译运用测试等核心概念，然后借鉴Bachman和McNamara的测试开发理念构建本测试的测试开发框架，突出工作分析这一关键环节以及评分标准、评分量表和评分员的选拔与培训等主观测试特有的开发环节。在该框架下，我们对测试的效验贯穿测试开发的始终，包括定性和定量两类数据。

第四章　研究设计

本研究主要有两个目标：研发一套新闻编译运用测试并验证其效度。从该研究目标出发，本章首先从测试构念、测试内容与形式、评分量表和测试效度4个方面提出研究问题，接下来介绍研发新闻编译测试使用的研究方法，研究过程的设计是测试研发的基础，本章详细介绍研发新闻编译运用测试的具体步骤、汇报工作分析具体环节以及相关研究对象、预测和正式测试的数据收集过程、数据分析统计软件的使用和数据解读等数据处理过程。

4.1 研究问题

（1）本研究欲开发的测试构念是什么？其充分性和相关性怎样？

本研究拟构建新闻编译能力的构成成分，结果是包含多个子能力的新闻编译能力模型。评分量表必须与测试要测量的构念相一致，因此，明确该模型中的各项子能力可以为新闻编译测试的分项评分量表的开发奠定理论基础。

（2）本研究欲开发的测试形式和内容是什么？测试任务在多大程度上代表任务所取样的全域？

开发运用测试的关键问题是了解实际工作中的新闻编译任务的类型和内容，该问题的解决离不开工作分析。只有通过工作分析，才能确定实际工作中的交际任务类型和特征，从而为新闻编译工作任务转换为新闻编译测试任务做准备。工作分析方法涉及访谈、问卷和实地观察等，因此，本研究的工作分析也是确定测试内容和方法的实证基础。

（3）本研究欲开发的测试的分项评分量表应包括哪些分项？每个分项的等级和权重是多少？

该问题的解决取决于新闻编译能力模型的构建。

（4）本研究欲开发的测试效度怎样？

本测试的效度验证主要是从评分员、考生、评分分项和评分量表等方面收集证据，用来检验基于理论的效度、情境效度、结构效度、效标关联效度和评分效度等（Weir，2010）。

4.2 研究方法

根据上一章节对新闻编译测试开发框架的阐述可以得知，工作分析是本测试研发的基础，通过工作分析，我们可以明确新闻媒体机构中典型的新闻编译任务的情境语境，从而为测试的研发设计提供实证基础。依据本测试的测试开发框架（详见3.4），本测试的研发遵循McNamara的第二语言运用测试理念，如工作分析的实施和利用多面Rasch模型对测试进行的有效性考量等。另外，对现实语境中目标域的语言使用情况的描述也离不开系统功能语言学的情境语境和语类分析方法。根据McNamara的测试理念，OET测试开发所依据的工作分析信息来源为：

（1）相关人员咨询；

（2）文献搜索；

（3）对相关工作的观察与分析；

（4）工作语篇的收集与考察。

因此，本书的工作分析主要包括访谈、问卷、语境或语类分析和实地观察。下面对各类方法的使用情况进行简要介绍。

（1）访谈法

访谈是工作分析的一部分，目的是获取媒体类单位编译交际任务的分类情况，了解从业者对新闻编译任务和新闻编译能力的看法。作者将选取多位在新闻媒体机构从事新闻编译交际任务的从业人员或者新闻编译教学人员为访谈对象，对该类机构典型的新闻编译任务的语境、稿件来源以及制作要求等展开探究。访谈结果包括新闻编译任务列表和新闻编译能力构成要素列表。

（2）问卷法

根据访谈所获得的初步的任务列表，并结合初步的工作场所观察，作者设计了新闻编译情况调查问卷，调查内容包括调查对象对新闻编译任务的频率和难度、新闻编译能力以及新闻编译质量评估因素重要性的认识。收回问卷后，作者进行统计分析，得到有关新闻编译任务、新闻编译能力和评估因素的一系列图表，这些为新闻编译任务的确定和新闻编译能力模型的构建提供数据支持。

（3）文献法

作者通过查阅文献资料，了解研究者对新闻编译活动和相关能力的描述，最终结合访谈、问卷和文献数据确立新闻编译测试的测试形式并构建新闻编译能力模型。

（4）观察法

作者选取工作场所进行观察，收集或复印相关书面材料，并从测试形式角度考虑其有用性，如文本材料的长度、复杂程度、语篇组织及其语言特点等，进行筛选后，再确定新闻编译测试的测试内容。

通过访谈和问卷调查、文献查阅、工作场所的观察和工作语料的收集，作者设计试卷，测试内容和测试形式最大程度上模拟真实的职业任务，意图测量出考生真实的新闻编译运用水平。在试卷的试测和正式测试阶段，作者选取北京两所高校的MTI学生、山东某高校英语专业三年级翻译方向的学生为被测试对象。

4.3 研究对象

（1）职业新闻编译人员

作者从新华社、参考消息、环球网、中央电视台等相关部门选取一定数量的新闻编译从业者（从业3年以上），对其进行访谈和问卷调查，了解他们对新闻编译任务、能力及评价的看法，从而确定实际工作中使用最多、最复杂的新闻编译活动的形式和内容。

在选择访谈对象时，采取目的性抽样（purposive sampling）的方法，即根据研究目的，选取有可能为研究问题提供最大信息量的样本。此外，作者也考虑其他的因素，如职业、学历、年龄等，最后确定如下访谈对象。

为了解编译任务在媒体机构的使用情况，作者访谈的对象分别来自通讯社、报社、电视台和网媒，他们的基本情况如下。

对象1：本科，新华社对外部编辑，记者，7年新闻编译的工作经历①。

对象2：本科，新华社国际部编辑，记者，7年新闻编译的工作经历。

对象3：硕士，新华社参编部编辑，5年新闻编译工作经历。

对象4：硕士，新华社参考消息报社编辑，5年新闻编译工作经历。

对象5：硕士，央视新闻中心外语频道编辑，6年新闻编译工作经历。

对象6：硕士，环球网采编部编辑，3年新闻编译工作经历。

为了获得访谈对象对编译能力的认识，作者选取两位拥有丰富的新闻编译实践经验的优秀译者对象1和对象2进行访谈，就新闻编译方法的使用频率，新闻编译的特点、难点、过程以及新闻编译能力的组成和培养等进行了讨论。

（2）新闻编译人员培养单位（高校）的新闻编译教师和学生

作者对北京某高校高级翻译学院讲授新闻编译课程的教师进行访谈，了解其对新闻编译能力的看法。学习该课程的一部分学生为某媒体单位的实习新闻编译人员，本研究将随机抽取一部分实习译员进行问卷

① 工作年限计算时间是指截至采访之日以前采访对象从事相关工作的工作时间。

调查，了解他们对新闻编译实践的看法。关于对能力的认识，作者选取了在新闻编译教学方面有着丰富经验的优秀教师一名，其基本情况如下。

对象7：在读博士，北京某高校教师，4年新闻编译课程的教授经历。

（3）翻译教育领域的专家

本研究所编制的试卷需要得到翻译测试领域专家的认可方能投入使用。

（4）评分员

本研究聘请有丰富教学经验的3位翻译教师参与正式评分，分别使用分项评分量表和整体评分量表对考生的译文进行打分，其中两名评分员也参与试评。

（5）考生

前测考生10名，目的是观察考试时间、试题长度、试题难度等，以期尽可能多地获取考生对试题的反馈信息，及时发现考试中出现的问题，对试题进行必要的修改。然后，对两个班级的30名考生进行试测，随后两位评分员利用分项评分量表进行试评。若结果符合预期，则对另外3个班级的60名考生进行正式测试，评分员分别利用整体量表和分项量表对考生的作答表现进行正式评分。

4.4 研究步骤

根据相关文献（Bachman & Palmer，1996；McNamara，1996）中对测试开发流程的描述，本研究分两个阶段进行，如图4.1所示。

第一阶段研究可简称为工作分析，包括两部分。第一，确定测试方法和测试内容，获得测试所需的语料。第二，制定新闻编译能力模型，确定测试的构念，开发测试的分项评分量表。具体包括如下几个步骤。

（1）作者拟定访谈提纲（见附录二），分别对新闻编译从业人员和教学人员进行访谈，从而了解实际工作中的新闻编译任务类型和特征，获取受访者对新闻编译能力的认识。访谈方式主要是面谈，也有电话访谈。作者用录音笔对访谈过程进行录音，后转化为文字，最后形成访谈报告。

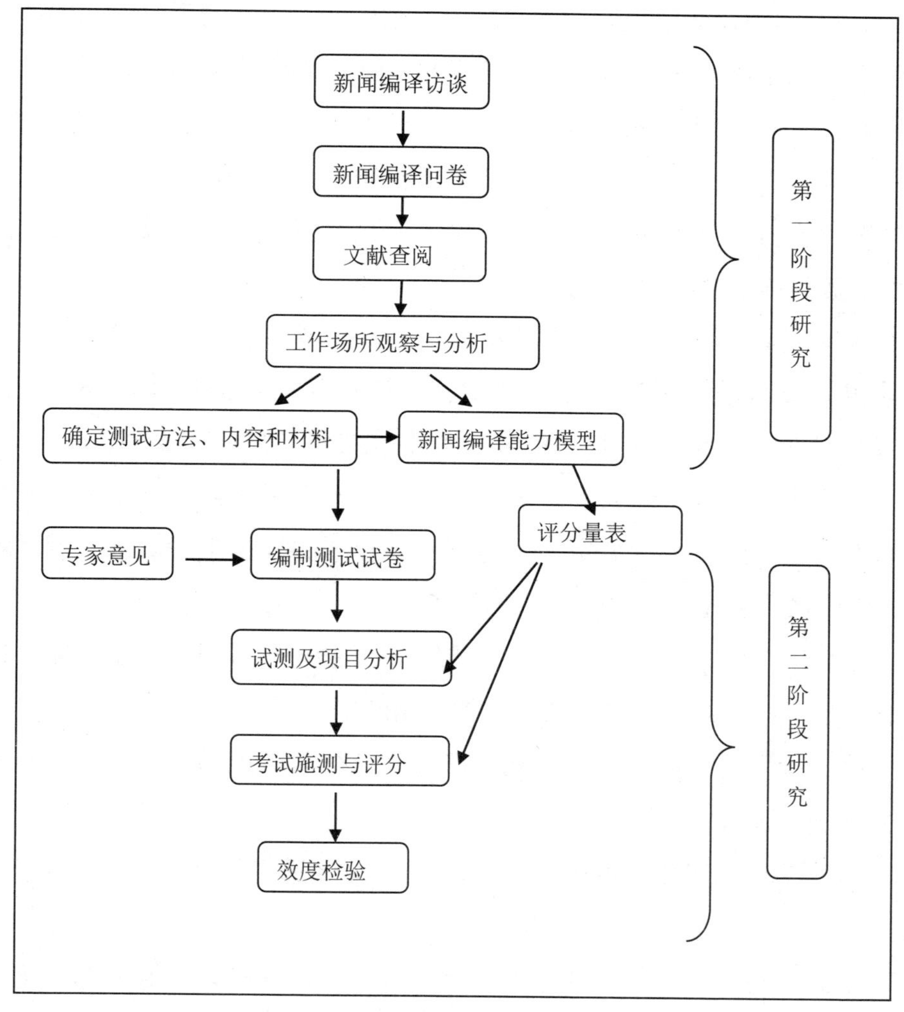

图4.1　研究步骤

（2）在访谈的基础上编制问卷，获得数据，形成图表，一方面明确最常用的新闻编译任务，进而确立最终的测试任务；另一方面指导能力模型的构建。

根据访谈信息，作者设计了调查问卷（详见附录三）。问卷包括三部分：（1）交际任务的频率；（2）任务的难度；（3）交际能力的测量、构成和评价。问卷分两次发放，第一次向通讯社、报社、网络媒体和电视台4类媒体单位共发放问卷20份，收回18份，目的是初步了解新闻编译的使用情况，以及获取被访者对新闻编译能力的构成要素的认识。第二次向这4类媒体单位发放问卷30份，收回22份，目的是对新闻编译任务的频率和难度有全面、深入、详尽的了解。前后共发放50份问卷，共收回40份，问卷回收率为80%。另外，新华社国际部、参编部、视频室的译员人数依次递减，鉴于各单位不同新闻编译部门的人员数量不同这一情况，在分配问卷份数时综合考虑单位和部门人数，发放给国际部的问卷份数最多，视频室份数最少。

（3）阅读文献，利用多因素翻译能力模型、变译理论以及新闻编译等相关文献进行理论推导，并结合访谈和问卷数据构建最终的能力模型。以能力模型为基础，同时参考相关文献，如OET（McNamara，1996）的语义微分式量表和王振亚（2011）的九级整体评分量表，设计新闻编译测试的分项评分量表，量表中各分项的权重主要依据新闻编译问卷中译员和专家对评价译文质量的各因素重要性的打分。

（4）在工作场所展开调查，主要在新华社国际部进行实地考察，以获取真实语料，将工作中使用到的新闻稿件用于测试。

第二阶段研究：试卷的编制、施测、评分与效度验证。本阶段研究又可分为如下几个步骤。

（1）利用工作分析的结果编制试卷、测试说明和测试实施细则。试题得到专家认可后，可进入试测阶段。

（2）作者于2015年9月分别向北京某高校新闻翻译班和山东某高校英语专业三年级翻译方向A班展开试测，收集到有效试卷30份。我们选出高、中、低三档次的样卷若干份，聘请评分员利用第一阶段所开发的分项量表对考生的测试表现进行试评分，并就评分过程及结果展开讨论，适当调整严厉度，直至完全熟悉评分材料，对评分无异议。试测及评分结果将用来了解量表的效度、试卷的难度、区分度等，如有问题将及时修正，修改后的试卷和量表将投入正式测试中。

（3）正式施测阶段，作者于2015年10月分别向北京某高校高翻学院MTI新闻编译班、MTI普通翻译班、山东某高校英语专业三年级翻译方向B班展开正式测试，并告知考生本次考试成绩将作为平时成绩的一部分，聘请3位评分员利用整体评分量表和修改后的分项量表对考生的测试表现进行评分。一周后，作者组织同一批考生进行新闻全译测试，然后实施新闻编辑测试，全译与编辑测试成绩之和可用来作为本次新闻编译测试的效标，作者从参与正式测试的评分员中聘请两位评分员利用分项量表对效标样本进行评价。间隔6个月后，作者对同一批考生再次发放同一新闻编译试卷，目的是考察试卷的整体信度，最后收集到38份有交集的测试样本，即有38位考生前后参加了两次测试，这些样本的评分由参与第一次正式评分的两位评分员来完成。

（4）利用SPSS软件和FACET软件从多方面收集证据对试卷进行效度验证，这将在数据分析部分详细介绍。

4.5 数据分析

一、访谈的数据分析

访谈结束后，作者对访谈数据进行分析、归纳并总结，形成访谈报告。

二、调查问卷的数据分析

作者将调查问卷回收后，利用SPSS软件对调查数据进行了频数统计、平均数统计。

三、试题的数据分析

经典真分数理论的信度检验方法和项目反应理论的多面Rasch模型为本测试的效度检验提供了理据，作者依据相关理论，采用SPSS和FACET这两款软件分析评分结果。SPSS用来计算平均分、标准差、Cronbacha信度系数，相关分析可以用来计算不同量表下评分员间信度（inter-rater reliability），以及同一批考生的新闻编译测试表现与其他测试表现之间的比较，方差分析则检查不同量表下评分员间的显著性差异程度，以及不同层次的考生的测试表现等。

FACET是为多面RASCH模型（MFRM）服务的统计分析软件，由John M. Linacre开发。MFRM用来分析主观题中的考生能力以及考生能力之外的所有因素对考生得分的影响，这些因素包括评分人、题目、评分标准、评分量表等。这些因素在MFRM中被设定为各个面。MFRM基于两个假设：能力越高的考生答对题目的概率越大；难度越大的题目答对的概率越小。当考生能力和题目难度相匹配时，考生答对题目的概率是50%，表现在洛基量尺上就是考生能力值和题目难度值在一个水平上，这时题目最能考出考生的真实能力，是最理想的情况。如果能力低的考生答难度高的题目，能力高的考生答难度低的题目，考生答对的概率会过低或过高。

MFRM中所有参数和能力值都是未知的。FACET采用非条件极大似然法（unconditional Maximum Likelihood）对MFRM中的各个参数进行估计。FACET提供丰富的统计数据：①在主观题试题中体现各个层面、每个层面内部各个成员表现，以及各个层面之间的交互作用的洛基量表图。②在各个层面，提供分隔比率、分隔信度和卡方检验值，这些统计量提示各个层面中的成分之间的差异程度。③对各个层面中的每个成分，提供度量值、标准误和拟合统计量。

首先，作者将详细介绍各个统计量的含义。

1. 度量值（Measure）：个体在共同标尺上的标度，FACET能将所有层面中的每一个体的度量值都转化为以 logit 为单位的统一度量值，便于各层面之间的比较和分析。

2. 模型标准误差（Model S. E.）：度量值的精确度，即运用该模型估算的准确程度。

3. 卡方检验值（Chi-square Statistics）：卡方值大，且P<0.05，说明该层面个体之间在统计上具有显著的差异，因而应该拒绝个体无差异的

零假设，即受试能力无差异、评分标准难度无差异、评分员评分无差异、题目难度无差异的假设。卡方值的取值：1000以上很大，100以上较大，但还要看P值。

4. 分隔比率（Separation ratio）、分隔指数（Separation index）、分隔指数信度（Reliability of separation index）：一般常用到的是分隔比率和分隔指数信度（简称为分隔信度）。分隔信度的含义与一般意义上的评分者信度有所不同，后者是评分者之间相似度的衡量，数值越大说明两个评分者评分越一致，而这里的信度是将每个层面的不同个体进行区分的程度，它相当于经典测试理论中的Crobach alpha 系数（Milanovic et al.1996），取值范围为0—1，0.9以上表示很大。值越大，说明可以将个体进行区分的把握越大。该差异是否与误差有关，还要看分隔比率。分隔比率衡量每个层面的个体之间的差异与测量误差之间的关系，数值越大，则越确认该层面的个体之间存在显著的差异。分隔比率的取值：分隔比率大于 2，一般被认为个体间有明显差异（Myford & Wolfe，2004）。6以上则有特别明显的差异。如果分隔比率大于2但小于5，说明有差异，但在可接受范围内。

5. 拟合统计量（ Fit statistics）：

（1） Rasch模型中的拟合统计量是进行效度验证或者获取诊断信息的重要统计量。一般来说，如果没有非拟合情况或者非拟合情况很少，那就证明某测试具有一定的效度（Wright & Masters，转引自罗丹，2008）。这里的效度主要指构念效度，特别是就任务、评分标准和评分量表层面而言。

（2）拟合量指每个层面中的个体的实际观察值与模型预测值之间的拟合程度。拟合统计量分为加权均方拟合统计量（Infit Mean Square）和未加权均方拟合统计量（Outfit Mean Square）。因为后者更容易受到个别差异较大的数据影响，所以一般把前者作为判断个体是不是拟合模型的依据（李清华、孔文，2010）。

（3）拟合量取值：取值范围是0到无穷大。拟合值=1，说明数据与模型拟合良好；拟合值>1，说明数据和模型存在随机偏差，为非拟合（misfit）；拟合值<1，则说明数据之间的差异小于模型预测，为过度拟合（overfit）。拟合统计量的取值范围：一般认为，可以接受的取值范围介于平均值正。负两个标准差之间（McNamara，1996）。对于语言运用测试，该范围可以适当扩大，如0.6—1.4或0.5—1.5，这要视考试的性质和研究目的而定（Linacre，2010；Weigle，1998）。高风险考试要适当提高取值范围，而低风险考试的取值范围可适当放宽。

拟合统计量通常还可以结合Z值来判断，Z值又称标准拟合统计量，包括Infit Zstd和Outfit Zstd，它是评价拟合度的另一个指标。若Infit超出范围，但Z值没有大于2，说明此非拟合不严重；若拟合值超出范围，且Z>2属于显著非拟合；若拟合值超出范围，Z<−2则属于显著过度拟合。

各个层面：

（1）考生层面。分隔信度越大，说明考试对不同能力的考生区分的程度和把握越大。分隔信度=1，表示完全拟合，考试完美区分所有个体，这是理想的结果。若同时分隔比率也大，则说明该差异与测量误差无关，也说明测试任务的区分力越强，评分标准也能很好区分受试的能力。

加权均方拟合值（Infit）体现了考生答题行为的一致性（Linacre，2010）。但是也会出现不拟合的考生，原因有两个：一是这些考生可能本身答题行为不一致，需要事后访谈考生以了解其答题情况；二是评分员可能对这些考生的打分不一致。具体来讲，非拟合考生的出现说明评分员与考生发生交互作用，评分员对这些考生的评分差异比模型预测值要大，即评分员对某些考生打分过于严厉或者宽松，从而出现特别高的值或者特别低的值；而出现过度拟合的考生，则说明评分员在对这些考生进行评分时过于保守，比如只用到中间的分数段，或者在各项上的打分彼此趋同，出现了趋中效应或光环效应。对于非拟合情况，要进行评分员—考生偏差分析（bias analysis）；对于过度拟合的情况，要结合这些考生在各项评分标准上的得分，分析具体分值是多少，是否的确存在接近的现象。需要指出的是，在研究中，非拟合的考生比例应该控制在2%左右（McNamara，1996）。

（2）评分员层面。分隔信度越大，说明评分员之间的差异越大，一致性越低，同时若分隔比率也大，说明该差异与误差无关。评分员层面较低的分隔信度是期待的结果。

拟合统计量（Infit）则反映了评分员评分的自身一致性，相当于经典测试理论中的“评分员内部信度”（intra-rater reliability）（Myford&Wolf，2000：6）。在评分过程中，由于受到各种主观因素的影响，评分员不可能总按照一定的严厉度进行评分，适当的变化是允许的。但是，如果超出允许的范围，为了保证研究的可靠性，需要对非拟合或者过度拟合的评分员进行重新培训或者予以更换（刘建达，2005）。

如果评分员对评分标准把握不准，评分过程中时而宽松时而严格，相应地，在考生层面，就会出现非拟合的考生。对此，要结合考生—评分员偏差分析结果，综合分析评分员评分出现偏差的原因，为以后的评分员培训提供有价值的反馈信息。过度拟合说明评分员在评分时可能存在一定的趋中性或光环效应，这也在一定程度上解释了出现过度拟合的考生的现象。对此，可以使用SPSS对过度拟合的评分员所使用的评定量表等级情况进行具体分析，同时结合模型拟合误差也可以看出模型数据的整体拟合情况。

如果非拟合或者过度拟合个数不多，也可视为内部一致性可接受。

（3）任务层面。分隔信度越大，说明任务难度差异越大，若同时分隔比率也大，说明该差异与误差无关。差异大的原因在于，任务和考生、任务和评分员之间可能存在交互作用，那么考生对某个任务的兴趣和熟悉程度以及评分员对某个任务的严厉程度都有可能成为影响因素，比如某考生对某话题既不感兴趣又不熟悉，同时又由一个严厉的评分员评分；另一个考生对该话题既感兴趣且熟悉，又由一个宽松的评分员评分，那么就这两位考生而言，该任务的难度差异很大。所以要结合考生的背景知识、个人特点、作答表现和评分员对任务的理解等众多因素来分析。

拟合统计量若在合适范围内，说明评分员对各任务的评分较为一致，符合模型的期望。非拟合的题目说明试题可能测量了另外一种能力，那么，通过任务层面的拟合统计量，可以进行任务层面的效度验证。

（4）评分分项层面：分隔信度越大，说明评分分项的难度差异越大，同时分隔比率也大，说明该差异与误差无关。

评分分项的拟合统计量是验证评分量表效度的重要指标。Wright和Master（1982）指出，在 Rasch 模型分析中，评分标准效度的意义是，如果非拟合情况较少，则说明该评分标准的效度较高。McNamara还运用FACET软件分析OET测试的结构效度，他将每一个评分分项看作一个题目（item），如果没有非拟合现象，则说明各个评分分项分别测量了测试要测量的能力的不同维度，这些维度都分别体现了该能力，因此，将这些分项的分数相加用来衡量考生的能力，该测试也是有效的。就本研究而言，如果拟合统计量在合理范围内，则说明各分项分别测量了新闻编译能力的不同维度，这几个分项共同测量了新闻编译能力这一构念，因此，将考生在不同维度上的分数相加，作为对考生新闻编译能力的考查是合理的；也说明评分员在各评分分项上的评分具备较好的一致性，各分项之间有适度的联系，没有出现冗余的分项，拟合情况符合预期。

对于不拟合的情况，可能是评分员对某分项的评分较难达成一致，需要进行评分员—分项偏差分析。换言之，在实际评分中，评分员对某分项的评分受到了其他分项的影响缺乏独立性。对于此种情况，应该对评分员进行培训，进一步明确各分项的理据，使各项的评分能够更准确地反映其背后所测量的能力。出现过度拟合，可能是出现了冗余的分项，也可能是对该分项的描述不够准确，导致评分员过多使用某个分数，此时需要对相关分项的等级分数使用情况进行分析。

度量值指标准的难度，评分员认为某项标准更重要，对该项标准的评分就越严厉，度量值越高，标准的难度越高，考生越难得到分数。如果各项标准有同等权重，评分员应该视所有标准同等重要，如果各标准度量值差异较大，要加强评分员对标准的一致性把握。

在运用测试中，评分量表至关重要，从研究者对量表的设计到评分员对量表的使用都要具备合理性。通过使用FACET软件，我们可以得到一系列关于评分量表的统计量和图表，这些信息能够告诉我们量表的效度如何。下面将介绍有关评分量表的参数。

（5）评分量表。对于整体型评分量表，FACET软件可以提供数据说明量表的整体使用情况；对于分析型评分量表，FACET软件可以提供每个评分维度下的量表使用数据，分别展示每个维度下评分量表的具体使用情况。每个评分分项会有单独的评分量表分数段统计表和维度概率曲线图，用来说明各个等级的使用情况，这些数据是评判评分量表质量的重要指标。FACET软件对评分量表的使用基于两点假设：

① 评定量尺的等级之间是等距的；

② 考生的能力水平越高，得到的等级也应该越高。

对评分量表的考察主要从以下3方面进行：

① 评分员是否较好地利用了评分量表，即评分员是否使用了量表所有的分数段；

② 是否每个分数段都体现了考生相应的能力；

③ 量表的分数段是否都有足够的区分考生能力的分隔距离（Bonk & Ockey，2003；Linacre，1997）。

我们得到的关于评分量表的图表分别是评分量表分数段统计表和维度概率曲线图，前者告诉我们量表对考生能力水平的区分情况以及评分量表的质量状况，后者能直观描述各等级的使用情况。下面将详细介绍相关统计量。

① 各分数段的使用次数和百分比：属于分数段统计表第一大列的内容，如果未使用到所有的分数段，应该对评分员进行针对性培训。该列信息能够回答上述第一方面的问题。

② 平均度量值（average measure）和未加权均方统计量（Outfit MnSq）：属于分数段统计表第二大列内容。平均度量值为得到该等级的考生平均能力，基于考生的能力水平越高、得到的等级也应该越高的假设，平均度量值应该和等级对应，从低阶到高阶呈单调递增的趋势。软件可以为每个等级分数段计算出考生的平均度量值（观察分）和模型预测（预测分）。当观察分和预测分接近时，未加权均方统计量接近理想值1，两者间的差距越大，未加权均方指数越大，若指数大于2，表明考生预测分和观察分有较大差距，该分数不能准确反映考生水平，若指数大于2且某等级使用频次低，可能因为该等级使用较少，软件估计误差所致。对于应用不当的分数段，应加强评分员对该段的理解。该列信息能够回答上述第二方面的问题。

③ 阶难度值（step calibrations）：属于分数段统计第三大列内容。与平均度量值一样，阶难度值也要呈单调递增趋势，且从低到高要有一定的阶梯差距，这说明评分员能较一致地正确利用各个等级分数段来区分考生能力。Linacre（1999）认为，对5个分数段来说，每个标定的分数段之间应该至少有1.0 logit的间隔，如果间隔过小，就要加大分数段之间的间隔，合并分数段或者修改评分量表（Linacre，1999）。该列信息能够回答上述第三方面的问题。

④维度概率曲线图：该图能直观显示各等级的使用情况，判断量表能否区分考生的能力水平。每个波形代表一个分值（等级），应该有一个相对独立且有一定间隔的峰尖，像一座分布均匀的小山峰，每个分值对应一个明显的能力区域，两个波形的交点是相邻两个分值的临界点，该区域内的考生更容易获得该分值（Park，2004）。

（6）偏差分析。FACET软件还可以考察两个层面之间的交互作用。事实上，在运用测试中，评分员和考生、评分分项和题目之间分别存在交互作用，考生和题目之间也存在交互作用。受篇幅限制，本研究拟进行两项偏差分析，即考察评分员和考生之间、评分员与评分分项之间的交互作用。

偏差分析指实际分数偏离模型预测值的情况，第一种情况是，比如某位整体较严厉的评分员在评某个或某些考生或者分项的时候相对宽松，或者某位整体仁慈的评分员在评价某个或某些考生或者评分分项的时候相对严厉。从一定程度上讲，这是评分员评分不稳定的表现。第二种情况是，某位整体能力较强的考生在某个或者某些题上表现相对较弱，或者某位整体能力较弱的考生在某些题上表现相对较强，这是考生答题不稳定的表现。

偏差分析一般处理显著偏差，Z（t值）绝对值>2为显著偏差，可能是评分员在测评时过于严厉，Z绝对值<2为过于宽松，偏差不显著则交互作用不明显。一般说来，显著偏差占所有项目的比例在5%左右是可接受的范围（McNamara，1996）。

（1）评分员和考生：出现偏差较多的考生是哪位？多数偏差发生在何种能力水平上的考生？其Infit MnSq怎样？如果多数发生在高能力水平的考生上则说明评分员在评判该类考生试卷时误差较大。如果同时该评分员为显著非拟合，则应该适度严厉，打分稍低些；如果为显著拟合，则应该适度宽松，打分稍高些。同时，要加强评分员对高能力水平考生评分的培训。

（2）评分员和评分分项：若某分项出现了多数偏差，则说明评分员对该分项的评分不一致，误差较大，应加强对该评分维度的理解。

（3）评分员和题目：若某题目出现了多数偏差，说明评分员对该题目评分不一致，误差较大，应加强对该题目的理解。

（4）考生和题目：若某题目出现了多数偏差，也有可能说明考生在答题时一致性较差，对该题目理解不一致，误差较大，应加强对该题目的理解，有针对性地询问考生背后的原因。

4.6 本章小结

本章详细介绍了本研究的研究问题、研究方法、研究对象、研究步骤、数据分析方法。首先提出研究问题，介绍研究方法，确定研究路径：第一阶段的研究内容为工作分析，分析结果可以指导测试构念的界定、量表的研发和测试内容的编写，分别回答测什么、怎么评和怎么测这三个问题；在研究的第二阶段，我们将进行试测和正式测试，组织评分员对考生的作答表现进行评分，运用各类统计软件分析考试数据，以检验测试的效度。针对第二研究阶段的数据分析，我们专辟章节阐述了数据的解读方法。

第五章　新闻编译运用测试的研发与设计

Bachman（1990）认为语言能力测试的开发包含3个基本步骤：测什么、怎么测以及怎么评。McNamara（1996）的语言运用测试开发也分3个步骤：第一步是明确测试的理据，即测试的构念，回答“测什么”；第二步是测试内容和形式的选择，即“怎么测”；第三步是评分量表的设计和评分员的培训，即“怎么评”。可见，这与Bachman所提出的测试开发步骤大体一致。然而，两者也存在一定差异：Bachman主张的3个步骤是不可逆的，测试内容和方法的确定必须以测试构念的界定为前提；而在运用测试的实际开发中，测试内容主要由实际工作情况决定，而非由构念决定，因此此类测试的前两个步骤可同时进行，甚至是可逆的。比如，在本研究中，作者首先确定媒体类单位最常使用的新闻编译方法和任务，后据此界定典型的新闻编译任务所涉及的能力。对测试构念的界定发生在测试任务的编制之后。

本章共包含4小节，探讨了测试研发的基础、报告、规范和施测这几个问题。第一节为工作分析，是本研究最重要的一节，主要解决了测什么、怎么测以及怎么评的问题。在通过工作分析、明确了测试的内容、构念和量表之后，第二节将对工作分析的成果进行整理，制作设计报告，明确测试规范。在这些文件的指导下，第三节将进行试测，以便及时发现问题，必要时对报告和规范进行调整修改，然后再投入到正式测试中。最后一节是对本章的总结。

5.1 工作分析

从目标语言环境中选取典型的、真实的交际任务，从而“制定合适的测试内容是此类测试需要重点考虑的问题”（McNamara，1996：90）。对于职场中的语言交际而言，任务的确定属于工作分析（job analysis）的范畴，它是开发工作样本测试的第一步（Jone，1979：52），能够提高测试的安全性，其结果可作为测试的内容效度证据（McNamara，1996）。工作分析法已在各类行为测试模型的构建及开发中得到应用（王二平、谢小庆，1994；McNamara, 1996；Long,2005；鹿士义，王二平，2010；王振亚，2012a）。

本研究研发的新闻编译运用测试主要服务于新闻编译从业人员的资格认定，因此，McNamara的第二语言运用测试理论更为适用。本研究的工作分析部分以McNamara开发OET时提出的工作分析模型为理论基础，参照功能主义翻译运用测试模型的工作分析程序。OET的工作分析主要用于测试任务的内容选择。本研究的工作分析内涵有所扩大：测试设计者可以通过工作分析了解新闻编译从业者在实际工作中需要完成的典型编译任务，对任务特征进行描述和概括，然后将典型的任务特征转换成测试任务，最大限度保证测试任务特征与目标语使用任务特征的一致性。工作分析结果不仅指导测试任务的形式和内容的选择，还可以用来验证新闻编译能力模型，制定测试的评分量表。

根据McNamara的测试理念，新闻编译工作分析的信息来源包括以下几个方面。

（1）相关人员的咨询：向新闻编译人员的培养单位、新闻编译人员、新闻编译人员的使用单位，如通讯社、报社、电视台、电台、网络媒体等咨询新闻编译运用行为的内容和形式。

（2）文献搜索：搜索新闻编译实践相关文献，了解新闻编译运用行为的内容和形式。

（3）对相关工作的观察与分析：观察、分析新闻编译人员在工作中的编译运用行为的内容与形式。

（4）工作语篇的收集与考察：收集新闻编译人员在新闻编译工作中的源新闻稿件（源语篇）。

根据相关理论，作者制作了工作分析的流程图（如图5.1所示），接下来，本研究的工作分析将依照该流程进行。

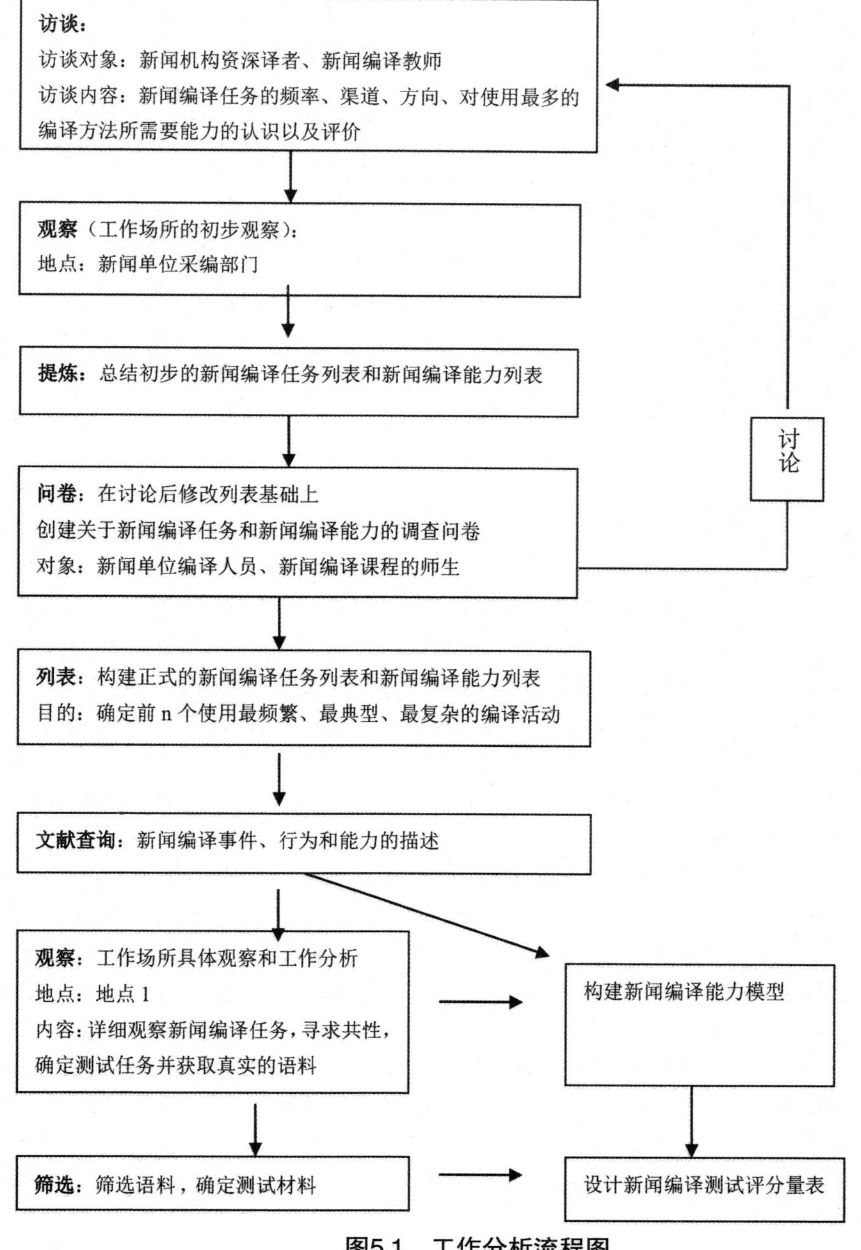

图5.1　工作分析流程图

5.1.1 测试的任务

根据工作分析流程图，作者需要在新闻编译任务的使用单位进行调研。本节首先对相关媒体单位进行简要介绍。按新闻传播媒介划分，国内新闻编译的主要使用单位如表5.1所示。

表5.1 新闻编译主要使用单位分类

媒介性质	媒介单位
通讯社	新华社，包括参考消息报社
报社	中国日报社、人民日报社、上海日报社、广州日报报业集团等[1]
电视台	中央电视台（英语频道和中文国际/新闻频道）和地方电视台等
电台	中国国际广播电台和地方电台等
网络媒体	上述各媒体单位的网络版及其他[2]
国家部委和其他事业单位	外交部、中央编译局、外文局[3]

① 影响力较大的包括中国日报社的《中国日报》和其他下属刊物以及人民日报社的《环球时报》。这里重点介绍一下英文刊物：据不完全统计，中国现有各类英文报纸 20 多家，其中新闻类英文日报和周报月 12 家，包括《中国日报》《上海日报》《深圳日报》《广州英文早报》《北京周末》《今日北京》《上海英文星报》等。《中国日报》作为唯一一份国际级英文报纸处于强势地位，地方报纸在自己的区域内则有较大发行量。但相对于中国现有报纸 1915(截至 2013 年)种来说,英文报纸在数量上属于“少数媒体”。与中国主流中文报纸相比，中国现有的英文报纸仍处于弱势地位。国内英文日报在版面上强调图解化、色彩化等。有统计显示,《中国日报》和《上海日报》图片新闻分别占 19.4% 和 11.8%。内容方面，编辑性强，既有重要时事热点的深度报道，也会刊载外电等，总之，编辑环境相对宽松以适应不同读者的要求（刘肖，2006）。

② 比如我国的 6 个中央级的网站和 3 个重要的地方网站以及其他各大网络媒体：新华社的新华网 www.xinhuanet.com（多语报道），人民日报网络版 www.peopledaily.com.cn（多语报道），中国日报网站 www.chinadaily.com.cn（英汉双语），中国国际广播电台网站（国际在线）http://gb.cri.cn（多语报道），中央电视台网站 www.cctv.com（多语报道），中国网 www.china.com.cn（国务院新闻办公室主管、外文局主办，多语报道）；北京的千龙网 www.qianlong.com，上海的东方网 www.eastday.com，和广东的南方网 www.southcn.com。我国的网络媒体于 20 世纪 90 年代诞生，几乎全部依托传统媒体发展壮大。这些媒体从诞生之处便使用中英文传播，信息量大、可信度高、传播速度快、效果好。此外，新浪网、中国新闻网（英汉双语）路透中文网、FT 中文网、环球网（环球时报下属网站）（英汉双语）等也涉及新闻编译。

③ 外文局下属英文刊物如 *Beijing Review*（《北京周报》）、*China Today*（《今日中国》）、*China Pictorial*（《中国画报》。

在一定程度上讲，不同类型的媒体机构，甚至同一机构内的不同部门在新闻编译任务的形式、过程以及评价等方面都可能存在差异，作者将从上述各类单位中选取相关媒体机构进行调研。调研思路是，首先，从通讯社、报社、电视台和网媒中分别选取至少一家媒体进行广泛调研，确定使用最广泛的新闻翻译方法。其次，总结不同单位的新闻编译交际活动所具有的共性。最后，以调研结果为准，设计试卷和评分量表，研究结果可用于编译人员的资格认定，也可为媒体单位编译人员的选拔提供借鉴。

5.1.1.1 新闻编译交际任务参与者

在社会生活中，言语交际指两人或多人之间进行的“一说一听”的交际模式。新闻言语交际虽不是典型的言语交际，但属于言语交际的一种。杨保军（2005）在《新闻理论教程》中曾描述新闻传播的基本流程。

流程1：新闻信息源—新闻传播者（传播者自身就是信息载体）—新闻收受者

流程2：新闻信息源—新闻传播者—新闻传播媒介—新闻收受者

这是以物理传播媒介（最典型的就是大众传播媒介）作为新闻信息载体的传播流程。然而，就物理传播媒介而言，跨语言、跨文化的新闻传播流程又有自己的特点。这里，我们根据传播机构的采访资质大小，将跨语言、跨文化的新闻传播进一步细分为两个流程：

流程3：新闻信息源（信源）—新闻传播者1（编码）—新闻传播者2（解码—编码）—新闻传播媒介—新闻收受者（解码）

流程4：新闻信息源（信源）—新闻传播者1（解码—编码）—新闻传播媒介—新闻收受者（解码）

流程3中的新闻传播者1通常是记者，新闻传播者2是编辑，此流程一般代表通讯社的新闻传播方式。虽然现在有一些新闻机构已经具备采访资质，但是采访活动所占比例有限，流程4中的新闻传播者1通常指编辑，此流程代表普通媒体单位的新闻传播方式。

在新闻言语交际中，参与者包括信息传播者和信息收受者的角色，往往较固定，但媒体单位类型不同，交际参与者的角色也有所差异。目前，国内开展英汉—汉英新闻编译活动的媒体机构可以大致划分为五类，分别是通讯社、报刊媒体、网络媒体、电视台和电台。我们将对这几大类媒体分别展开调研以期从整体上把握新闻交际活动的情况。然而，受时间和精力所限，作者无法进行穷尽式调查，仅从其中选取有代表性的单位分别进行调研，这些单位分别是新华社、路透社、参考消息、中国日报社、环球网、中央电视台。表5.2是对各单位人员构成方面的调查结果，下面对各类人员分别进行介绍，并进行具体分析。

表5.2　媒体机构中新闻编译交际活动参与人员构成

人员类型	参与者	人数	职责	语言
作者	记者/编辑	一人	撰写稿件	中/英
译者	编辑/记者	一人或多人	选题（有时），编译稿件	英/中
审核者	编审	一人	审核译者的选题及译稿	英/中
读者	政府决策者、各大媒体的选稿编辑、普通受众	多人	无	英/中

从新闻编译交际活动的人员构成来看，交际一方，即信息的传播者，在不同单位的角色大致相同，多为代表特定媒体单位立场的编辑。但是通讯社与其他媒体类型存在差别，由于具备强大的采编实力，通讯社的信息传播者有两大类——记者和编辑。记者（传播者1）撰写源稿件，编码后交由编辑（传播者2）进行解码和编码。当然，也有相当一部分源稿件由编辑或记者从各大网站搜寻获得，两种模式各占相当一部分比例。相比之下，其他类媒体现如今虽各自具备一定的采编实力，但是调研发现，其源稿件仍主要是编辑（传播者1）通过上网选稿获得。源稿件的获取方式直接影响着选题活动在各媒体单位中所占比例，因此，本研究有必要对各类媒体进行区分，随后在频率分析中会进一步详

细介绍。交际另一方，即信息的接收者在不同媒体单位中的角色差异较大。就通讯社而言，比较特殊的是新华社的参考新闻编辑部，该部主要是为中央决策提供有价值的国外新闻动向，新闻读者是政府部门的决策者，其他各部门的新闻受众，大都是各大订阅媒体机构的选稿编辑，因此，新华社的新闻受众角色相对明确，他们数量一定、较集中、有同质性，外延相对确定，受众的身份、地位、职业和受教育程度相对固定。就报刊、网络、电台、电视台而言，信息接收者为广大普通观众，人数众多、较分散、呈异质性、外延模糊，这主要由受众的职业、身份和受教育程度等因素决定。当然，也有例外，具有一定影响力的报刊媒体如参考消息报社较之电视台、电台和网络有相对稳定的受众群体。受众不同，译者的编译策略和技巧、译入语稿件的语言特点等也存在差异，这在新闻编译任务特征分析以及评分量表部分将详细论述。

5.1.1.2 新闻编译交际任务访谈

关于对新闻编译活动的调研，作者首先采访了通讯社、报社以及电视台等资深译者，获得了第一手访谈信息，并整理成访谈报告。随后结合访谈内容和文献分析，设计了新闻编译实践情况调查问卷（附录三）。下面首先介绍访谈情况。

第一，就翻译方法而言，几乎所有被采访者都表示，在实际工作中使用到的翻译方法包括全译、摘译和编译。

（1）包含重要内容或篇幅短小的稿件一般采用全译的方法。比如，对于国家领导人出访和在大会上的讲话稿或外交部发言人的讲话稿和对外的授权发布，译者需要全译。但是，此类稿件出现频率相对较小，因此全译方法使用较少。

（2）有时使用摘译。其使用频率介于全译和编译之间，且有被访者认为摘译除了作为某种翻译方法单独使用外，还会将摘译活动视为编译的一部分，这意味着在实际工作中，编译和摘译的使用频率差值可能比本研究显示的差值还要略高。

（3）编译是使用最多的翻译活动。编译活动在新华社各部门、中国日报、环球时报、路透中文网、FT中文网、环球网、央视、中国国际广播电台等单位使用频率很高，高于其他翻译方法。被访者表示，在实际工作中，翻译方法要灵活把握，真正一字不差地进行逐字翻译的情况很少。译者可以对源稿件的内容进行删除、调整、合并，甚至增加背景知识等内容。比如，译者可以自主选择是否删去领导人讲话中诸如“源远流长，一衣带水”之类的内容。又如，如果新华社的驻外记者在国外看到一篇新闻价值高的外文稿件，决定将其译成中文，可以对内容重新进行排列组合，将重要的内容调整到前面，或者利用非语言符号等方式将其突出。编译译者需要采用的翻译技巧主要包括删减合并，辅助增加和调整。编译的首要特点是译者摘取重要内容进行翻译，其次是“跳上跳下式”的译文重组（俞建村，2001）。与摘译不同的是，编译中的删减活动几乎可以涉及所有语言单位，译者可以删减词语、句子、句群，甚至段落。需要注意的是，编译中信息的取舍与新闻稿件类别有关。一般的新闻稿件以事实为主，议论为辅。事实类稿件包括新闻事实和非新闻事实，新闻事实按重要性和价值又可分为三级，非新闻事实又可分为有用非新闻事实和无用非新闻事实，前者指新闻背景事实材料，后者指与主题无关的其他事实材料。一般而言，稿件需要保留事实，删去议论。事实中要先保留新闻事实，非新闻事实中的无用非新闻事实一般删去，有用非新闻事实看情况取舍，如有添加背景信息的必要则保留有用非新闻事实。如不能保留所有的新闻事实则按照重要性依次再删减第三、第二、第一新闻事实。总之，译者的任务是保留新鲜、重要且真实的事实。

第二，就编译的任务形式而言，译者面临的编译任务形式多样，并非都是将一篇源语新闻稿件做成译语新闻稿件。大体来讲，有四种情况：一是将一篇源语稿件（汉或英）做成一篇译入语稿件（英或汉），二是将两篇或以上的源语稿件（汉或英）做成一篇译入语稿件（英或汉），三是将两篇或以上的源语稿件（汉和英）做成一篇译入语稿件（英或汉），四是将一篇源语稿件（较长）做成两篇或以上的译入语稿件。

下面分别介绍各单位的具体调研情况。

（1）新华社作为新闻的“批发”机构，是新闻编译活动的主要场所，新闻编译人员众多。涉及编译活动的具体部门包括：国际新闻编辑部（简称国际部）、对外新闻编辑部（对外部）、体育新闻编辑部（体育部）、参考新闻编辑部（参编部）、音视频新闻编辑部（音视频部）。国际部负责国际新闻的采集和编发，使用中、英等多种语言，以文字、视频等多种形式向海内外媒体及机构播发国际新闻通稿和专特稿。对外部负责用英、中等多种文字向国内外播发有关中国和内地的新闻；向国内外新闻媒体播发港、澳、台新闻；用多种外文向国外报刊和网站提供中国新闻特稿；向海外中、英、葡文报刊提供专版服务；体育部负责用中、英两种文字采写和编辑国内外体育新闻并向国内外播发。参编部负责及时反映国内的重要事件，收集、编译国外及港、澳、台地区有参考价值的新动向，梳理国内网络及境外媒体重要舆情，对国内、国际重大问题进行深入调研，为中央决策提供有价值的参考材料；编辑出版多种刊物。

①新华社对外部：对外部主要负责国内新闻的对外报道，有中文、英文、俄文、法文、阿拉伯文等语种。译者负责将汉语新闻编译成英语新闻，稿源主要分为两部分。第一种稿源是记者撰写的稿件。新华社也负责国内新闻的对内报道，因此不论记者是否具备直接撰写英文稿件的能力，记者的稿件一般是中文稿。译者拿到记者的稿件后，经常需要补充相关背景信息，从而使国外读者对稿件的整体内容有更好把握。比如，记者的稿件中包含进出口数据，而国外读者可能不清楚我国进出口政策的具体情况，无法将当前数据与以往的政策进行比较，不了解变化趋势，不能掌握整体情况。这样，信息的补充就会涉及第二种稿源——各部委网站上的新闻稿，这些稿件需要译者自行从网上选择。因此，对外部的译者经常需要将记者的中文稿件和自己在网站搜选到的同主题素材做成英文稿件。另外，译者还需要去国外网站搜寻国外媒体对中国的

有关报道，这样源稿件就不止一篇，而且源稿件可能同时涉及中、英文两种语言。此外，有一部分从业人员能够自写、自编、自译，集记者、编辑、译者三种职能于一身，他们从属于采编部门，有采有编，大约各占一半的比例。

②新华社国际部：国际部在国内没有记者，只有编辑，分为时政组和外文组。时政组主要制作中文稿件，一部分是新华社的驻外记者编译国外各大通讯社、媒体、采访、声明或者新闻发布会材料后，发回的中文报道。然而，记者的创作会受到时间和资源种种限制，译者有时候需要综合外媒报道和记者稿件进行删、补、调、并、改等二次加工，编译后发给国内各大媒体；另一部分由译者自选外电编译后经由编辑审核发往各大线路。可见，时政组编译的主要稿源是国外各大通讯社及媒体的英文稿件。编译活动主要是译者将一篇或多篇来自外媒的英文稿件编译成中文稿件，有时将记者的中文稿件和外媒的英文稿件编译成中文稿件。外文组包含英、法、俄等多种语言，只做外文，不做中文。有时，驻外记者直接发回外文报道，其他时候，译者需要将驻外记者的中文稿件编译成英文稿件。实际上，由于时间、资源等限制，译者需要从外媒搜选相关主题的英文素材补充记者的中文稿件，然后制作一篇英文稿。最常见的情况是，译者同时综合记者稿件和多篇国外主流媒体的报道来制作英文稿件。相应地，外文组频率较高的编译活动是把记者的中文稿件和其他英文素材制作成英文稿件。

此外，关于快讯的编译，国际部另有盯机人员专门负责刷外文，他们的每次工作时长为两个到三个小时，如遇到有新闻价值的快讯，须第一时间通知当班编辑制作成多种语言的新闻签发出去。还有一部分快讯来自驻外记者，他们从当地媒体（电视台或网媒）获取资源，然后抢发为外文或中文快讯，发回总社后由编辑审核后签发出去。快讯编译主要为突发或灾难类事件，该任务的难度与详讯等其他类消息相比区别不大，重点是要在准确客观的基础上做到快速签发。

可见，新华社对外部和国际部的主要新闻翻译活动是编译。关于稿件的去向，新华社目前设有多个发稿线路[①]将稿件发往各大订阅机构。新华社制作的中文稿件主要通过对内线路发送给网络媒体或手机客户端[②]，英文稿件则同时通过对内和对外线路播发。比如，中国日报、央视或者中国国际广播电台等单位虽可以独立制作英文新闻稿，但相当一部分英文稿件则来自新华社的订阅稿。可见，在国内，新华社的英文稿件产出数量占优势。目前国内做英文的媒体还不多，从一定程度上讲，国内媒体的外文稿件主要靠新华社的对外部和国际部对国内外事件的英文报道来支撑。需要指出的是，订阅单位可能会对新华社的供稿做适当修改，比如将标题改为耸动式，一般改动幅度不会很大，也不会涉及内容的修改，尤其是对外部标明“授权发布”的稿件、前文或白皮书等正式类文件不能做任何改动。总之，新华社签发给各媒体[③]的稿件和读者从各媒体读到的稿件大致相同。

③新华社参编部：参编部全称为参考新闻编辑部。该部承担着党中央“耳目”、重要信息通道和智囊团、思想库的职能，负责收集、编译国外及港澳台地区有参考价值的新动向，反映境外媒体重要舆情，为中央决策提供有价值的参考材料。比如，国外智库的某些文章不适合在报纸上登，但又有一定的参考价值，译者会将这些文章编译出来以内参的形式呈送给决策者参考。该部门编辑出版多种内部参考性刊物，其中涉及新闻编译的刊物主要是《参考资料》和《参考要闻》。翻译活动包括全译和编译，后者占主体，主要是将一篇或多篇英文稿件编译成中文稿件。编译后的文章篇幅较短，3段左右。就编译方向而言，参编部只做中

---

① 该发稿又称消息总汇。

② 网络媒体，比如新浪网，通过上网线路接收稿件。需要说明的是，新华网属于网媒，同时也是新华社下属网媒，一般直接使用对外部和国际部的稿件。手机用户端。比如。新华社国际多媒体采编中心主要产品包括“新华国际”客户端集群、微信、微刊、手机报、“新国际”微博等。“新华国际”客户端是国内唯一中英文双语的客户端，呈现原创、现场的“中国人关注的国际新闻”。

③ 主要指报社和网媒等平面媒体，他们都采用译－读的交际模式。而电视台和电台等流媒体采用译－听的模式，因此，流媒体的选稿编辑除了可能改动新华社稿件的标题外，还可能对其语言风格进行修改，即由书面语改为口语以方便观众和听众理解信息。大致来讲，新华社和报社、网媒可以归为一类，同属平面媒体。

文不做外文稿件。

④新华社有专门的音频和视频部，对外部和国际部也分别成立了视频室，负责为其他单位（主要是电视媒体）供稿，时长大约1小时。电视新闻分声音和图像两部分。其中，电视新闻稿（文字稿件）为播音员播出的声音（解说词），新闻图像则是由电视摄像摄制的画面。一条完整的电视新闻由声音和图像组成，缺一不可，两者同等重要。因此，视频室新闻编译人员的稿源通常有两类：一是新闻文字稿件，二是新闻视频。编译任务也相应地包含两大类：一是将前方记者发来的中文稿件或其他素材和中文视频编译成视频类英文稿件；二是将记者的英文稿件或其他素材和英文视频编译成视频中文稿件。声音和图像有机结合、互为补充的电视新闻才是成功的电视新闻。声音归声音在说，图像归图像在放，这就是电视新闻界常说、常见的“痼疾”——“两张皮”现象：声音一张皮，图像一张皮，两不相交，这是电视新闻新手，特别是从报纸记者转为电视记者时最常犯的错误，也是电视新闻编译人员易犯的错误。因此，视频室的编译人员不仅要编文字还要编画面，才能做到声画合一，播音员说到哪，画面就应该指到哪。编画面包括画面剪辑和翻译，关于画面的剪辑，译者需要添加或删减画面以满足播放时长等要求，这与语言能力关系不大。关于画面的翻译，视频可以只有图像没有声音，也可以既有图像也有声音，视频里面声音的长度也可长可短；视频无声音时，译者只编译稿件即可，但当有声音时，比如视频包含某人的发言（现场声），译者通常需要将发言人的讲话信息如实翻译出来，译文或者以字幕的形式呈现在画面中，或者由播音员讲出来，讲话人声音背景化处理。最后译出来的文字稿件一般较短，每篇200—300字（英文）。此外，译者只负责稿件制作和视频剪辑，不上镜。视频室的供稿任务开展时间不长，相关编译活动的使用频率不是很高。

⑤新华社摄影部有图片和图表室，译者需要做的是编译图表标题或者图片的文字说明，通常较简短。

（2）新华社参考消息报社：参考消息报社从新华社独立出来前，一直隶属于新华社参编部。该报社所发行的参考消息报是由新华社主办的一份独特的报纸。目前，该报纸是在中国发行量最大的日报之一，它与环球时报同为中国大陆唯有的两家能够合法直接刊载外电的报纸[①]。该社负责摘编摘译外报、外电以及来自港澳台的信息。同时，外文选报人员和编译人员还承担着向新华社的国际参考类刊物提供稿件的任务。参考消息报社是典型的新闻编译使用单位，编译活动在工作中占相当一部分比例。

该社有专门的选稿人员，通常需要在早上7点钟之前到岗选报，浏览各大网站和报纸新闻，若发现有新闻价值的稿件，需要撰写摘要交审核编辑定夺。若版面已够，或者该条新闻价值不大，则不定；若审核通过，该摘要和源稿则返回编辑部由译者编译。如果源稿很长，译者须对其进行编辑，可删除段落，也可调并或增加信息，但源稿件的电头要保留，编辑后的信息需要全部转换，保证译文准确、真实。同时，该社也鼓励译者们主动选题编译，而非被动等待分配素材，这样译者作为把关人的角色在时间上提前了，大大弥补了二次传播甚至三次传播的局限，但同时也对译者的选题能力提出了更高要求。

就编译方向而言，参考消息同参编部一样，只做中文稿件，不做外文稿件。编译内容既涉及国际新闻，也包含有关中国的新闻，报道一般采用三种视角：世界怎样看中国[②]，中国怎样看世界[③]，世界怎样看世界[④]。就编译的任务形式而言，译者面临的源稿件数量通常为两篇甚至以上，尤其在编译重大新闻事件时，译者需要综合多篇新闻，力求全面报

---

① 参考消息报和环球时报、中国日报等有很多共同点：编译为主要的新闻编译方法，源稿件通常不止一篇，都有自己的网络版，比如参考消息网、环球网、中国日报网。各自的纸媒和网媒共享稿件内容，以参考消息报对“美古领导人在曼德拉追悼大会上的握手”报道为例，当日的参考消息报和参考消息网都对其进行了报道，稿件内容基本一样，只是某些信息在顺序安排上略有不同。

② 比如，外媒对中国抗战 70 周年大阅兵的报道。

③ 比如，外媒对中国媒体对第七届美洲峰会报道的分析（特别是美国和拉美国家之间关系的报道）。例如，美洲峰会期间，新华社发表一篇题为“美洲国家峰会凸显糟糕的美国—拉美关系”的英文报道。

④ 比如，日本外交学者网站 4 月 11 日发表题为“中国关注美国与拉美寻求改善关系”的文章，文章分析了新华社《美洲国家峰会凸显糟糕的美国—拉美关系》这篇报道。

道。比如，2015年8月13日所发生的“天津特大爆炸”事件曾占据该报的头条，译者对来自纽约时报网站、英国广播公司网站、路透社北京、南华早报网站、英国金融时报网站、法新社天津、西班牙国家报网站等八大主流媒体于8月13日对该事件的报道进行编译，译者需要首先通篇理解源稿件，然后遵循“各篇互补、多视角报道”的原则对每篇源稿件进行取舍，并按照“伤亡情况”“展开救援”“安全生产”3个主题，将其进行重新排列组合分成3部分，最后由标题“天津特大爆炸牵动国人心”将整篇译文联结在一起。可以说，源稿件的数量与所报道的事件的重要性是成正比的。当具有重大影响力的事件发生时，译者常常需要将多篇源稿件加工整理，重拟标题，转换为一篇译文。

（3）环球网：环球网是环球时报下属网站，它与环球时报一脉相承，拥有一支最早走出国门的专业化报道团队，驻外特派特约记者遍及全球150多个国家和地区，能够快速、准确地将世界各地动向以中英文双语进行报道[①]。环球网是中国唯一以中英文双语日报为依托的大型双语新闻门户。

环球网的运营特色是除了专职编译人员外，拥有一支具有一定规模的实习编译队伍，他们来自全国各大高校，通过环球网大编译平台（2013年正式成立）在线完成任务。实习任务包括两大类，以外译汉为主的新闻编译和改写华文媒体稿件的新闻编写。编译活动主要包括阅读、分析、整理外国媒体的新闻素材，将有价值的信息按照新闻的逻辑和规范编译成汉语新闻稿件。这要求学生通过阅读、分析、整理全球华文媒体的新闻素材，将有价值的信息按照环球网的风格要求编写成内容更翔实、更具可读性的稿件。完成的稿件交由项目负责人进行审核，经编审修改符合发布条件的稿件，环球网都给予译者署名权。环球网编译平台实习项目采用军营模式，实习译员通过岗前测试后被分到各个营组，译员则安排组员积极有序地参与，进行答疑解惑帮助新手上路。译

① 来自网络：http://www.yjbys.com/company/6443188.html。

者无须亲自到岗，环球网专业编审每日通过网络将实习任务发送给学生在线完成，学生可以选择合适的时间上线参与。在项目启动前，环球网专业编审会入校进行岗前培训。实习过程中，编审会每日做稿件点评，在项目中期编审还会入校与实习学生做面对面沟通和再培训。

在两大类实习任务中，新闻编译占主体。新闻编译的培训内容除了翻译转换基本功之外，就是稿件的编辑。由于语言、思维、文化的差异，外文新闻的特点是比中文新闻要“啰唆”，外文记者倾向于用不同的表达方法去阐述一件事情。一篇很长的外文新闻稿件的每个新闻点要求只写两三句话，对于新闻译者来说，最重要的就是要学会提炼信息，这也是新手译者在工作之初遇到的最大困难。因此，学会缩减篇幅是从事新闻编译工作需要具备的一项重要技能。除了信息的取舍，信息的编排也很重要，“源稿件的信息安排可能比较乱，看了几次修改稿以后终于体会到倒金字塔的精髓了”。语言方面，“国际新闻考验的是情商。它就像讲故事，你要想象对面坐着一个人，你要给他讲讲国外的事儿，你要用合适的语言给他讲出来，要讲得深入浅出，学会如何用简单的话语说清楚一件事”。译者首先要理解原文，再用简练的语言传递原稿件作者的表达意图。

环球网编译活动分频道运作，以英译汉编译活动为例，英语作为一个大语种，下设社会资讯、商务资讯和时政军事三大频道，每个频道又可细分为多个类别，包括时政、财经、科技、旅游、娱乐、军事和图片及摄影等频道。

就选题而言，各频道的项目负责人和编译组组长每天会提供选题给译员，也鼓励译员自主选题。一般而言，译员早8点开始报选题，翻译标题并发给编辑审核，若通过，则可以进行编译。被访者表示，在工作之初，找选题是一项很有挑战性的任务，有时可能搜寻若干小时也未能找到合适的选题，或者找到的选题因不符合发表要求而不予使用。

就稿源而言，稿件一般都选自国外有影响力的英文媒体，主要是文字稿件，也有一小部分图片稿件。源稿件的数量和译文的篇幅通常由稿件本身的重要性决定，对于新闻价值高的新闻稿，源稿件可能不止一篇而且译文篇幅也较长。图片类稿件包括国外媒体图片新闻、国外摄影师作品及摄影师介绍、摄影资讯等，译者通常需要编译图集总体阐述和单张图片说明。从题材看，实习译者接触较多的稿件是时政稿，此类稿件需要译者表达严谨，立场客观，政治敏感性强，对国际关系进行准确研判，恰当灵活处理外媒对中国的负面报道，而非全盘照搬外媒对中国的看法。

就编译速度而言，被访者表示，新闻的时效性对新闻编译者的翻译速度提出较高的要求。一般来说，分析类长稿件的编译时间为60分钟内，普通消息类稿件为30分钟左右，突发事件的报道需要译者迅速反应，所需编译时间最短仅一刻钟，而且往往是深夜报道。

（4）央视：央视海外节目中心是中央电视台对外宣传节目的制作编播部门。其主要任务包括承担中国电视对外宣传报道的主要任务；负责中文国际频道（CCTV-4，亚、欧、美洲版）、英语国际频道（CCTV-News）、西班牙语国际频道（CCTV-E）和法语国际频道（CCTV-F）的新闻、专题、文艺、涉台、体育等类节目的制作和编排播出等①，其中涉及新闻编译活动的主要是英语国际频道的新闻制作。海外节目中心英语频道编辑部承担中央电视台英语国际频道（CCTV-9）的采访、编辑、译制、编排、播出等任务。自2000年9月创立以来，英语频道编辑部努力遵循对外宣传“三贴近”的原则，不断改革、改进、改版英语频道，提高英语节目的质量，使CCTV-9在国际上的影响越来越大，为树立中国在国际上的良好形象发挥了不可低估的作用。

作者在央视的调研对象来自央视新闻中心外语频道整点新闻部。在国内，一部分英语新闻节目由记者用英语采写报道，一部分则根据中文新闻②进行翻译和编辑。前者是英文新闻写作，后者是英文新闻编译。

① 来自网络：http://baike.baidu.com/link？ url=NFxbbH2oqPq5eVtnSKp9XK3C2kzyNQ_dlHiNWsfbjSIYTc52wAWYtFl0VfP9NRcss9esc30qCf1Ybt1XX3dUx_.

② 主题通常是有关中国的国内新闻。

调研发现，该部门经常需要将中文新闻稿翻译成英文新闻稿。比如，国家主席演讲之类的重要新闻稿件常采取全译的方法，但这种工作任务不多，使用更多的则是编译。电视新闻报道结合了声音、画面和文字，充满了文字难以表达的现场声音和出境画面。因此，编译任务既包括编文字也包括编视频，编译任务的渠道既包括读—译，也包括听—译或读、视—译等。根据英语电视新闻的国际通行做法，一则新闻包括导语、解说、采访、现场声、出镜5个部分。有时候，新闻主持人会加上介绍性的解说词，编译成文的稿件就是播音员的解说词。译员将稿件编译好后一般需要经过两道审核，首先由外籍专家审核译者对语言的掌握，接下来是资深编审的内容审核，两遍审核完毕定稿后，稿件才能播出。编译方向主要是汉译英。

上面主要介绍央视汉英方向的新闻编译。被访者也表示，央视也有英汉方向的新闻编译，其任务对象、渠道和形式与汉英方向的编译基本一致，只是译者处理的新闻主题多属于国际新闻。

不管是哪种方向的电视新闻编译，译者都可能会遇到一个共同的难点：文化差异。对外传播专家段连城曾经指出："我们不可低估外国读者或听众的能力，但也切勿高估一般外国人对我国的了解水平。"（王海，2011）而且，电视新闻与传统的报刊新闻不同，声音和图像都是瞬时出现，如何在最短的时间内把内容丰富且具有文化差异的信息用另一种语言传递出去，令新闻编译的工作难上加难。电视新闻稿毕竟不是给人看的，而是要让播音员去说，让观众去听的。既然如此，那么译者必须直截了当地把内容表达出来，语言要简练，适合播音员配音，而且要尽量采用口头语言，以适应受众的听觉习惯，这正是电视稿与报纸稿在语言风格上的差异。总之，译者在编译电视新闻时，除了要编文字、编画面做到声画合一，还要注意语言的得体，采用浅显明了、易于观众接受的大众化语言。不然，既妨碍观众"听"，也妨碍观众"看"，达不到预期的收视效果。试比较下面两段文字。

报纸体。记者："我们这次洽谈会，来的人非常多，对我们来讲出乎预料，虽然谈成的不多，但是我们也感到非常高兴。”洽谈会负责人7月10日对我们说。

电视体。7月10日，洽谈会负责人对记者说：“这次洽谈会来的人非常多，出乎他的预料，虽然谈成的不多，但他也非常高兴。”

可以看出，即使是对同一内容的报道，电视新闻稿与报纸新闻稿的措辞存在区别，译者要根据受众情况选择恰当的表述。

综上所述，我们归纳了译者从事英汉双向新闻编译工作需要具备的5种主要的编译技能。

1. 根据一份中文材料，编译成适合对外传播的英语新闻。

2. 根据两份或以上中文材料，编译成适合对外传播的英语新闻。

3. 根据一份英文材料，编译成适合在国内传播的中文新闻。

4. 根据两份或以上英文材料，编译成适合国内传播的中文新闻。

5. 根据中文和英文素材，编译成适合国内或国外传播的中文或英文新闻。

刘其中（2009b：8）在《汉英新闻编译》一书中曾指出，未来中国媒体的高级专业人才在新闻采编领域应该掌握至少4种专业技能，包括英文新闻写作、中文新闻写作、汉英新闻编译、英汉新闻编译。对国内记者来说，第三种（也就是我们上面列举的第一种技能）最难，却是一种国家非常需要但国内新闻市场上异常短缺的专业技能。目前，在媒体机构中，从事对外英文新闻报道的编辑或者记者多是外国语学院的毕业生，他们往往需要3—5年的磨炼方能适应工作岗位的需求，倘若做到游刃有余则需要更长时间。这与我们的调查结果一致：几乎所有被访者都表示汉英编译要比英汉编译难。而且，多数被访者一致认为，当源稿件是两篇或以上时，汉英编译任务更难，因为此时译者的“选择”余地更大，编译任务对译者的编辑能力提出了更高的要求。换言之，上面列举的第二种技能是最难达到的。

本研究在设计新闻编译任务列表时，参照上面的5种技能，同时兼顾稿件性质、交际渠道等其他因素。就稿件性质而言，除文本的编译外，还有视频、图片等的编译；就交际渠道而言，在实际工作中包括先读后译、先听后译，或者读、听、看后再译等多种编译模式。另外，现如今，信息资源的获取已非难事，译者被动编译所得材料已非常态，而是需要主动搜寻相关的、重要的素材来编译或者补充已得材料，此类选题任务属于编译前的准备工作，在实际工作中占有一定的比例。最终，作者结合编译技能、交际渠道、稿件性质等因素，列举如下交际任务，此列表（见表5.3）为我们设计调查问卷中的新闻任务形式部分提供了重要信息。

表5.3　常用新闻编译交际任务

任务1	选题
任务2	读一篇中文稿件，然后编译成一篇英文稿件
任务3	读两篇或以上的中文稿件，然后编译成一篇英文稿件
任务4	读一篇英文稿件，然后编译成一篇中文稿件
任务5	读两篇或以上的英文稿件，然后编译成一篇中文稿件
任务6	读中文稿件和英文稿件，然后制作成一篇中文稿件或一篇英文稿件
任务7	编译图片新闻
任务8	听A语言新闻，然后编译成B语言稿件
任务9	听A语言新闻，先写成A语言稿件，再编译成B语言稿件
任务10	编译视频/音频类稿件

5.1.1.3 新闻编译交际任务问卷

根据访谈信息，作者设计了调查问卷。问卷包括3个部分：交际任务的频率，任务的难度，交际能力的测量、构成与评价。问卷分两次发放，第一次向通讯社、报社、网络媒体和电视台4类媒体单位共发放问卷20份，收回18份，目的是初步了解新闻编译的使用情况。第二次发放问卷30份，收回22份，目的是对新闻编译任务的频率和难度有全面、深入、详尽的了解，前后共收回40份问卷。第一次问卷结果显示通讯社、报社、网媒、电视台等单位的新闻编译交际任务模式存在较大差别：报社和网媒书面交际居多，电视台口头交际占主体，通讯社属于新闻的

“批发商”，给不同性质的媒体单位供稿，几乎同时具备报社、网媒和电视台等单位的交际任务特征。我们的重点调研单位为新华社，调研对象具体到涉及编译活动的编辑部门，并对这些部门与其他媒体单位的编译任务使用情况进行比较。下面对问卷结果进行分析和讨论。

首先分析问卷的第一部分，分别讨论翻译方法、编译文本的体裁和编译任务的使用情况。

第一，翻译活动的使用频率。如图5.2所示，这里提到的三类新闻翻译形式在不同媒体单位中的使用情况一致，编译使用最多，其次是摘译，全译最少。

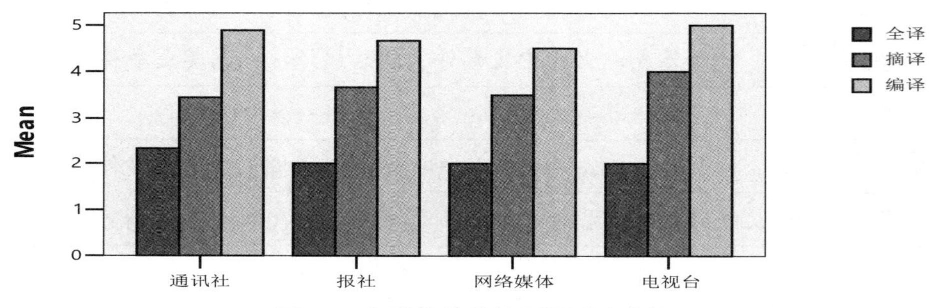

图5.2 各媒体单位的翻译活动比较

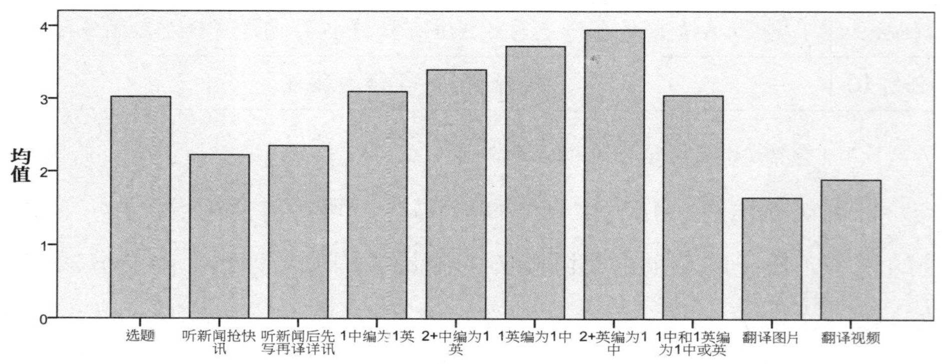

图5.3 媒体类单位编译任务使用频率整体比较

第二，新闻体裁的使用频率。各类体裁的使用频率从高到低依次是消息、通讯和评论。不同媒体单位的体裁使用情况一致。

第三，各类交际任务的使用频率。表5.4为各类新闻编译任务的使用

表5.4 新闻编译任务使用频率

等级	频率平均分	交际形式	（源稿件）介质	交际任务
1	3.95	读/译	文字	读两篇或以上的英文稿件，然后制作成1篇中文稿件
2	3.72	读/译	文字	读1篇英文稿件，然后制作成1篇中文稿件
3	3.40	读/译	文字	读两篇或以上的中文稿件，然后制作成1篇英文稿件
4	3.10	读/译	文字	读1篇中文稿件，然后制作成1篇英文稿件
5	3.05	读/译	文字	读中文稿件和英文稿件，然后制作成1篇中文稿件或1篇英文稿件
6	3.02	/	/	选题
7	2.35	听/写/译	音频	听A语言新闻，先写成A语言稿件，再制作成B语言稿件
8	2.22	听/译	音/视频	听A语言新闻，然后制作成B语言稿件
9	1.90	视+听+读/译	音/视频+文字	编译带稿视频新闻
10	1.65	读/译	图片/图表	编译图片新闻

表5.5 编译任务难度

等级	平均分	交际任务
1	3.50	编译带稿视频/音频类稿件
2	3.00	读2+篇同类语言的源稿件，制作成1篇目标语稿件
3	2.56	读2+篇不同语言的源稿件，制作成1篇目标语稿件
4	2.50	听新闻，抢快讯
5	2.39	读1篇源稿件，制作成1篇目标语稿件
6	2.17	编译图片类稿件
7	2.11	选题
8	1.39	读新闻，抢快讯

频率表，是对所有媒体单位的交际任务使用情况的整体分析，图5.3可以帮助读者对任务的整体使用情况有更直观的了解。此外，我们在分析各类交际任务的使用频率时，也考虑到媒体类型这一因素，两次调研的单位均属于不同的媒体类型，不同单位甚至同一单位不同部门之间的编译任务可能存在差异，译者需要处理的稿源性质也会有所不同，图5.4是各类媒体单位的编译任务使用情况图，展示不同单位乃至不同部门的编译任务方向和性质。为了更直观地呈现这些使用情况，作者进一步简化相关信息，聚焦听—译、听—写—译、读—译、视/听/读—译这几种交际模式在单位中的使用情况，如图5.5所示。

下面以表5.2为基础，具体分析各项任务使用情况。

（1）在各类交际任务中，读/译模式占主体。此类模式中，使用最多的编译任务是将两篇或以上英文稿件制作为中文稿件，如图5.5所示，此类任务在相关单位中占有相当一部分比例。在读/译模式中，使用较多的另一编译任务是将两篇或以上的中文稿件制作为英文稿件。如图5.4所示，汉英方向的编译任务在新华社对外部、中国日报社、环球网和央视使用频率较高。在该模式中，还有一类任务在新华社国际部使用频率较高，即阅读中文稿件和英文稿件，然后制作成一篇中文稿件或一篇英文稿件。然而，该任务是否属于新闻编译还有争议，正如刘其中（2009b：3）所言："汉英新闻编译其实就是一种对外英文新闻写作，两者的区别在于：前者仅以中文稿件或中文信息为基础，而后者则没有这样的限制。"因此，我们暂且不考虑将其作为编译测试任务。

（2）选题使用频率位列第二。当今的各类媒体已不再只是被动地等待来自各个线路的订阅稿件，编译人员也需要主动去搜寻稿源，这样才能保证新闻的时效性。但是，我们暂不考虑将选题任务纳入测试中。主要原因有两方面。

①影响选题活动的因素很多，我们无法在纸本测试中完全复制实际工作中的选题活动。

②本书所开发的测试主要考查考生从拿到原稿件到完成目标语稿

件的过程中展现出来的编译能力（下一节将详细论述），而非编译活动的全部流程。对考生这一能力的考查主要通过评价编译成品（目标语稿件）来实现。

（3）听/写/译模式居第三位。本书探讨编译测试的研发，不考查写作技能，因此暂不考虑此类任务。

（4）听/译模式使用频率居第四位。在听/译模式中，快讯的制作占主体。新闻的时效性至关重要，新华社要力求做到全球新闻首发，各种介质的新闻都可能成为稿源，比如文字、视频、音频等，特别是新华社驻外记者，他们需要充分利用所处地理优势，时刻关注当地电视或广播新闻，有时需要听新闻，编译，抢快讯。如图5.4所示，相比其他单位，快讯在新华社的国际部和对外部以及网媒和央视这几类单位中使用比例较高。

（5）视+听+读/译模式居第五位。视频基于电视新闻形成，与文字信息相比更生动、更直接，与图片相比更能真实地还原新闻场景。视频类编译在电视台中使用频率最高，其次是网络媒体，另外，新华社也成立了视频室，为相关单位供稿。可以说，视、听、文字三者结合的新闻传播体系，弥补了文字新闻的缺陷，使新闻立体化，保证受众从中得到多层次、多角度、全方位的新闻信息。各图、表显示，目前相比较而言，该模式使用频率偏低。

（6）使用最少的是图片的编译。该任务在某些部门很重要，比如新华社的图片室和环球网的图片和摄影频道。比起单纯的文字，图片新闻更直观、更形象，读者更爱看，因此，译者的任务不只是译文字，还要尽量寻找合适的图片，将图片说明也一并翻成英文/中文，插在文中。图片说明不仅是对图片的描述和解释，还包括额外信息，有一定的编译要求。与其他介质的编译相比，图片编译占少数。

本研究在选取调研单位时，兼顾英汉和汉英两种编译方向。考虑到媒介性质的不同，也要尽可能全面了解新闻编译任务的实际使用情况。正如图5.4所示，编译任务在不同单位中的使用情况存在差异。但总体来看，读—译模式下英汉方向的编译任务占主体，图5.5也表明，即使在不同单位，将两篇或以上的英文稿件制作为中文稿件的使用频率也是最高的。

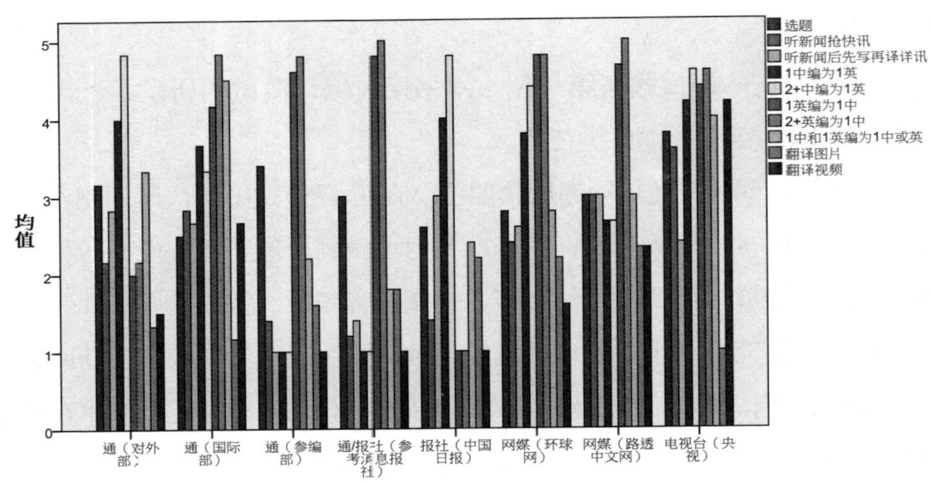

图5.4　各媒体单位编译任务使用频率比较

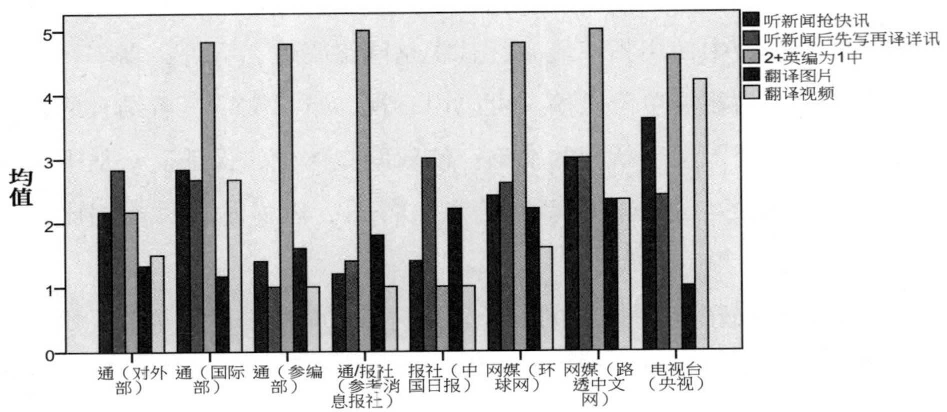

图5.5　各媒体单位编译任务使用频率比较（简化版）

在确定测试任务后，作者采用1—5级里克特量表在问卷第二部分进一步考察各个任务的难度，其中1表示最简单，5表示最难。任务难度分析主要从交际模式、稿源介质和稿源数量这三方面入手。统计结果如表5.5所示，几种交际模式的难度从高到低依次是：听+读/译、读/译、听/译；按照稿源的性质，任务难度从高到低依次是视频/音频类、文字类、图片类；按照稿源的篇数，任务难度从高到低依次是：编译2篇及以上同类语言的源稿件、编译2篇及以上不同语言的源稿件、编译1篇源稿件。在设计测试任务时，我们将综合考虑交际模式、稿源性质和稿源篇数这几个因素，选取具有一定难度的交际任务作为考察对象。

我们通过问卷调研新闻编译任务的频率和难度，其中对频率的考察主要涉及方法和体裁，未考虑文本题材这一因素，原因有二。第一，访谈发现，不少被访者表示对题材进行分类意义不大，几乎所有单位都下设不同主题的分口，如环球网相关部门根据频道细分为时政、财经、科技、旅游、社会、图片等，另以国际新闻记者的编译任务为例，记者或编辑要处理的新闻主题多种多样，不一定都是自己熟悉的领域（尚京华，李新宇，2016：9）。第二，访谈发现，不少被访者都表示不同主题的文本难度是相对而言的，不可一概而论。比如，多数人认为经济类新闻包含较多专业术语，可能会给译者的编译活动带来困难，然而经济频道的编译者表示，主题本身并不会给他们带来太大的挑战，军事、体育或者时政类等不常接触的新闻编译反倒更具挑战性。

文本题材使用频率未纳入问卷的考察范围，然而，因测试时间有限，我们只能择一类题材考察，选用哪种题材的测试文本是测试开发者不可回避的问题。在新华社，时政、经济和社会等题材是分开的，时政组的译员人数占一定比例，更有代表性。作者综合考虑译者人数、代表性和读者需求等因素，并征求职业译者的意见，最终确定选用时政这一题材。

5.1.1.4新闻编译交际任务特征分析

上一章节通过访谈和问卷明确了较常用的新闻编译任务，本节将利用语境、语类和语域等理论分析国际时政类语料的语篇特征，旨在指导测试内容的选择。语料包括中英文，其中英文语料取自国外有影响力的新闻媒体机构，中文语料则来自国内有代表性的媒体机构。鉴于本测试的编译方向为英译汉，因此语料的选取以中文为主，英文为辅。所有语料都是对同一事件的报道，但国际新闻的翻译很少采用全译，这些英汉语料未达到全译意义上的对等。另外，中文语料所依据的稿源可能来自不同的国外媒体。尽管如此，通过对比分析英汉语料以及汉语语料之间的语篇特征，我们可以总结规律，明确国内媒体在编译国际时政类新闻时常用的语料及语篇特征，这对任务说明的撰写和评分细则的制定都有指导作用。

Martin（1999）曾提出语境和语言分层模型图（见图5.6），该图丰富了语境的概念，另一方面将三大类语境及其对应层级的语类、语域和语言联系起来。根据图5.6，我们可以对某一类型的文本做系统分析。图5.6左列是三大语境，右列是语言，每列又各分三层，左右相对应，上下层相实现。先看对应关系，文化语境对应的变量是语类，情境语境对应的是语域，上下文语境则对应语言变量。再看实现关系，Martin和Rose（2006）的意识形态、语类、语域和语言的层级结构表明语类实现意识形态，语类反过来又由语域的三变量语场、语旨、语式实现，而语域又由语言层面的概念、人际和语篇三大功能来体现。其中，情境语境是系统功能语言学的研究重点。话语是语境的构成成分，同时也创造语境、实现语境。

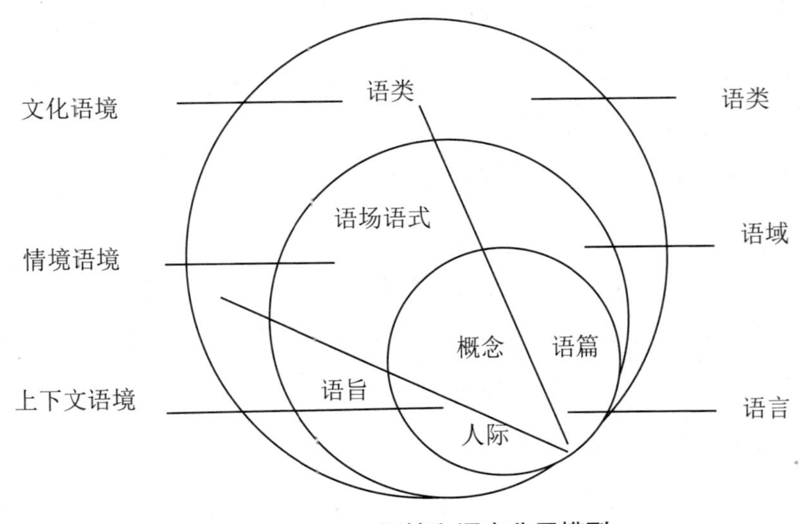

图5.6　Martin语境和语言分层模型

工作分析确定了最常用的编译任务是将多篇英文时政类稿件制作成中文稿件，接下来，作者将依据图5.6，按照从左到右、从上到下的顺序，依次分析此类任务的特征，从而指导试题的设计，包括测试说明的撰写和评分量表的制定。

5.1.1.4.1 语境、语类理论和新闻编译

“语境”一直被认为是一个复杂的概念，Malinowski，Firth和Halliday等学者从不同视角探讨语境理论。语境可以包括诸如环境文化因素等外部因素，也可以包括认知这样的内部因素，彼此相互影响，共同制约听说等活动。尽管有关语境的讨论存在争议，不可否认的是，语境是语言使用和语言功能中的一个重要概念，泛指言语交际进行时所处的环境，包括上下文语境、情境语境和社会文化语境。

上下文语境指言语交际中的语句所处的言语环境，对于一句话或一段语句来说，其前后的语句就是所处的环境。该语境决定文本的结构和逻辑性，包括语义上的前后连贯和语法上的衔接方式。情境语境指言语交际发生的直接环境，任何交际活动都不可能发生在真空中，交际活动所发生的时间、地点、场合、讨论的话题等就是情境语境的构成成分。对文本的解释还有赖于一种更宽泛的社会环境，即社会文化语境，交际所处的特定的年代、国家或民族及其政治、经济制度、社会规范和价值观等因素构成了社会文化语境。

新闻的语境指新闻言语交际所发生的环境，也包括上下文、情境和社会文化语境。新闻信息的传播和交流离不开信息传播者和信息接收者共同理解的各种语境。下面重点阐述新闻编译任务的情境语境。

（1）新闻编译活动的方向是单向的。信息由译者先解码，然后编辑并编码，最后发出，经过不同介质传递给受众接收信息，至此交际结束。可见，新闻编译活动是单向的、非循环的。交际双方地位不平等，信息传播者处于主导地位①。

（2）新闻编译活动的交际场景是虚拟的。电视载体可以通过画面、

① 这里的讨论指宏观意义上的新闻信息传播，不包括报刊、网络、电视媒体设立的读者热线，也不包括网络媒体的论坛和留言板。

声音、文字传递信息，网络和报纸媒体则利用语言符号以及非语言符号，比如字体、字号、颜色、图片和标题等。尽管如此，译者与受众无法面对面交流，无法共享情境语境，尤其在非电视媒体的新闻传播中，交际双方不见面，译者要预设受众群，考虑信息接收者的职业、受教育程度、接受能力等，在脑海中构建虚拟的受众形象，选择对方感兴趣的内容进行编译，并适当调整言语措辞，做到简洁明了，力图达到最佳传播效果。可见，新闻受众对译者的信息传播行为具有一定的制约作用。

（3）新闻编译的信息接收者有其特殊性：新闻受众这一群体泛、杂、散，根据接收信息的渠道不同可以分为电视、网络、报纸和广播受众。这四类受众群体的数量存在很大差别："2000年5月15日至29日，《人民日报》网络版国际频道以'发生重大国际新闻时，您一般是通过哪种媒体最先得知？'为题开展了网上调查活动，共有1577名网友参加了此次调查，结果如下：电视882人（56%）网络534人（34%）报纸106人（7%）广播55人（3%）。"（段业辉，2007：126–127）可见，电视受众数量最大，报纸受众数量在减少，网络受众数量逐渐增加并呈现从其他渠道"争取"受众的趋势，广播受众最少，这主要与电视和网络的高普及率有关。各类受众的年龄、受教育水平和职业等存在较大差异，即使是同类受众内部也存在一定差异。新闻编译活动需要译者预设新闻受众，从某种程度上讲，受众的多样性给译者的编译活动带来一定的挑战。

总之，通讯社或报刊等所属语境为平面语境，仅仅局限于上下文。网络虽称为多媒体，其承载信息的符号仍然主要是文字，与报刊同属仿人际传播语境。因此，通讯社、报刊和网络属于书面语体，结构较为固定；广播电视等媒体带给受众身临其境的感觉，属于立体语境。

上面介绍了新闻编译交际活动的三大语境，下面分析语境和话语之间的关系，同时引入一个重要的概念——语类。

学者们从不同视角阐释语类的含义：Halliday（1978）认为语类是一种交流方式，交际参与者可从语域内部获取语言手段以实现特定情境下的情境类型。Martin（1992）认为“语类是一种有步骤、有目的的社会交往活动，并通过语域来实现”[①]，阐明了语类和语域之间的区别。在交际活动中，我们可以遵循特定的步骤，使用语类实现特定的交际目的，语类本身则限定词汇、语法和语篇等资源特征，语境概念的灵活性和适用性增强。Bhatia（1993：13）认为，在特殊用途的英语领域，特别是职业或学术领域，语类是一种交际活动，以交际活动参与者共享交际目的为特点。它具有约定俗成的结构，交际者往往使用特定的词汇语法资源来表达特定的交际意图，交际一方常利用这些限制特征来表达“个人”或者“组织”立场[②]。Bhatia还指出，交际目的决定语类特征，是语类的决定因素，由多个语步（move）来实现，而每个语步又由一个或多个步骤（step）来实现。可见，语步是特殊用途英语领域的一个重要概念。每一个语步实现特定的交际意图，同时服务于语类的整体交际目的，而步骤则帮助实现相对应的语步下的交际意图。

综合上述3位学者的论述，可以看出，语类都是为某种交际目的服务。从交际目的出发，对处于特定新闻编译语境下的新闻文本进行语类分析，我们可以将文本层层剥离，理解并解释其特定的语篇结构、构成要素以及词汇语法资源特征。语类结构是体现语篇语义连贯的重要条件，语类结构的分析显然有助于解释语类语篇在语境中的多功能性（Martin，1992），如新闻消息语类的功能不仅仅在于向公众提供信息，更有传达执政党或是自由派的声音、引导舆论走向、规范公众行为等功能。也正如Bhatia所言，交际参与者可以利用文本资源表明“组织”立

① 原文表述如下：“genre is a staged, goal-oriented social process realized through register.”

② 原文表述如下：“genre is a recognized communicative event characterized by a set of communicative purposes identified and mutually understood by the members of the professional or academic community in which it regularly occurs. Most often it is highly structured and conventionaled constructs, with constraints on allowable contributions not only in terms of the intentions one would like to give expression to tand the shape they often take, but also in terms of the lexico-grammatical resources one can employ to give discoursal values to such formal features. These constraints, however, are often exploited by the expert members of the discourse community to express not only ‘private’ but also organizational intentions within the constructs of ‘socially recognized communicative purpose（s）’.”

场，在新闻编译任务中，新闻译者作为媒体的“把关人”正是通过对文字的操控体现并代表其所述媒体单位或国家的立场。

此外，图5.6表明，语类发生在特定的文化语境下，是某种文化的特有产物，语类的文化属性表明了它与文化的关系密切（方琰，1998）。而在新闻编译交际活动中，译者需要同时面对两种不同文化下的同一语类。赵虹（2011）就曾以突发灾难硬新闻为研究对象，从语类和文化语境的视角对《中国日报》和《纽约时报》2005年至2008年17起重大国际空难事件的第一时间新闻报道展开研究，考察语类的语域特征，探究语类结构潜势，分析差异背后的原因，发现新闻文化特征。该语类的成分包括标题、电头、导语、结果描述、背景介绍、反应表现、记者评论、文化背景，各自称为“新闻段”（借鉴Martin的术语），各自又可细分为“新闻相”。前5个是该语类的必要成分，前3个顺序固定，后2个不固定且可重复出现，其他为可选成分。该语类的语域特征为，语场上大量使用表现灾难发生、灾难影响、人们反应等一系列的行动；语旨上，多采用陈述语气，少使用疑问句、祈使句和情态动词，以客观公正；语式上，事件主要按照其重要性递减的顺序排列，无明显的衔接手段，语篇连贯主要通过语境尤其是语场来支撑。中国日报和纽约时报两媒体相关报道的语类结构特征类似，但也有微妙差异：中媒在结果描述和反应表现方面的篇幅较长，而外媒的背景介绍篇幅较长；前者采用总体概括的方法，后者倾向于细节描写，反映了媒体的新闻取向不同。两者最大的差异在文化背景这一可选成分上，美媒利用该成分隐含地表达主观态度，有一定的意识形态倾向。中媒的此类报道属于纯新闻报道，美媒则偏于解释性报道。

因此，在本研究中，我们将对不同文化下的同一种语类进行分析，用以指导测试指导语的撰写、参考译文的编制和评分标准的研制，同时也可帮助译者更好地把握编译中的编辑尺度。

5.1.1.4.2 国际政治类新闻语篇分析

在大众传播领域，语类包括这几大类：新闻报道、社论、综述、读者来信、体育报道、广告等。在新闻报道方面，语类分析可以处理灾难类硬新闻，也可以处理政治类、经济类、社会类、娱乐类、体育类等。不同新闻类别的语类特征存在差别，同语类同主题的新闻在中外媒体中的报道可能也存在差异，译者需要具备相关编译知识，才能在编译不同语类新闻时作到游刃有余。

时政类硬新闻最明显的特征是由一系列被时间或因果关系串联起来的事件构成。因此，选取某一主题的政治类新闻，分析该语类的特征，并考察译者对相关特征的把握是本测试开发关注的一个方面。接下来，我们将以Bhatia的七步分析法语类分析理论为指导，选用中外媒体对某一主题的时政类新闻报道为语料，探究语类结构潜势，分析该语类的语域特征，旨在指导试题、译文和评分量表的设计。

5.1.1.4.2.1 语类结构

国际政治新闻是关于国家政治生活中新近或正在发生的事实的报道，是从国际局势出发总览全局，概括性比较强的事件，主要表现为政党、社会集团、社会势力在处理国家生活和国际关系方面的方针、政策和活动。政治的核心是权力的角逐。国际政治新闻事件通常涉及两国或多国各自的利益并具有冲突性，而妥协是解决矛盾的主要途径。

政治类硬新闻语篇的交际目的包括如下几个方面。

报道新近的、有新闻价值的新闻事实，使受众在最短时间内了解世界舞台上的政治动向。报道最客观的新闻事实，记者、编辑或译者不可添加主观判断。报道的标题和导语应能博人眼球，引起受众的关注，也要简洁不拖沓，为受众节省阅读时间。报道的长度应该视传播载体具体情况而定，但至少须包含新闻事件的冲突点，能够表明国家、政党、团体、媒体或其他利益相关者的立场。

语料方面，我们以2013年美国、古巴两国领导人在曼德拉追悼大会上的互动为主题，收集来自中、美、英3国主流媒体对此事件的报道作为本语类研究的语料，语料正文详见附录四和五。选择该主题的原因如下。

由于政治、经济、历史和地理等方面的因素，美国和拉美国家之间的关系是当今国际格局发生深刻复杂变化的重要组成部分。对美国而言，拉美国家的繁荣稳定对美国在国际社会实施政治霸权有重大意义；拉美国家在经济、安全和外交等方面似乎以美国“马首是瞻”，但是，自“9·11”事件后，拉美国家与美国的关系迅速降到冷战结束以来的最低点，古巴、委内瑞拉和玻利维亚组成“反美阵营”，倡导拉美国家团结互助，反对美国对本地区的干预，谋求发展与其他地区新兴大国之间的关系。此外，我国在拉美地区的影响力日益增强，这些都令美国十分忧虑。比如，“拉丁美洲暨加勒比国家共同体”（CELAC）第三届峰会期间，厄瓜多尔外长直言“美国不再是有恩于我们的伙伴，现在中国才是”。另外，我国向拉美国家发放巨额贷款助力其经济发展，摩根大通银行估算，“中国经济增长对南美经济起到的作用，甚至超过了世界其他国家和地区的总和”。2015年、2018年在北京先后举行两届“中国—拉美共同体论坛”，成为“南南合作”的典范，对诸多拉美国家而言，意味着新的世界秩序即将到来。与此同时，美国开始极力寻求提高在该地区的政治和经济地位的途径，加大在该地区的干预力度，扩大其影响力。美国《赫芬顿邮报》评论道：“美国改善对古巴的关系可以巩固美国在拉美地区的立足点，改善美国在其后院地区的形象，增进影响力，并隔空对抗在拉美地区日益扩大存在感的中国。”在此背景下，美、古两国领导人在曼德拉追悼大会上的“罕见”互动引起了各国媒体的关注。

总之，由于多方面因素的影响，美拉和中拉关系正在发生微妙的变化。美拉关系这一主题具备一定的选题价值，符合编译任务的选题要求，也满足运用测试的测试任务选择标准。试题采用的语料以美国和拉美国家领导人之间的互动为主题，这里的语类分析为试题和评分体系的设计做准备。

我们依次分析美英主流媒体对该事件的报道以及我国媒体编译自这些国外媒体的报道，在此基础上总结该类主题的语步特征，重点探究国内媒体编译此类事件时关注的语步要素。

英文语料采用的是美联社（The Associated Press，AP）题为"Obama shakes hands with Cuban president at Mandela memorial"以及英国广播公司（British Broadcasting Corporation，BBC）题为"White House says Obama–Castro handshake 'not planned'"的报道，详见附录四中的语料1和语料2。语步结构分析如表5.6所示，具体如下。

AP十分重视对该事件的报道，全文1000字左右，约为BBC报道字数的3倍，内容涵盖事件简介、事件详述、背景信息、相关事件、形成结论5部分。从表5.6可看出，事件详述是报道的重点，文章阐述了美国政府、古巴民众、古巴媒体及相关分析人士的观点，其中美国政府和美国分析人士的立场是重点，文中直接引用奥巴马、美国政府官员和美国分析人士的言论作铺垫，总结部分指出，美古在许多议题上仍存在分歧，暗示美、古两国关系的改善还有很长的路要走。文章只在末尾两段简述古巴电视台对此事件的报道以及个别古巴民众意见，全文未提及古巴政府的立场。此外，文章用11段的篇幅介绍背景信息，着重宣扬美国政府为改善美古关系所作的各方面努力，指责古巴政府的囚禁事件使美古关系陷入僵局，另有4段介绍奥巴马与其他国家领导人的互动。从交际目的来看，AP站在美国立场上报道美古领导人互动事件，主体部分引用美国领导人、政府官员以及分析人士的原话，用大量篇幅报道美国在改变政策方面为改善美古关系所做的努力，报道奥巴马与其他国家领导人之间的互动，意图淡化此事件的影响，美化美国的国家形象。简言之，美媒所传递的信息是：美古关系正在改善，特别是美方已作出很大努力，但是该事件不能过分解读，两国关系还有待进一步缓和。可见，交际目的决定着语步各要素的选择及篇幅长短。

BBC的报道包括事件简介、事件详述和背景信息3个语步。表5.6显示，事件详述依然是重要语步，包括事件确认和美古政府的反应。与AP不同，BBC着重报道了古巴政府的立场。随后，文章提及美国政府官员的态度，并用较长篇幅报道了反对党的言论。最后5段介绍背景信息，包括美方对改善双方关系所做的努力和古方的囚禁事件。文章未提及相关事件，也未形成结论。同样，这些语步的取舍由交际目的来决定：BBC以相对客观的视角报道此事件，既明确了古方的态度，也阐明了美方的立场；既传递了美国政府的声音，也有美国反对党的声音；既介绍了美古双方为促进两国关系所作的努力，也提到了双方遇到的阻力和困难，报道中立客观，未作过多解释。

中文语料选用参考消息报、国际在线、人民网、新华网、中新网、中国日报网和中央电视台[①]等我国主流媒体的文章，所有报道均编译自国外主流媒体的报道。参考消息报可以直接刊登外电，有其特殊的报道格式，文章的电头部分要保留稿件来源媒体的名称及日期，不同稿源媒体的文章要单独报道，即便是同一稿源但是日期不同也要单独报道，这是参考消息和其他媒体最大的差别。当日，参考消息报社以“美古元首握手 难觅两国恩仇”为题，在头版头条大篇幅刊登了编译自西班牙、美国和英国等国的主流媒体对该事件的报道，从世界如何看世界的视角，向我国受众呈现各国对美古两国元首互动的看法。鉴于篇幅较长，文章以“葬礼外交互赠善意”“有助缓和双边关系”“坚冰难以一夜解冻”这3个小标题将报道分成3部分。读者可以通过标题、小标题和电头和导语（段落1/7/14/17/23/30/37）对文章内容有大致的了解。另外表5.7显示，剩余的35段中有1段属于再次确认事件，26段属于事件详述，6段背景信息，2段相关事件，2段结论。从篇幅来看，事件简介、事件详述和背景信息是重要语步。

当日报道有两篇稿源来自BBC和AP，我们可以通过对比语料，分析经过译者编译后的稿件在语步结构上产生了哪些变化。在表5.8中，源稿和译稿的对应段落都已加粗表示，比如参考消息的第8段和第7段分别对应BBC中的第2段和第1段。从表5.6–5.8可见，参考消息的译者在导语之后保留了事件详述和背景这两个语步，但删减了BBC对美国政府的反应

① 参考消息报为语料 1、国际在线为语料 2、人民网为语料 3、新华网为语料 4、中新网为语料 5 和语料 6、中国日报网为语料 7、中央电视台为语料 8。

和背景的部分报道，同时增加了一条分析人士的评论；参考消息对AP的报道删减程度更大，只是保留了事件简介、事件详述中的媒体及分析人士观点和背景信息这3部分。

从交际目的来看，奥巴马和卡斯特罗在大会上的“罕见”握手暗示美古关系正在发生微妙变化，有较大新闻价值，各国媒体都进行了报道。参考消息肩负着向我国民众报道世界以及如何看世界的责任，对这样的重大国际事件进行了全面报道。由于稿源数量较多，而版面有限，因此译者采取了编译的方法，对很多信息进行了删减，仅有个别段落自行添加。综合分析国内几大媒体对相关事件的报道，我们可以发现，媒体对源稿件的信息处理存在一定共性：编译后的稿件删去了源稿中的相关信息和结论语步，大致保留了事件简介、事件详述和背景信息这3个基本语步，从篇幅来看，事件详述是报道的重点，媒体及分析人士的观点是重中之重，其次是美国政府和古巴政府对事件的回应。

表5.6　国际政治类英文语料的语步结构

<table>
<tr><th rowspan="3">语步
语料</th><th rowspan="3">事件简介</th><th colspan="5">事件详述</th><th rowspan="3">背景信息</th><th rowspan="3">相关事件</th><th rowspan="3">形成结论</th></tr>
<tr><th rowspan="2">事件确认</th><th colspan="4">各方反应</th></tr>
<tr><th>美国政府</th><th>古巴政府</th><th>古巴民众</th><th>媒体及分析人士</th></tr>
<tr><td>语料1</td><td>标题、电头、段落1</td><td>10</td><td>7/8/13、24</td><td>×</td><td>27/28</td><td>3/4/5/6/14/24</td><td>2/15−23</td><td>9/11/12/25</td><td>26</td></tr>
<tr><td>语料2</td><td>标题、小标题、电头、段落1</td><td>2</td><td>5/6/7/8</td><td>3</td><td>×</td><td>×</td><td>4/9−13</td><td>×</td><td>×</td></tr>
</table>

表5.7 国际政治类中文语料的语步结构

语步/语料	事件简介	事件详述					背景信息	相关事件	形成结论
		事件确认	各方反应						
			美国政府	古巴政府	古巴民众	媒体及分析人士			
语料1	标题、小标题、电头、段落1/7/14/17/23/30/37	2/8	7/27/38/39/40/41/42	3/4/9/22/35/38	18/19/21/24/25	10/20/29/32/33/34/36	11−13/15/28/31	6/16	5/26
语料2	标题、电头、段落1	×	1/2/3	2	×	×	4	×	×
语料3	标题、电头、段落1	×	2/3/4	×	×	×	3	×	×
语料4	标题、电头、段落1	2	×	×	×	4	3/4	×	×
语料5	标题、电头、段落1	×	2/7	3	×	6	8−11	4/5	×
语料6	标题、电头、段落1	2/3	×	×	×	4	5/6	×	×
语料7	标题、小标题、电头、段落1	2	3	5/8	×	6/8/11	×	4/7/9/10 ×	12
语料8	标题、电头、段落1	2	×	×	×	4	3	×	×

表5.8　BBC、AP和参考消息报的语步结构比较

语步 语料	事件简介	事件详述					背景信息	相关事件	形成结论
		事件确认	各方反应						
			美国政府	古巴政府	古巴民众	媒体及分析人士			
BBC	标题、小标题、电头、段落1	2	1/5/6/7/8	3	×	×	4/9−13	×	×
参考消息（BBC部分）	标题、电头、段落7	8	7	9	×	10	11−13	×	×
美联社	标题、电头、段落1	10	7/8/13、24	×	27/28	3/4/5/6/14/24	2/15−23	9/11/12/25	26
参考消息（AP部分）	标题、电头、段落30	×	×	×	×	32	31	×	×

一般来讲，国际政治类新闻语篇的语类结构包括事件简介、事件详述、背景信息、相关事件和形成结论这5部分（如表5.9所示）。首先，文章需要在语步1的标题、小标题、电头和导语中交代事件的基本情况，使读者有兴趣读下去。如果文章篇幅较长，报道可以用小标题分为几个部分。其次，语步2事件详述是语类结构中很重要的一个语步，多数报道会选择从再次确认事件开始，向读者提供更多的细节，主要包括相关领导人、政府官员、分析人士或媒体等事件参与者的回应，必要时可以使用直接引语、间接引语和部分引语。再次，语步3背景部分也是一个重要语步，在向我国读者报道国际事件时，背景信息尤为重要，读者了解相关背景信息或事态走势，可以更好地理解新闻事件，我国媒体在报道美古事件时基本保留了背景信息部分。又次，语步4与交际目的关系不大，读者可以根据兴趣自主选择是否阅读，在编译时，译者通常省去此步不

译。最后，源稿的结论部分可有可无，译者的主要责任是以客观中立的姿态向国内读者呈现新闻事实，一般选择略去结论部分不译。

在实际报道中，可灵活选择语步。并非所有语步都出现在同一报道中，也并非所有报道都严格按照表格呈现的顺序安排语步。语步中有些属于必要成分且顺序相对固定，有些不固定但可重复出现。成分的选取由交际的目的决定，顺序的排列则由其重要性决定。在英汉方向的国际政治类新闻编译中，事件简介、事件详述和背景信息是必要语步，顺序相对固定，相关信息和结论部分是可选语步。

表5.9　国际政治类英汉语料的语步结构总结

<table>
<tr><td rowspan="3">语步1
事件简介</td><td colspan="3">步骤1：标题</td></tr>
<tr><td colspan="3">步骤2：小标题</td></tr>
<tr><td colspan="3">步骤3：导语</td></tr>
<tr><td rowspan="10">语步2
事件详述</td><td colspan="3">步骤1：事件确认</td></tr>
<tr><td rowspan="9">步骤2：各方反应</td><td rowspan="2">分步骤1：美国政府</td><td>美国总统奥巴马</td></tr>
<tr><td>美国政府官员</td></tr>
<tr><td rowspan="2">分步骤2：古巴政府</td><td>古巴总统卡斯特罗</td></tr>
<tr><td>古巴政府官员</td></tr>
<tr><td>分步骤3：古巴民众</td><td>古巴民众</td></tr>
<tr><td rowspan="3">分步骤4：媒体及分析人士</td><td>古巴媒体</td></tr>
<tr><td>美国媒体</td></tr>
<tr><td>美国分析人士</td></tr>
<tr></tr>
<tr><td rowspan="2">语步3
背景信息</td><td colspan="3">分步骤1：事件背景</td></tr>
<tr><td colspan="3">分步骤2：未来走向</td></tr>
<tr><td rowspan="2">语步4
相关事件</td><td colspan="3">分步骤1：事件简介</td></tr>
<tr><td colspan="3">分步骤2：事件详述</td></tr>
<tr><td rowspan="3">语步5
形成结论</td><td colspan="3">分步骤1：事件原因</td></tr>
<tr><td colspan="3">分步骤2：事件结果</td></tr>
<tr><td colspan="3">分步骤3：事件影响</td></tr>
</table>

5.1.1.4.2.2 语域特征

根据韩礼德（2000）的相关论述，发生的事、参与的人和使用的语言三变量共同决定选择意义的范围和使用语言的形式，这三个范畴分别称作“语场”、“语旨”和“语式”。语场指交际的主体、目的、原因和地点；语旨指交际参与者之间的社会关系，比如彼此的熟悉程度；语式指交际发生的方式，是口头语还是书面语，这三个范畴共同构建一个概念框架将社会情境转化为语言符号环境，交际参与者在该符号环境中进行意义的交换与沟通。另据Martin的语境和语言分层图，语域对应情境语境，我们将采用附录四和附录五中的语料来分析国际新闻情境语境下的语域特征。

语场方面，新闻事件为美古领导人在南非总统曼德拉的追悼大会上相遇并握手。古巴于1960年宣布将美国公民在古巴的产业收归国有，美方随即宣布对古巴进行制裁，两年后，制裁升级到全面经济封锁至今。在美古两国近半个世纪的交恶历史这一背景下，互动事件足以博众人眼球，具备新闻价值，因此国内媒体纷纷报道该事件，介绍美古两方领导人、政府官员、分析人士、学者等新闻事件参与者的反应、解读或者评论，这些内容占较大篇幅。此外，几乎所有报道都在文末附上相关背景信息，帮助读者了解事件的前因后果，预测事件的走向。

语旨方面，该交际活动的参与者可大致分为两类。一类是新闻制造者，媒体译者或编辑；另一类是新闻接收者，新闻受众。鉴于附录中的语料来自不同媒体，参与者还可以进行细分。比如，语料2到语料7来自网媒，交际一方是相关媒体国际版块的译者，另一方是关注该网站的读者。语料8来自央视，交际一方是该频道的译者和主持人，另一方是收看该新闻节目的电视观众。严格来说，交际双方的地位并非完全平等，译者对新闻进行编译处理，是新闻的制造者，处于主导地位，网站读者或者电视观众则被动接收信息。然而，在一定程度上讲，媒体一方的主导地位又是相对而言的，译者在处理新闻时不可任意而为之，读者、媒体立场等都是需要考虑的因素。这样，新闻受众又起着监督和把关人的角色。

语式方面，语料8和其他语料不同，前一交际活动介于口语和书面语之间，主持人和观众之间采取说—听的交际模式，具备口语交际的一些特征，如“那么”“了”“呢”“的时候”等词汇的使用，同时，官方电视台的新闻播报又需要具备一定的正式特征；其他语料中的译者/编辑和读者之间采用写—读交际模式，使用书面语，语言简洁、凝练、不拖沓。各语料的语篇组织模式有相似之处，有章可循：都采取倒金字塔体例，重要的信息先说，次要信息后说。比如，导语部分介绍事件的时间、地点、人物等要素。主体部分，个别语料描述场景的重建，多数语料着重报道各方对此事件的反应，未添加国内媒体的评论。最后，几乎所有语料都在结尾处提供美古两国外交史等背景信息。多角度的客观报道有助于读者自行对比、分析、判断。

综上所述，就国际新闻语境下中文语料的语域特征而言，语场相同，语旨和语式却存在差异，这与语料所属媒体性质有关。一般而言，报纸媒体和网络媒体在报道同类主题的新闻事件时，语域特征大致相同，而电视台和电台的语域特征则更为相似。有鉴于此，在测试中区分媒体性质是有必要的。作者将在试题的测试说明部分详细说明考生角色，帮助考生把握译文的语域和语言特征。此外，本研究的测试任务属于“读—译—读”的交际模式，因此，作者将在下一节分析书面语篇的衔接与连贯。

5.1.1.4.2.3 衔接与连贯

衔接与连贯是判断文章流畅性的重要指标。在新闻编译中，译者常常需要先对源稿进行改造加工，这就好比改衣服，如果裁缝要将一件大号西服改造成中号中山装，需进行剪、排、补、缝等一系列操作，这里的“排”和“缝”对应的就是“连贯”与“衔接”。这更像新闻写作，对译者的语篇把握能力提出更高要求。而在此背景下，分析衔接与连贯对本研究就显得尤为重要。

具体来讲，衔接是通过词汇、语法或者语音等外在的桥梁将段落、句子或者词句连接起来的手段，而连贯则是利用世界知识、主题知识或者语义成分等内在的纽带将语篇连接成网的手段。衔接是表面的、静态的、具体的、可见的，而连贯是深层的、动态的、抽象的、不可见的。与衔接相比，连贯更具有语篇性，这主要指语篇的语义结构而非语法结构。

关于衔接与连贯的关系，目前学术界尚有分歧。一派认为衔接的语篇一定连贯，但连贯的语篇不一定有衔接；另一派认为连贯是第一性，衔接是第二性。作者认为，连贯与衔接同等重要，连贯的语篇不一定有衔接，但是衔接的语篇也不一定连贯，比如成语接龙，这里有衔接中的指称性，却无连贯性。

胡壮麟（1994）认为语言是多层次的，因此语篇的衔接与连贯也应体现在多个层面上，并指出表5.10中的分类是“粗线条的”，是按照各个范畴的主要属性分类，不同范畴之间其实存在一定的联系，比如主位的选择与及物性和信息单位有关，指称又离不开语境。

表5.10　语篇衔接与连贯（胡壮麟，1994）

<table>
<tr><td rowspan="5">社会符号层</td><td rowspan="3">语境</td><td>情境语境</td></tr>
<tr><td>语篇语境</td></tr>
<tr><td>文化语境</td></tr>
<tr><td rowspan="2">语用知识</td><td>言语行为</td></tr>
<tr><td>会话准则</td></tr>
<tr><td rowspan="3">语义层</td><td>及物性</td><td></td></tr>
<tr><td>逻辑连接</td><td></td></tr>
<tr><td>语篇结构</td><td></td></tr>
<tr><td rowspan="2">词汇层</td><td>词汇搭配</td><td></td></tr>
<tr><td>指称性</td><td></td></tr>
<tr><td rowspan="2">句法层</td><td>结构衔接</td><td></td></tr>
<tr><td>主位—述位</td><td></td></tr>
<tr><td rowspan="3">音系层</td><td>语调</td><td></td></tr>
<tr><td>信息单位</td><td></td></tr>
<tr><td>语音模式</td><td></td></tr>
</table>

就表5.10而言，从上而下来看，社会符号层和语义层兼顾衔接和连贯，但更侧重语篇的连贯。可见，语篇的连贯主要与语境、语用和语篇的结构等因素有关，比如新闻语篇的“倒金字塔”结构是判断新闻语篇连贯的一个重要标准，也是译者在编辑时遵循的原则。有关语境和语篇结构，本研究在前文已经有所论述，这里不再赘述。重点来看词汇层和句法层，这两部分主要指语篇的衔接，基本遵循了韩礼德和哈桑（1976）的语篇衔接理论模式，该模式将衔接分为结构衔接和非结构衔接，前者对应表5.10中句法层面的主位—述位结构，后者主要包括语法衔接和词汇衔接手段，比如照应、替代和省略、重复、同义和反义、部分与整体等，对应表5.6–5.8中句法层的结构衔接和词汇层的词汇搭配和指称性。最后来看音系层，这一层内容主要是就口语表达而言，而本测试的文本为书面语篇，因此暂不考虑音系。

从表5.11可见，在所选的这一语篇中，最常用的词汇搭配手段是词汇层的重复，其次是语义层的逻辑连接，再次是词汇层的指称性，另外，各段的主位结构的使用也有助于保证译稿的逻辑性和结构的清晰。在词汇层面上，词汇搭配的使用主要涉及最主要的新闻事件、人物和地点的重复；语义层面，时空和转折这两种连接语义区分使用最多，而且逻辑连接词多位于每段段首，承上启下，连接前后段落，保证语篇通顺流畅；句法层面，通过分析主位结构的使用，我们可以看出译稿对源稿中信息点的取舍和安排：导语部分第一句的主位是美国总统与古巴领导人，第二句的主位是白宫，明确了who，where，when，what这几个要素；正文部分，第二段的主位是白宫官员，交代了美国官方对握手事件的反应，第三段的主位是古巴政府，交代了古巴方面对该事件的看法，第四段和第五段的主位都是美国总统奥巴马，描述的是奥巴马在追悼会上的相关背景事件，第六段和第七段的主位分别为媒体评论和路透社，从媒体角度进一步分析该事件的影响；第八段到第十一段的主位分别是美国前总统，20世纪60年代的古巴、美古两国和美国。从这些主位推进模式可以看出，这四段都是在讲述握手事件之前美古两国之间的关系，属于背景信息，所以放在最后。

表5.11　语料5的语篇衔接特征分析

	词汇层		句法层		语义层
	词汇搭配	指称性	结构衔接	主位—述位	逻辑连接
	重复、泛指词、相似性、分类关系、组合搭配	照应	替代、省略、同构关系	每段中各句的主位	连接语义区分：添加、转折、因果、时空；抽象逻辑语义区分：详述、延伸、增强
第一段		这		美国总统与古巴领导人/白宫	
第二段	白宫（重复）、两位领导人（泛指词）			白宫官员	
第三段		这一，这		古巴政府	不过
第四段	奥巴马（重复2次）、追悼会现场—会场（同义）、曼德拉（重复）			奥巴马/奥巴马	在……之后、结果
第五段	奥巴马（重复）、古巴领导人劳尔卡斯特罗（重复）			奥巴马	还
第六段	曼德拉（重复）、握手（重复）	两个	美古—敌人（替代）	评论	

续表

	词汇层		句法层		语义层
	词汇搭配	指称性	结构衔接	主位—述位	逻辑连接
第七段	奥巴马（重复）、白宫官员（重复）、卡斯特罗（重复）			路透社	不过、在……之后
第八段	古巴领导人（重复）、克林顿（重复）	上一个，当时		美国总统/克林顿	
第九段	美国（重复）、制裁—经济封锁（近同义）			古巴	在……后
第十段	美国和古巴（重复）、奥巴马（重复）	最近		美国和古巴	最近几年
第十一段	美国（重复）、古巴（重复）、开放经济—经济封锁（反义）	近来		美国	不过

5.1.1.5新闻编译运用测试任务形式

问卷第四部分调查新闻编译测试的必要性，约61%的被访者认为有必要，剩余39%的被访者认为有必要但不必单独进行。下面介绍本研究测试题是如何制定的。

我们明确了各单位较常用的编译任务并分析其语篇特征，但常用任务在不同单位均有所涉及，属于不同的交际模式，因此在设计测试任务时还需要考虑如下几点。

第一，我们会在测试任务中标明新闻的媒介组织类型。媒体单位不同，语言特征不一样，译文的评价标准也存在差异。电视或广播新闻文本一般采用“广播风格”的语言，即多用短句，主动语态为主，名词、动词使用频繁，较少使用形容词和副词，而“报纸风格”的新闻多用长句和被动语态。

第二，读者不同，编译策略也要作出相应调整，因而有必要在测试任务中明确译稿的阅读对象。以标题的编译为例，通讯社和报纸的新闻标题存在区别，前者的阅读对象主要是各大媒体的选稿编辑，以在最短时间内帮助编辑获悉新闻主要内容为第一要务，所以要开门见山，言简意赅，对文字的限制较少，以交代清楚新闻主要内容为宗旨，文字稍长一些倒也无妨，只要不超过一行即可。报纸的编辑可能会对标题进行加工，使其更具有吸引力，或借“题”发挥，引导舆论，影响读者。

简言之，测试开发者在编制测试说明时，必须交代清楚测试任务的交际模式和阅读对象，这也决定着下一步的实地考察。

综上所述，在信息爆炸的时代，几乎每个有一定实力的媒体单位都可以进行新闻采编，都有可能成为“通讯社”。然而，通讯社始终位于新闻产业链的最顶端，仍旧是有较大影响力的新闻“批发商”和“零售商”（如新华网等）。新华社是编译活动较集中的场所，它的编译任务种类最全，既有英译汉也有汉译英，既包含文字、图片、视频、音频等介质形式，也包含读/译、听/译、听+读/译和听/写/译等多种交际渠道。在各类编译任务中，英汉方向下的文本类新闻编译任务使用最多且具有较高的难度，因此，作者选择新华社国际部进行实地考察，收集语料并记录译者常用的稿源获取途径等。

作者综合分析文献、访谈、问卷和实地考察结果，参考历年新闻编译大赛的题型、分值、考试时间、文本长度等因素，在此基础上，拟定试卷初稿，然后请教新闻编译教学专家，几经调整，最终确定测试任务。考生角色为新华社国际部编辑，需要确定主题，自拟标题，将两篇国际政治类英文稿件（1000字/英文）编译成一篇中文稿件（700—900字/中文），考试时间为100分钟。试题难度适中，既考查考生的理解、转换、表达能力，也考查考生提炼要点、整理加工的信息编辑能力。接下来，将结合语料分析，对任务说明进行进一步的修改、充实和完善。

5.1.2 测试的构念

作者通过访谈和问卷中的编译能力部分，了解被访者对新闻编译能力的认识，同时梳理相关文献对翻译能力和新闻编译能力的描述，将实证调研与理论推导二者结合，构建新闻编译能力模型。

5.1.2.1 新闻编译能力

5.1.2.1.1 新闻编译能力访谈和问卷

作者通过阅读文献拟定访谈提纲，选取3位拥有丰富新闻编译经验的译者或教师进行访谈，就新闻编译的使用频率、特点、难点、过程以及新闻编译能力的构成和培养展开讨论。通过与被访者的深度访谈，我们可以验证之前提出的假设，也可为新闻编译能力调查问卷的编制提供有价值的信息。

3位被访者一致表示，在工作中，将一种语言的新闻稿件转换为另一种语言，使用最多的是编译，这验证了之前的假设。

对于新闻编译的特点和难点，3位被访者都提到了时效性、信息的编辑和转换。

（1）新闻文本的编译除了要满足准确可信这一要求外，还有时效性强的特点。从A/B语言新闻的第一手采集，到译者的编辑和翻译，再到B/A语言新闻的见报上网，译者需要做到“快手”，如此才能尽可能节省编译环节所耗费的时间，在最短时间内将新闻送达受众。

（2）与一般性翻译（全译）相比较，新闻编译多了编辑的步骤，原文不再具有神圣不可改变的地位，译者可对源稿进行加工整理，这是编译的特点也是难点之一，主要难在对“理解”和“度”的把握。第一，编辑以理解源稿为基础，但这里的理解与一般翻译中的理解原文又有不同之处，译者要有较强的逻辑分析能力，区分主次，厘清逻辑顺序。第二，译者在编辑源稿时有较高的自由度和灵活性，然而，编辑的度不好把握。不过，这并不意味着编译无定法。一般来说，信息的重要性、译稿的字数要求、媒体立场和时空限制等因素决定编辑的尺度。在版面有限的情况下，那些较长的、次要的、不符合媒体立场的信息一般需要编辑处理。另外，对象7强调，编辑是编译的难点主要是就编译初学者而言。在实际教学中，教师发现未接受编译训练的学员和接受训练的学员在编辑能力上差别很大。在经过两三个时段的系统训练后，学员译员的编辑能力提高最快，其次是转换能力，语言能力提高最慢。可见，编辑的度虽不好把握，但编辑能力是可教的。

（3）多数被访者指出，新闻编译实质上还是翻译，并未脱离翻译的范畴，所以从本质上讲，源稿件和目标稿件之间的转换过程依然是重点和难点。

（4）此外，对象2强调译文必须严格遵守新闻文体的文风、体例和结构。在新闻传播界，消息类新闻报道有着较强的规约性，从标题的制作、导语的铺垫、信息的安排到稿件的结构，各国新闻记者或编辑都遵循一定的规律。但是，由于政治、经济、文化等的影响，各媒体单位在进行新闻报道时也有自己的特点，比如，新华社译者一般遵循新华社的新华体。

就新闻编译过程而言，被访者表示：第一步是获取源稿件，有时候译者需要首先通过网络、报纸或者其他渠道筛选稿件。另一种情况是，译者拿到了一篇源稿件，但是素材不够充分，这时需要通过各种渠道搜选材料补充进来，力图从不同视角对事件进行全面报道，这两种情况下的相关任务通常被称为“选题”。关于选题之后的活动，几乎所有被访者都表示，在实际工作中，一般先编辑再翻译，很少先翻译后编辑，新闻稿件的制作讲究时效性，后者耗时长，效率不高，实际工作中，如果记者懂外语懂编辑，常常是记者采访、撰写稿件，然后编辑，进行两种语言之间的转换，完成目标语稿件的撰写，最后则交由资深编辑核实稿件。只有在特殊情况下，记者不懂外文，译者不懂编辑，才由译者全译，然后对译文进行编辑处理。

被访者强调，新闻编译不等同于新闻翻译，切忌原文照搬、逐字逐句、一字不差地翻译。一定要调整文章结构，整合信息资源，取舍分明，有的放矢，条理清楚，如此才能充分调动读者的阅读欲望。因此，在忠实原文的基础上，新闻信息的删减和增加都在所难免。需要删减的信息，一般都是一些与主题相去甚远、存在价值不大、删除也不会影响新闻主题表达的信息。而需要增加的信息，一般是对国内读者并不熟悉的概念，译者需要阐释，添加背景信息。如果需要（常常需要），译者还需增加词语、小句或者段落将前后的词语、句子或者段落连接起来，起到承上启下的作用，使目标稿件在语篇层面上符合读者的阅读习惯。

简言之，优质的新闻不是新闻资源的堆砌，而是将其有条理地进行整合，然后以读者最容易接受的方式呈现出来。在整合信息的过程中，第一步是通读所选择或分配的稿件，把握新闻的主要内容，分清信息的主次，为之后信息的布局分配做准备。一般情况下，“倒金字塔”结构是译者的首选，将最重要的信息放在最前面，之后信息的安排依其重要性依次递减。具体来讲，新闻导语是一则新闻的门面，时间、地点、人物、事件、原因等因素都应该在段首有所体现。在接下来的段落中，需要将导语中的信息具体化、充实化，让原本单薄的信息丰满起来。在信息具体化的过程中，为了让新闻更加客观真实，除了翻译必要的背景信息之外，对说话人话语的直接引用和间接复述的翻译也十分重要，译者切忌带入自己的主观感受和感情。

简言之，新闻编译中的编辑活动包含以下几个关键步骤：掌握主要新闻点、删增信息、理顺逻辑关系、调整文章结构等。被访者也表示，在实际工作中，译者一般先在源稿件中对删、增的信息或调整后的段落做标记，然后再使用地道的语言和流畅的语句准确客观地呈现新闻信息。

至于两种语言之间的转换，被访者都认同转换是编译的核心过程这一观点，但转换属于思维认知活动，较难描述。

综上所述，从源稿件的确定到目标语稿件的生成，新闻编译大致包括三大步骤（见图5.7）：（1）泛读筛选，确定源稿件；（2）精读所选稿件，进行编辑处理；（3）理解编辑后的稿件，进行转换，生成目标稿件。

通过分析新闻编译的过程，我们能够更全面了解完成新闻编译任务所需要的能力。如果译者需要选题，那么第一步就要考查译者的选题能力，即通过筛选来确定源稿件的能力。第二步考查译者对特定的一篇或几篇源稿件中的信息进行筛选的能力，比如保留哪些信息点，增加哪些信息点，选择什么样的结构或者顺序来呈现这些信息，这是通常所说的编辑能力。前两步考查的能力统称为选择能力，不存在没有选择的编译，译者从选题开始就要进行选择。不过，选题不是必需，而编辑则必不可少。第三步，译者将编辑后的信息转换为另一种语言，需要具备两种语言之间的转换能力。被访者都未主动提及该能力，当作者询问该能力的重要性时，被访者都表示该能力很重要，认为该能力属于高层次的思维认知活动，是潜意识的心理认知机制作用的结构，较难描述。

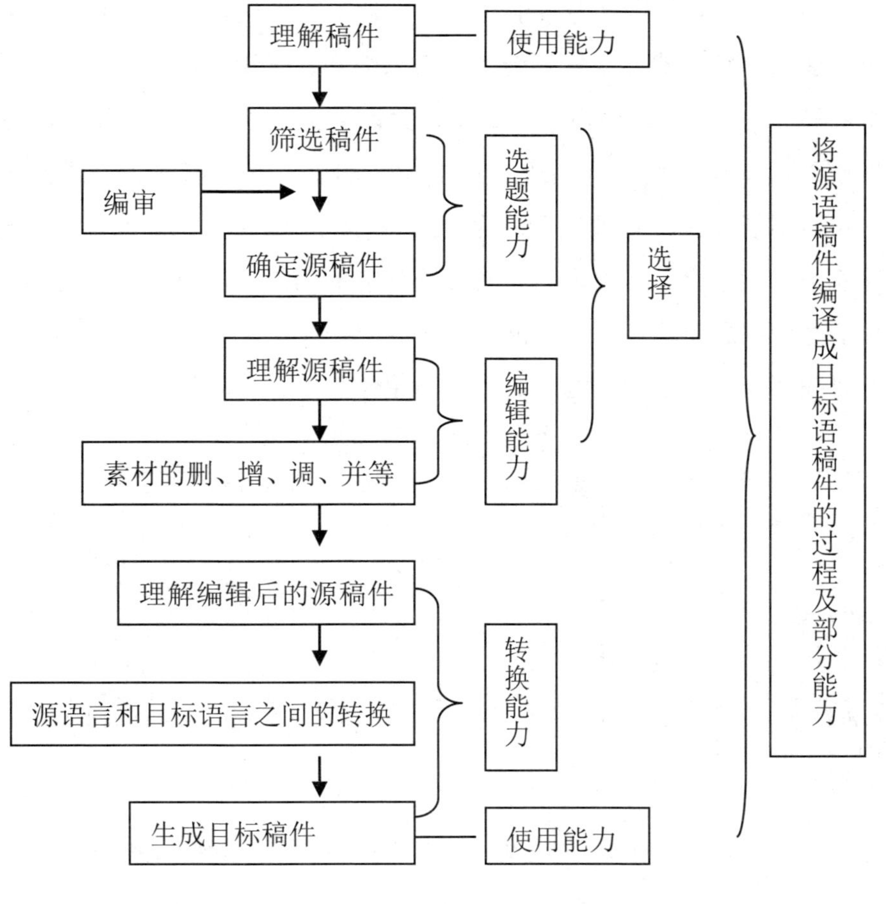

图5.7　新闻编译过程

此外，几乎所有被访者表示双语语言能力不等同于编译能力，但却是编译能力的基础，没有语言能力，编译无从谈起。另外，要成为一名合格的编译人员，译者除了需要具备丰富的新闻知识之外，还要有过硬的政治素养，在国际新闻报道中要考虑新闻事件主体与我国的关系，与国家和所属媒体的立场保持一致。此外，如果需要译者从各渠道自行选题的话，还需要译者善于利用网络搜寻相关资源。

根据访谈信息，作者将新闻编译能力归结为8种子能力，即语言能力、转换能力、使用能力、编辑能力、知识结构、选题能力、个人素养和工具能力。根据访谈结果，作者设计调查问卷，向被访者提供了包括语言能力在内的新闻编译能力列表，并随机打乱顺序，由被访者按重要性对潜在的新闻编译能力从高到低排序，结果如表5.12所示。

平均分一列表明（1为最重要），各种子能力按重要性从高到低依次为语言能力、转换能力、使用能力、编辑能力、知识结构、选题能力、个人素养和工具能力①。值得注意的是，翻译能力的相关文献表明，转换能力处于核心地位，而在问卷中，该能力位居第二，也有多人未选择该能力。卷后访谈发现，有被访者认为转换能力就是翻译能力，也有人在被问及该能力时表示，工作之余较少对工作任务所需能力进行反思，转换能力属于潜意识的思维活动，填写问卷时被忽略掉了。尽管如此，问卷数据使我们对编译能力潜在的子能力及其重要性程度有了直观的了解。

表5.12　各子能力的重要性

	N	Minimum	Maximum	Mean	Std. Deviation
语言能力	18	1	2	1.06	0.236
转换能力	13	1	5	2.31	0.947
使用能力	15	2	5	2.73	0.799
编辑能力	18	2	5	3.50	0.707
知识结构	17	2	5	4.29	0.772
选题能力	14	4	7	5.64	0.745
个人素养	7	5	7	5.71	0.756
工具能力	2	6	8	7.00	1.414
Valid N (listwise)	0				

① 在后续研究中，作者加大问卷发放量，进一步探究英汉新闻编译能力的构成，调查结果基本一致，语言、转换、编辑等能力依然位居前列。

5.1.2.1.2 新闻编译能力研究

文献综述部分提到了新闻编译能力，这里再次对该能力展开讨论，是出于以下几点考虑。第一，编译能力研究在编译研究领域占很小一部分比例，新闻编译能力研究占比更小，文献综述部分仅简单介绍零星出现的相关文献，有必要借鉴翻译研究领域对翻译能力的讨论来丰富对编译能力的认识。第二，文献综述中的新闻编译文献大多来自核心期刊和硕士论文，未涉及书籍。本节将深入探讨测试的构念，有必要梳理包括书籍在内的新闻编译能力研究，研究结果可与前面的新闻编译能力调研结果相互验证、相互补充，为新闻编译能力模型的建构提供理论基础。

首先来看学者如何看待新闻编译中的编辑。俞可怀（1991）最早从语言单位出发，探讨编译者的信息加工——段落章节的调整和文字的删减，认为译者可自行遣词造句，甚至可以合理想象。陈明瑶（2001）则从编译的功能和目的出发，论述译者的加工能力，指出译者要考虑读者和国情，补充背景知识，对信息进行概述、删减处理或修正政治性不利言辞等，对译者提出了不同于一般文献翻译、文学作品翻译的要求。王丽（2008）的描述更形象，认为译者要有“善于鉴别、巧于剪裁、加工整理的功力”，这些加工处理策略属于高层次认知能力，包括综合、归纳、分析、复述或简述能力（庄智象，1992），该认知能力可进一步归入“编辑”范畴（刘树森，1993），而“编辑能力”这一说法则由刘其中（2009b: 5）提出，他认为“新闻翻译工作者不仅应具有扎实的英文基础和中文功底，同时还必须具有较多的新闻写作知识和较高的新闻编辑能力”。也有学者（张景龙、潘海涛，2012）从判定新闻价值、取舍新闻视角、思辨性解读新闻信息和调整新闻结构等方面论证新闻译者的素养，本质上讲，这些都可归入编辑能力。总之，学者从不同视角探究新闻编译能力，虽表述不一，但就一点达成共识：编辑能力是编译者应该具备的重要能力之一。

除了编辑能力，语言功底、新闻或写作专业知识等其他要素也得到学者的普遍认同。比如，新闻译者素养可以解读为9个“懂”（刘霆昭，

2012），主要包括语言能力、知识储备和译者立场等，译者的政治素养也得到其他学者的重视，比如冯全功（2017）认为新闻译者需具备政治立场、翻译能力、跨文化交际意识和快速学习能力等。

资深新闻记者、编辑刘其中教授（2009b:3—4）提出的要求最具体，他认为译者必须具备如下能力。第一，扎实的中文功底和娴熟的英文水平。第二，能够通过翻译、编辑和写作熟练地处理源文本，有时也需要具备一定的采访能力。第三，丰富的新闻知识，能够掌握西方新闻写作体例，包括客观报道、“倒金字塔”结构，较多使用直接引语等特点。第四，丰富的国内外背景知识，熟悉欧美社会和文化。

新闻编译作为一种变通的翻译方法，有其独特性，同时也因涉及转换过程，与翻译具备共同特点。因此，从本质上讲，编译也属于翻译。如国内学者文军（2001）所言，摘译活动是“一种单向的跨文化传播活动”。编译亦如此，是译者在原文作者和译文读者之间进行的跨语言和跨文化交际活动。只不过，新闻编译者需要考虑的因素更多，比如读者兴趣、政治立场和媒体态度等，要先对原稿件进行加工整理，然后才进行转换。换言之，编译对译者能力提出了更高要求。

新闻编译不仅与新闻翻译关系密切，与新闻写作也有一定的关联。新闻编译实际上就是新闻写作，只不过前者的新闻素材是中文或者英文的新闻源稿，后者的新闻素材可以既是中文又是英文（刘其中，2004）①。从刘其中教授的论述中，我们得到如下启示：新闻编译应该是编辑为辅，翻译为主，最多大体相当，而夹杂着两种语言的新闻写作则是编辑为主，翻译为辅，二者存在区别。作者认为，就新闻翻译、新闻编译和新闻写作三者关系而言，新闻编译同时拥有新闻翻译和新闻写作的某些特征，但又不同于新闻翻译和新闻写作，它更靠近新闻翻译，是一种特殊的新闻翻译，包含翻译和编辑两种活动，且以翻译为主（黄忠

① 刘其中认为，新闻写作可以是根据某种语言的新闻素材来制作同种语言的新闻稿件，也可以是根据语言 A 和语言 B 的新闻素材来制作语言 A 或者语言 B 的新闻稿件。

廉，2002），编辑为辅。因为任何新闻编译活动都是涉及两种语言的跨文化交际活动，只不过译者具有较大的自由度去灵活处理源稿信息，源稿不再享有至高无上、不可更改的地位。这里，区分新闻编译和新闻写作对测试任务的设计来说很有必要。我们在调研中发现，新闻从业者有时需要将两篇或以上相同主题的中文和英文稿件制作成一篇中文（或英文）稿件，在这种情况下，译者的编辑活动占主体。作者认同刘其中教授的观点，将其归入新闻写作，不纳入编译测试的考查范围。

综上所述，学者就新闻编译活动达成一定的共识：其一，编译都是以原作为信息来源，以充分理解原作为前提条件，可以说是趋向原文本的策略行为；其二，都主张在以原文本为依归的情况下，对原文本进行加工处理；其三，编译是翻译活动的一种，具有翻译和编辑的双重特点，编辑为辅，翻译为主。但也存在分歧，特别是先译后编和先编后译的问题，一派主张先译后编，可以将原文译出后，以其内容为资料，进行加工创作；另一派主张先编后译，认为编译是夹杂着编辑的翻译活动，是先编后译的过程（刘丽芬、黄忠廉，2001；田传茂，2005，等等），编译者在翻译的基础上加了编的功夫。

上一节，我们从新闻编译的特点、难点、过程等方面调研了新闻编译在工作中的使用情况，本节中的文献分析结果与调研结果基本一致，对于如何确定“译与编的顺序”这一问题，作者认为应该以编译在实际工作中的使用情况为准。综合文献与调研结果，我们认为新闻编译具有如下特点：

（1）本质上讲，新闻编译属于翻译；

（2）译者在编译时要忠实于源稿件；

（3）新闻编译离不开编辑，但编辑为辅，两种语言间的翻译转换为主；

（4）译者在编译时，一般先编辑，后翻译。

上一节的调研部分归纳了编译者需具备的8种能力：语言能力、编辑能力、转换能力、使用能力、知识结构、选题能力、个人素养和工具能力。本节回顾了新闻编译能力相关研究，为新闻编译能力模型的建构奠定理论基础。相关文献再次印证了相关能力的重要性，比如英汉双语能力、信息编辑能力、对源稿的理解和译稿的表达等能力，新闻知识、主题知识以及文化知识等知识结构。基于上一节的实证调研和本节的文献梳理结果，我们初步得出结论，新闻编译能力大致包含以下几种能力：语言能力、转换能力、编辑能力、使用能力、知识结构。在各个子能力中，转换子能力值得我们关注。与新闻编译从业者一样，学者鲜少提及编译活动所涉及的转换能力，但鉴于编译过程也是一个转换过程，转换能力是编译能力中必不可少的一部分，这里的转换能力是心理的、认知的，这一心理认知机制帮助译者完成解码、转换解码内容、编码等程序。

编译较难，非初学者所能承担。要想成为一名合格的编译人员，仅有一定的语言功底是不够的，即便再掌握一些编译策略和技巧也可能是有欠缺的。编译是一种综合能力，要求译者在语言、知识、编辑、转换等方面的能力平衡发展，尤其是编辑能力。编译作为一种特殊的翻译方法，需要译者能够自如地运用编辑的方法对原材料进行加工整理。否则，就会陷入不知如何入手的窘境。通过梳理编译能力相关研究成果，我们发现，编辑技巧包括增、减、调、并等，而从本质上讲，编辑能力考查译者的分析、归纳、综合、概述等信息处理能力。

不可否认，编译研究尚停留在重实践论述、轻本体研究的阶段，新闻编译能力研究更是屈指可数，不足以支撑新闻编译能力模型的构建。既然新闻编译在本质上属于翻译，那么翻译能力模型也同样适用于新闻编译活动。而且，翻译能力研究起步早，成果多，对新闻编译能力模型的构建有很高的借鉴意义。下一节，作者将专门探讨翻译能力研究。

5.1.2.2 翻译能力

整体而言，翻译测试研究落后于语言测试研究，但是，近年来学者们相继从不同视角就翻译测试相关议题展开探究，取得不少学术成果。大致来讲，翻译测试研究可以划分为翻译能力研究、翻译测试评分研究和翻译测试效度研究这几大研究方向，这些几乎涵盖了测试开发的关键步骤，因此，相关研究成果对翻译测试的研发具有指导意义。

工作分析表明，新闻编译在实际工作中应用广泛，但是新闻编译能力研究却屈指可数。鉴于编译活动在媒体类单位的较高使用频率，研究者有必要充分利用现有的翻译测试研究成果开展新闻编译测试研究，一方面，科学的测量方法可以更准确有效地评判新闻编译人员的编译能力；另一方面，也可以拓宽翻译测试研究的广度。接下来，我们将梳理翻译能力研究，在此基础上结合新闻编译调查结果构建新闻编译能力模型。

自20世纪90年代至今，许多学者对翻译能力进行了阐述，比较有代表性的是《培养翻译能力》（*Developing Translation Competence*）一书对翻译能力的系统讨论。基于学者对翻译过程中转换行为的不同认识，我们可以把翻译能力相关文献归为3类：本质论、过程论和模因论。本质论者认为翻译能力就是转换能力（Bell，Wills）；过程论者认为翻译是一种思维心理活动，而不是单纯的语言活动，把翻译作为转换过程研究（Toury，苗菊等）；模因论者认为有多种制约因素影响翻译结果，即翻译有一系列的子能力构成，转换能力是其核心能力（Neubert，Pacte），在该理论指导下，学者纷纷提出翻译能力的多成分模型。张培欣（2017）从方法入手，将多成分翻译能力相关研究成果分为理论推导和实证检验两大类。其中，理论推导下的翻译能力界定又可细分为两大类，一是交际翻译能力模型，代表人物有Bell，Nord，Hatim，Manson，Cao等；二是以教学为导向的翻译能力模型，以刘宓庆、文军、马会娟、管兴忠、刘和平、kelly等学者为代表。相对而言，国外学者更青睐交际翻译能力模式，国内学者则更倾向于从教学视角探讨翻译能力；第一类模型对翻译能力的界定更为全面，而第二类模型中的翻译能力与教学实际更加贴合。实证实验驱动下对翻译能力的界定多从市场需求出发，进行实验设计获取数据，然后通过统计分析对模型进行实证检验，该类模型的代表人物包括PACTE，Campell，Beeby，Fraser等。

在本研究中，我们需要尽可能全面地界定新闻编译能力，才能明确测试的构念，指导分项评分量表的开发，有效评价译者的编译能力。有鉴于此，我们将依据翻译模因论，视翻译为一种特殊的交际活动，对具有较大影响力的多成分翻译能力模型研究做进一步梳理。

Wilss从翻译过程出发，认为翻译能力指原语接受能力、目的语产出能力和将信息在两种语言间转换的超能力（Wilss，1982，转引自Kiraly，1995），“动态”特征明显。与Wilss不同，Schäffner（2000），Orozco（2000），Neubert（2000），Angelelli（2000）等学者变动为静，对翻译能力进行细致分解：Schaffner把翻译能力分为语言能力、文化能力、语篇能力、研究能力、领域能力和转换能力等6个子能力。Orozco的模型也由6个子能力构成，即转换能力、两种语言的交际能力、工具职业能力、超语言能力、心理—生理能力和策略能力。Neubert认为翻译能力包括语言能力、语篇能力、文化能力、主题能力、转换能力等。 Angelelli的翻译能力则包括语法能力、语篇能力、语用能力和策略能力。可见，这几位学者对各个子能力的表述略有不同，但都认同翻译由多个子能力构成这一观点。Cao（1996b）借鉴Bachman的交际语言能力模型探究翻译能力的构成，他将模型分为三部分：翻译语言能力、翻译知识结构和翻译策略能力。翻译语言能力就是Bachman模型的语言子能力，翻译知识结构包括世界知识、主题知识和文学知识，翻译策略能力包括普遍策略能力和翻译特有的策略能力，指所有语言使用者使用语言时涉及的心智活动和翻译活动独有的心智活动。影响力最大的翻译能力研究成果来自西班牙翻译能力习得过程和评估专项研究小组（Process of Acquisition of translation Competence and Evaluations，PACTE）。PACTE小组成员由职业译员和培训职业译员的翻译教师构成，他们基于实证数据提出了针对专业译者的翻译能力模型（2003，2005），包含双语次能力、超语言次能力、翻译知识次能力、工具次能力、策略次能力和心理—生理成分等子能力，该模型更清楚、更完整。

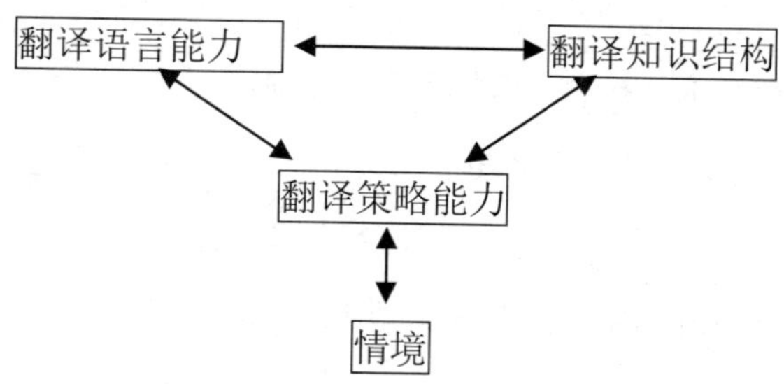

图5.8　Cao（1996b）翻译能力模型

国内学者王振亚提出了交际性翻译能力模型（2012a），该翻译能力模型包括：语言能力、知识结构、使用能力、转换能力、心理—生理机制5个成分。其中，语言能力和使用能力分别是Bachman模型中的语言子能力和策略子能力，知识结构指社会文化知识和有关世界的知识，转换能力指翻译过程中涉及源语和目标语的理解、转换和表达能力，心理—生理机制指单语和双语交际活动的实施机制。

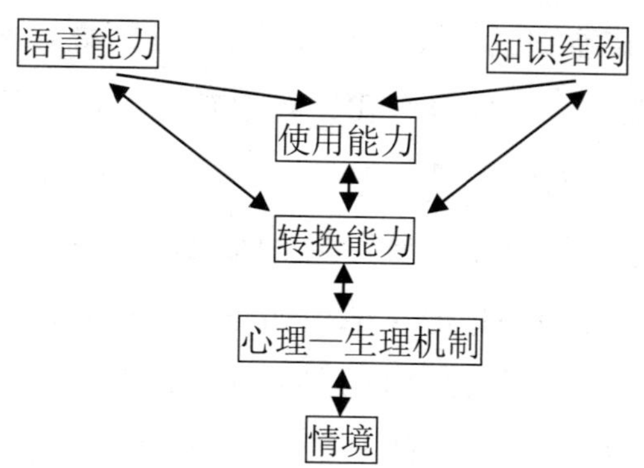

图5.9　王振亚（2012a）翻译能力模型

通过梳理上述学者的观点，我们可以发现：翻译是一种极其复杂的、抽象的活动，翻译能力没有定论。我们对语言能力的界定已经比较吃力，翻译能力涉及译者在两种语言之间的转换，对该能力的界定更是难上加难。但是，通过比较，我们也发现，持模因论者基本达成如下共识。

（1）翻译能力由一系列相互关联的子能力构成。

（2）翻译能力包含语言能力。事实上，上述多个模型中的语言能力等于或近似于Bachman交际语言能力模型中的语言能力子模型。该模型争议少，已为目前的外语教育和测试界所普遍接受。

（3）翻译能力由程序性知识（know-how）和陈述性知识（know-what）组成，对二者进行区分是比较合理的。

（4）工具能力在翻译能力中的地位越来越重要，特别对于职业译员而言。

同时，我们认为上述模型也存在如下问题。

（1）术语不清：几乎上述所有模型都认同语言能力在翻译中的重要作用，但所用术语不统一，如Orazco的双语交际能力，Neubert和Schaffner模型中的语言能力和语篇能力，Angelelli的语法能力、语篇能力和语用能力；又如，Neubert模型中的学科能力和文化能力，Schaffner模型中的文化能力和领域能力，Orozco和PACTE小组模型中的超语言子能力。这些能力都近似于Bachman模型中的知识结构，只是所用术语不同。

（2）程序性技能和说明性知识未区分：任何翻译活动包含理解、转换、表达三个步骤，三者你中有我，我中有你，是循环往复的。但是，对翻译能力的描述仅有程序是不够的，还需要说明性知识，这些知识是纯语言的。一个好的翻译能力模型应该既包括说明性技能又包括程序性技能，既包含所有可能的技能又能说明各个技能之间的关系。Orazco模型的双语交际能力包含语言的理解和生成，是程序性的，转换能力也是程序性的。同样，PACTE模型的双语子能力也包含语言的使用，策略能力也是程序性的。这些模型都将程序性和知识性技能混为一谈，未说明它们之间的关系。Bachman（1990，转引自王振亚，2012）在交际语言能力模型中区分了语言能力和策略能力，从逻辑顺序上说，先探讨语言知识，再探讨运用这些知识于交际活动中的能力更为自然。

（3）过分强调工具能力的重要性，如PACTE模型、Angelelli模型等。懂双语的学生即使不会使用翻译工具仍能翻译文章，但如果没有双语能力，即使工具能力很强，翻译也无从谈起。翻译工具的使用对于高水平译员来说更重要，但对于多数学生来说是附加能力而非必要能力。

当然，工具能力是职业译者能力的一部分，比如新闻编译员在编译新闻前，可能也要负责新闻的选题，这就要求译者能够快速有效地从外国网站上搜寻信息，辨别优劣，选取最有价值的材料作为编译素材。但是，作者在调查研究中也发现，教学专家和职业译员在给新闻编译能力的潜在构成要素打分时，工具能力这一要素的得分并不高。我们不否认工具能力的必要性，但将工具能力和语言能力放到同等地位的做法有待考虑（王振亚，2012a）。

我们认为，Bachman的交际语言能力模型在语言测试领域影响颇大，相对成熟且争议较少，提供了解决上述问题的理论基础。首先，Bachman的模型在语言教学和语言测试领域备受推崇，相关术语得到学者的一致认可。其次，该模型区分了语言能力和策略能力，先探讨语言知识，再探讨将知识用于交际活动中的策略能力，这样更为自然。最后，该模型中的情境成分可以把影响译文质量的附加能力，比如工具能力囊括进来。Cao和王振亚两位学者都在该模型基础之上，提出交际翻译能力模型，这对本研究的编译能力的模型建构有很强的借鉴意义和指导意义。

另外，当代翻译研究领域和双语习得以及语言测试研究领域的衔接愈来愈紧密。语言是一种交际活动，翻译则是一种特殊的交际活动。《培养翻译能力》一书中有多篇文献视翻译活动为一种特殊的交际活动（Neubert，2000；Beeby，2000； Orazco，2000；Adab，2000，转引自Schaffner，Adab，2000）。译者作为交际者将在原语语言和文化中具有一定功能的原文文本转化为在目标语语言和文化中具有一定功能的目标语文本。翻译（笔译）活动之所以特殊是因为交际双方参与者无法直接沟通，需要译者作为第三方进行沟通。译者在理解和表达中也无法直接与原文作者和译文读者沟通，只能通过对文字的解码和编码来完成交际过程。以往的翻译能力模型仅借鉴Bachman模型中的语言能力子模型，我们认为 Bachman的整个交际语言能力模型可以从单语扩展到双语，这两种交际任务的最大区别体现在转换能力的有无上。

通过对比分析，我们认为王振亚的模型更合理，该模型有如下优点。

（1）紧密联系Bachman的交际语言能力模型，解决了术语不清的问题。

（2）区分了程序性技能和说明性技能，并且说明了两者之间的关系。语言能力和知识结构是使用能力的决定成分，但不是充分条件。转换能力和使用能力、心理—生理机制三者之间有紧密互动关系，转换能力和语言能力、知识结构以及语境之间也有互动关系。

（3）将PACTE模型中的某些成分，比如译者的工具能力和翻译知识，背景化并归入情境中。此外，译者的情感、翻译任务、对象、语篇、环境等因素都归入环境中，这样突出了语言能力的作用。

此外，它还进一步细化了Cao的模型中的策略能力和情境因素。第一，使用能力的引入更好地说明了单语环境中的语言使用（理解和生成）、双语环境中的语言使用（理解、转换、生成）和心理—生理机制三者之间的关系。第二，采用术语“使用”和“转换”能力，而不是“策略”能力，能更好地和Bachman模型中的“策略”区分开来。第三，影响译者转换能力的因素很多，比如译者的翻译知识、经验、工具能力、情绪因素。同时译者转换能力的发挥离不开一定的情境，比如翻译任务的类型、翻译语篇的语域、客户、环境等因素。我们很难将这些因素模型化，把所有这些因素归入情境中是合理的。总之，该模型既有坚实的理论基础，又区分了不同类型的子能力，适用性强。

编译是变译的一种，而变译又是与全译相对立的非完整性翻译，因此，编译也属于翻译，可以借鉴上述语言测试和翻译测试领域已有的研究成果探究编译能力的构成。我们将尝试在交际翻译能力模型的基础之上构建新闻编译能力模型。

5.1.2.3 新闻编译能力模型

我们通过工作分析了解到，在工作中使用最频繁的新闻翻译活动是新闻编译，并利用访谈、问卷和文献分析，确定了编译能力的基本构成要素。在此基础上，我们以交际翻译能力模型（王振亚，2012a）为基本框架，提出新闻编译能力模型（如图5.10所示），包括6个子能力：语言能力、知识结构、使用能力、编辑能力、转换能力和生理—心理机制。其中，每个子能力还可以继续细分。图5.10显示译者从事新闻编译活动所需要的各种子能力及各子能力之间的关系。下面将从说明性知识和程序性技能这两方面介绍各子能力的属性。

5.1.2.3.1新闻编译能力模型之说明性知识

5.1.2.3.1.1双语能力

新闻编译能力中的双语能力包括英语语言能力和汉语语言能力。在英译汉新闻编译活动中，指译者对源稿和译稿所涉及的英汉这两种语言系统的驾驭能力。作者对双语能力的界定基于Bachman（1990）交际语言能力模型（communicative language ability）中的语言子能力，这里是从单语扩展到双语。

具体而言，双语能力包括语法能力、语篇能力、施为性语言能力和社会语言能力[①]。其中，语法能力包括词汇、形态、句法、语义、书写符号等。语篇能力包括衔接能力和修辞组织能力，其中衔接能力既包括句子之间的衔接，也包括段落之间的衔接；句子间的衔接由“参照、省略、替代、连接等语法手段和重复、上坐标词或概括词、同义词、反义词、搭配等词汇手段来实现”（王振亚，2009a：242）；段落之间的衔接也需要这些语法手段和词汇手段来实现，不同的是，该类衔接发生在句子层面，比如，译者根据篇章组织的需要添加承上启下的小句或段落；体裁不同，文章结构也不同，就新闻体裁而言，新闻报道语篇通常采用“倒金字塔”结构，重要信息在前，次要信息在后，依次展开。施为性语言能力指语言功能。社会语言能力则包括语域、文化参照和自然性，本研究的测试材料为新闻文体，将重点关注此类文本的语域特征及

① 双语能力中的这些子能力本质上属于说明性知识，但是这里仍然使用“能力”这一术语，一方面与Bachman的交际语言能力模型中对语言能力的界定保持一致，另一方面与“知识结构”中的“知识”区分开来。

其转换，特别关注译者语式和语旨的处理，比如译者在编译报刊新闻这一语境下，所译新闻为书面体，要多、快、好、省地把信息传递给读者，这就要求译稿正式、凝练、简洁、生动。

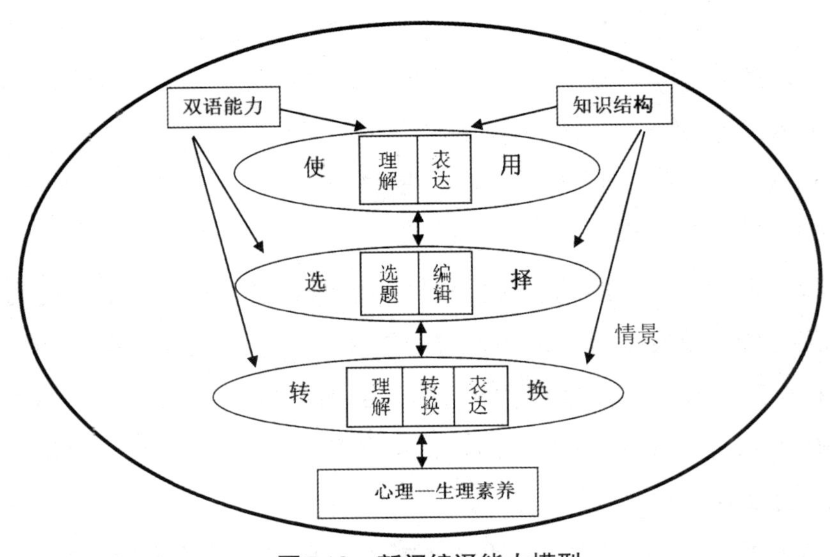

图5.10　新闻编译能力模型

5.1.2.3.1.2知识结构

Bachman（1990）认为知识结构指有关世界的知识，可以进一步细分为社会文化知识和有关真实世界的知识。本模型中，知识结构包含英汉两种文化知识、编译知识、新闻领域的新闻知识和主题知识。文化知识指一切有关真实世界的知识，比如我国和欧美国家的社会组织、物质文化、历史文化等文化背景知识，译者需了解文字背后所蕴含的文化差异并在必要的时候采取适当的编译策略来保证交际的成功；编译知识指编译方法和技巧等方面的知识，比如编译者对编辑和翻译的顺序、比例的了解以及对全译方法和编辑技巧等内容的掌握；新闻知识指中西方新闻写作体例知识、新闻的客观报道、“倒金字塔体例”结构，引语的使用等新闻文体特有的知识结构；主题知识指政治、经济、社会、科技、体育、军事、娱乐等各个新闻频道所涉及的主题内容。尽管译者“都有新闻背景资料库可以查阅，但对于自己经常报道的领域，还是需要积累一定的背景知识，加强对这一领域英语新闻的理解能力和快速反应的能力”（尚京华，李新宇，2016：9）。

5.1.2.3.2新闻编译能力模型之程序性技能

5.1.2.3.2.1 使用能力

这里的使用能力[①]就是Bachman（1990）交际语言能力模型中的策略子能力，根据Bachman，策略能力处于模型的枢纽地位，是连接语言能力、知识结构、交际主体和语境的认知纽带。该能力是一个心理语言学模型，包括语言生成策略和语言理解策略，各自又包括3个成分：评价成分、计划成分、实施成分。评价成分主要用于确定在某一情境中实现某一交际目的需要的信息、语言能力、交际对方具备的能力和知识以及交际结束后对交际活动完成情况的评价。计划成分主要指从语言能力中提取相关项目，制订计划，从而实现交际目标。项目的提取主要从交际者的母语或者第二语言中获得。实施成分负责调动心理—生理机制完成交际。Bachman的策略子模型主要关于语言生成的策略能力，对语言理解的策略能力讨论较少。语言理解策略包括“语音 / 语符感知、词汇提取、语法分析、语篇的衔接与连贯、新旧信息组织、语篇结构，提取字面意义、命题意义、修辞意义、隐含意义、功能意义、语篇意义等”（王振亚，2012a）。

5.1.2.3.2.2 选择能力

选择能力是区分编译人员和其他翻译人员的主要能力，有狭义和广义之分。狭义的选择仅指编辑，广义的选择除了指编译者对原稿的编辑外，还指编译者的选题，甚至采访活动。在本模型中，选择能力包括选题和编辑两个子能力。

第一，外出采访的记者所面对的新闻素材是一个个活生生的场面，他们要善于发现现场，选择最有价值的素材进行新闻写作，形成新闻稿

---

① 本模型中的术语“使用能力”与王振亚（2012a）的编译能力模型中的术语保持一致。本质上，两者都属于 Bachman（1990）的交际语言能力模型中的策略能力。

件见报端，这是对新闻信息的第一道选择程序。第二，成百上千同类别的中文（或英文）新闻稿件又成了新闻编译者面对的“现场”，他们需要从诸多稿件中挑选出最合适的一篇作为编译的源稿件。接下来，译者得到源稿件后，有时还须从网络或者通过其他渠道选择同主题的稿件作为素材补充进来，这样译者最后得到的源稿件就成为两篇及以上，这是对新闻信息的第二道选择程序，又称“选题”。第三，在译者最后敲定的这个“场面”里究竟发生了什么？“场面”的背后又蕴含着什么内容？译者要向读者解答这些问题。但是，受国家意识形态、特定目标读者群、特定媒体立场、有限媒体版面等种种因素的制约，译者必须在确定主旨的前提下，对已有的一篇或多篇源稿件进行编辑，完成对信息的选择，然后再进行英汉/汉英双语转换，最终形成译稿。因此，“编辑”是对新闻信息的第三道选择程序。如果说选择的过程是对新闻信息一步步进行浓缩的过程，那么可按凝练程度将信息依次排列为：标题、导语、正文、选题后确定的一篇或几篇同主题的源稿件、见诸报端的一系列同主题的原始新闻稿件。

作者在工作分析部分已经指出，本研究所开发的测试暂不考察选题能力，编辑能力是测试考察的重点内容。从思维层面上来看，编辑能力是一种抽象思维能力，属于程序性知识，可分解为分析提炼能力、综合概括能力、逻辑判断能力和排列组合能力等。只有具备这些能力，译者才能完成主题的确定、要点的归纳、信息的取舍和段落的调整等编辑活动。从操作层面上来看，据《现代汉语词典》，编辑指“对资料或现成的作品进行整理、加工”，因此编辑能力有两层含义，一是整理的能力，二是加工的能力。加工指对原作的信息进行处理，从而符合编译情境。任何翻译活动都离不开一定的情境，一般来说，翻译运用测试中的翻译述要（translation brief）会对翻译任务的情境和目的做充分说明，而新闻编译目的又有自己的特点：除了向读者传递准确客观的信息外，还要保证译文符合版面要求和读者的阅读习惯，最重要的是要符合传播的政治要求等。加工的具体办法是删、并、增，第一，删：信息的删减要考虑版面、读者、国家和媒体立场等因素，选取稿件的主要或者重要信息、读者感兴趣的或对读者有用的信息，删除次要信息、读者不愿意看到或不应该看到的敏感信息。第二，并：从语法单位上来看，删除的信息可以是词语、句子甚至是段落，相应地，译者需要对删除后的稿件进行合并，整合短语、句子和段落。另一种情况是，相关信息未被删减，但属于可有可无的次要信息，译者需要对这些句子或段落内容进行概述，这时考察的是译者对信息的综合能力。第三，增：源稿信息被删除和合并后，可能无法实现语篇的连贯，这时就需要增加过渡性的词语、句子甚至是段落。另外，译者通常还需要增加新闻背景信息，帮助读者了解新闻事件背后的文化差异或者事件背景。整理指对所选材料的重新组合和排序。对删减后的信息进行整理主要基于两点考虑：第一，摘选后剩下的部分难免支离破碎，难以成文；第二，原作本身不够衔接和连贯。总之，为了保证整篇译稿在结构和逻辑上的合理有序，译者需对源稿进行调整。调整要从两个层面着手，一是微观层面，句子间或句子内的调整，二是宏观层面，段落之间的调整。信息的整理较少发生在微观层面，主要在宏观层面上，通常遵循轻重缓急的原则，重要的段落在前，次要的段落在后。综上所述，加工和整理的具体办法是删、并、调、增，其中删和调是重点，而取舍和调整都是按照信息的重要性对稿件进行加工和整理，因此，从本质上讲，编辑能力还是考察译者的区分主次的能力。

本研究开发的测试为英汉新闻编译运用测试，下面将结合实例分别介绍这四种方法在英汉方向的新闻编译中的运用。

例一：删、增、并、调的综合使用

原稿1[①]：

President Barack Obama met privately with his Venezuelan counterpart for

① 源稿分别来自附录六中的新闻编译试题第1段和第15段，这两段分别是稿件A和稿件B的导语。要求译者将这两段内容合并为一段作为译文的导语。

the first time Saturday amid a bitter dispute between the two nations over recent U.S. sanctions on seven senior Venezuelan officials.

US President Barack Obama spoke with Venezuelan President Nicolas Maduro on the margins of the Summit of the Americasin Panama City, where Maduro used the stage to air his grievances about US sanctions against Venezuelan officials.

译稿1：美国总统奥巴马与委内瑞拉总统马杜罗4月11日在巴拿马首都巴拿马城举行的第七届美洲国家组织首脑会议期间进行了首次非正式会谈。双方就美国近期对七名委内瑞拉高官做出的制裁进行了短暂、诚恳的会谈。

分析：源稿是两则同主题稿件的导语，导语的编译最考查译者的编辑能力：源稿中的画线部分表示译者删除的信息，因为导语要简练，只需包含时间、地点、人物、事件和原因，其他重复信息和次要信息可以删除；译稿中的下划线部分表示译者增加的背景信息，比如峰会的全称、峰会召开的地点、美委领导人会议的性质和状态；通过对照源稿与译稿，我们发现译者除了对稿件进行删增外，还体现了较强的合并能力。

源稿2[①]：

"On the one hand you shouldn't make too much of this. Relations between Cuba and the United States are not changing tomorrow because they shook hands." said Geoff Thale, a Cuba analyst at the Washington Office on Latin America, a U.S.–based think tank.

He told CNN that contrasted the moment to a 2002 development summit where then–Mexican President Vicente Fox asked Fidel Castro to leave to avoid having him in the same room as U.S. President George W. Bush. "What's really striking here is the contrast," Thale said. "It's a modestly hopeful sign, and it builds on the small steps that they're taking."

① 源稿来自附录一中的第三届新闻编译大赛新闻编译试题第4、5、13、14段。

By shaking Castro's hand, Obama sent a message of openness that echoes a speech he gave at a Democratic fundraiser in Miami last month, according to Fox News.

"We have to continue to update our policies," he said then. "Keep in mind that when （Fidel） Castro came to power, I was just born. So the notion that the same policies that we put in place in 1961 would somehow still be as effective as they are today in the age of the Internet and Google and world travel doesn't make sense."

译稿2：拉美华盛顿办事处的美国古巴分析师吉奥夫·泰勒评论道，就在2002年某峰会上，墨西哥前总统文森特·福克斯提醒古巴前总统菲德尔·卡斯特罗离开会场以避免与美国前总统华盛顿·布什碰面。而相比之下，如今两国领导人的握手致敬，无疑是一个两国多年共同努力后"充满希望的信号"。

同样，福克斯新闻报道称，奥巴马通过握手向古巴展示了其开放的姿态，与他上个月在佛罗里达州迈阿密市一场民主党政治资金筹款会上的演讲相呼应。奥巴马在演讲中表示，多年以前的对外政策已无法与今日的世界环境、科技水平和国际关系相适宜。

分析：同样地，原稿中的画线部分表示删除的次要信息，译稿中的下划线表示增加的信息，比如，添加"相比之下""同样"等词组用来连接前后句子或者段落，另外，添加"多年以前""环境、科技和国际关系"用来替代删除的具体时间和特指事物，因为考虑到国内读者没必要了解原稿中的具体信息，这样可读性更强。通过分析译文，我们可以看到，原稿的前两段和后两段在译文中分别被合并成一段，而且，这里原稿的几个段落在原稿件中分别为第4、5、13、14段，而在译稿中，译者则从整篇布局考虑把这几个段落调整安排为几个连续的段落。

鉴于编辑能力通常是译者对整个语篇的加工整理，下面将从语篇层面结合实例分别介绍删、并和调的单独使用情况。原稿中的稿件均指附录六新闻编译试题中的两篇原稿件。

例二：删

原稿3：稿件的第12、13、16段都是对古巴与美洲峰会相关内容的介绍；稿件的第24、25段是委方谴责美方支持政变推翻委政府。

译稿3：译稿的标题为“美委领导人美洲峰会‘走廊’相遇首次对话谈‘制裁’”，这表明稿件的正文应报道美委双方在峰会上的谈话事件以及该事件的背景——制裁事件。换言之，报道的关键词应该是美委、峰会、制裁，其他信息都属于次要信息，译者要根据字数要求对关联不大的信息进行删除处理。比如，稿件的第12、13、16段与美委事件主体无关，而稿件的第24、25段与制裁事件无关，这些信息都要删除。另外，原稿的第18段与第5段重复，需要全段删除。

例三：并

原稿4：稿件的第21段讲委内瑞拉对美国制裁事件的谴责得到一些拉美国家的支持；稿件的第26段讲制裁事件引起了一些拉美国家的不满；稿件第27—29段分别列举了一些拉美国家领导人的谴责言论。这些段落都来自稿件B，辅助新闻，介绍的是美委谈话事件的背景信息制裁事件，因此译者可将5个段落中的信息合并压缩成一段，且拉美领导人的言论属于细节信息，可以概述，一笔带过。

译稿4：拉美一些国家都谴责了这一制裁举动，阿根廷、玻利维亚和厄瓜多尔各政府首脑纷纷发表言论表示支持马杜罗政府。

例四：调

原稿5：稿件的第3段介绍了美委领导人峰会会面的背景及原因，即美国先前早些时候认为委内瑞拉对本国安全造成威胁，冻结了委方7名高官在美资产，这些官员被指控在反政府抗议中有侵犯人权行为。第4段紧接着简述委方对制裁的反应，而第5段又返回报道的主题，即美委领导人在峰会的会面情况，该段报道以白宫发言人的口吻介绍了美方在会面中所表达的立场，接下来的6、7段讲述了委瑞内拉总统马杜罗对会面的反应及立场，然后8、9、10段是美国总统奥巴马对该互动的反应及相关言论。正文部分应该首先介绍各方对会面这一主要事件的反应，然后才是对相关背景信息的报道，前面的语类分析也表明，我国媒体在编译外媒报道时多采取这样的顺序，因此译者需要对这些段落顺序进行调整。

译稿5：报道顺序依次为：白宫官员、奥巴马、马杜罗对美委领导人会面这一事件的反应及言论、制裁事件这一背景信息。相关段落依次为：第5、8、9、10、6、7、3、4段。

最后，需要指出的是，编辑活动给予译者较大的灵活性，这是编译和全译的最大区别。但是，译者必须采取中立客观的态度，不能加入个人观点，要尽量保证编译的客观性，因此，译者在编辑时要善于在质和量之间找到平衡点，“不及”和“过犹不及”都不可取，“恰如其分”的编辑是对译者较大的挑战。

5.1.2.3.2.3 转换能力

转换能力就是王振亚（2012a）模型中的转换子模型，包括源语言理解能力、源语言和目标语言之间的转换能力和目标语言生成能力，三者之间是互动的关系。源语言理解策略和目标语言生成策略也分别包括评价、计划、实施三个成分，不过，这里的转换能力主要指发生在英汉双语环境中的语言运用能力。源语言理解策略和目标语言生成策略都与转换策略密不可分：译者对源语言的理解始终以编译任务为准，比如在理解源稿件基础上，将源稿件中的修辞（押韵）等手段翻译出来；译者利用目标语的生成能力与转换能力融合在一起，也很难区分。源语言和目标语言之间的转换策略是指译者在保证源语文本和目标语文本在概念意义、人际意义和语篇意义对等的前提下，在小句以下、小句、小句以上等语言单位上的转换。由于特定语境的限制和两种语言系统之间的差异，同时达到三种意义上的对等并非易事，但好的译文应该尽量对等，灵活取舍。转换能力是译者在原文理解和译文表达之间的心理转换机制，“理解”和“表达”并不是完全分割的两个编译转换过程，译者无论是在解读源文本还是在生成译文的过程中，都有两种语言文化的认知结构在起作用，即在解读时有译入语语言文化的形成过程，在表达时又有对源语言文化认知因素的渗透。译者在解读与表达过程中对双语语言文化的认知协调就是翻译过程中的内在转换机制（金萍，2011）。

需要说明的是，使用能力、选择能力和转换能力这三种程序性技能之间有共同特点，例如它们都具有相似的工作机制，都涉及了认知和非认知的因素，根据现有的研究成果，我们很难将其系统化、模型化。但三者之间也有区别，语言能力下的使用能力属于一种普遍策略能力（general strategic competence），是所有语言使用者具备的能力，而转换能力是针对翻译过程、为解决翻译问题的一种专门的策略能力（unique to translation），是区分双语者与职业译者的关键因素（Cao，1996b），选择能力则是针对编译过程、为解决编译问题的一种专门的策略能力，是区分编译者与其他译者的关键因素。

5.1.2.3.3新闻编译能力模型之生理机制

心理—生理机制指实施听、说、读、写活动所涉及的发音器官、耳、目、神经、大脑，也包括用于书写或操纵键盘的手。使用能力和转换能力中的理解和生成均使用相同的心理—生理机制，不过前者涉及单语，后者涉及双语。

最后，需要指出的是，模型图中的情境不属于新闻编译能力的一部分，但却影响着新闻编译交际活动。我们可以从编译的任务、译者、客户等几方面了解情境因素。具体来讲，情境可以包括编译的任务形式、编译任务的语篇特征、译者的个体风格、客户和环境这几大元素。其中，语篇特征主要指源稿的语域特征，译者的个体风格又包括译者的经验、情绪因素等个人特征和情感图式。

5.1.2.3.4新闻编译能力模型中各个成分之间的关系

语言能力和知识结构位于模型的两端，属于说明性知识，两者存在互动关系，用双箭头表示。这些知识分别与使用能力、选择能力和转换能力中的理解和表达有一定的直接性和互动性。

语言能力和知识结构分别用单箭头与使用能力、选择能力和转换能力连接，语言和知识是这些能力的必要成分，但不是充要条件，影响这些能力的因素还很多，包含认知因素和一系列的非认知因素。

使用能力、编辑能力、转换能力和生理—心理机制三者之间的关系最紧密，最直接，用双箭头表示。但是，使用能力、编辑能力和转换能力涉及诸多因素，我们很难对其模型化，这是开发编译能力测试，设计分项评分量表面临的一个难题。同时，翻译任务一般发生在特定的语境下，我们可以将这些不可控的未量化的因素放入情境中，王振亚（2012a）对情境因素已经作了详尽的描述。这里的情境不仅包括情境语境和文化语境，也包括译者自身因素，因此可划分为两个范畴：译者自身因素，如译者的编译经验、工具能力、性格；编译任务相关因素，如编译任务的语篇特征、编译任务类型、编译任务的服务对象和编译任务的环境等。

编辑能力是将编译者与其他译者区分开来的重要能力。语言能力和知识结构是该能力的基础，编辑能力和使用能力、转换能力、生理—心理机制以及情境之间有互动关系。译者在理解英文稿件的基础上，依据翻译的情境对原文进行加工整理等编辑处理，进行下一步的转换，并借助汉语表达能力完成译稿的撰写，至此编辑活动结束。

转换能力是编译能力的核心能力。语言能力和知识结构也是该能力的基础。转换能力和所有说明性知识成分、编辑能力、生理—心理机制以及情境之间有互动关系，从宏观程序上讲，该互动关系体现在下面三个阶段。

第一阶段，译者首先从情境出发，确立交际目标。然后制订源语言理解计划，利用语言能力、知识结构提取编辑后的语言项目，实施计划，调动眼睛、神经、大脑等生理—心理机制完成计划，实现话语的理解。最后，回到情境，依据情境评价计划的实施情况和话语理解情况。

第二阶段，源语言和目标语言之间的转换。

第三阶段，译者首先从情境出发，确立交际目标。然后制订目标语言生成计划，利用语言能力、知识结构提取语言项目，实施计划，调动手、神经、大脑等生理—心理机制完成计划，实现话语的生成。最后，回到情境，依据情境评价计划的实施情况和话语生成情况。

三个阶段不是线性的关系，而是递归的、循环的。阶段二最难模型化，且和阶段一、三很难区分，但转换阶段确实独立存在。

通过界定新闻编译能力，我们可以明确测试的构念。不过，尽管Bachman（1990）认为语言能力应该包括知识结构（knowledge structure）与策略能力（strategic competence），并主张在语言测试中要有所体现，但是国内外主要语言测试对知识结构与策略能力的考查很少。同样地，并非所有子能力都将在本测试中得到测量。需要将哪些子能力纳入考试范围还须结合调研情况具体分析。就本测试而言，工作分析显示，选题活动在测试中较难复制，因此，我们将不考虑测量选题活动，重点考查编辑能力。正如Angelelli（2009）所言，“鉴于测试形式的差别以及技术的限制，我们不可能在所有测试中测量到所有的子能力”。即便如此，编译能力研究是设计编译能力测试、开发功能主义编译运用测试（王振亚，2012b）以及制定编译运用测试分析型评分量表的基础。因此，研究者应该在编译能力模型中尽可能全面地描述各种子能力。

5.1.3 测试的量表

本节以编译能力模型为基础，结合翻译测试评分量表和量表问卷结果构建新闻编译测试评分量表，并在测试后对量表的效度进行验证，为开发的量表提供理论依据和实证依据。

5.1.3.1 翻译测试评分量表

在语言测试领域，第一个系统开发的分析性评分量表当数心理测量结构主义时期的FSI口语面试所采用的评分量表，该量表包含口音、语法、词汇、流利和理解5个范畴，其中语法所占权重最大，其次是词汇和理解、流利，口音最低。彼时，交际性的范畴较少且权重低，整个量表还是以语法准确为主（Spolsky，1990）。随后，不少研究者相继探讨如何开发有效的评分量表用以评价口语和写作等产出性语言技能，受篇幅限制，这里不再赘述。

在翻译测试研究领域，外译汉分析型5范畴语义微分式评分量表（表5.13）和功能主义翻译运用测试九分制总评评分量表（见表5.15）对新闻编译测试评分量表的设计有指导意义，这两个量表分别以OET的写作评分量表（McNamara, 1996）和Carroll的交际语言测试评分量表（Carroll, 1980）为基础，结合翻译实务测试评分量表而设计。其中，九级整体评分量表属于翻译运用测试综合性评分量表，国内的翻译资格考试就多以整体型评分为主，围绕“内容”和“表达”两个方面，如我国的英语专业八级中的翻译题的评分量表（见表5.14）。如果需要（常常需要），还可以分别设计口译、笔译、汉译外、外译汉等专项评分量表（王振亚，2011），如香港和台湾某些大学采用的分析型量表（见表5.16）。

表5.13　外译汉分析型5范畴语义微分式评分量表（王振亚，2011）

翻译任务整体完成情况

完全令人满意　_|_|_||_|_|_　不能令人满意

原文理解情况

完全理解　_|_|_||_|_|_　不理解

语言特征掌握情况（词汇、语法和连贯）

完全掌握　_|_|_||_|_|_　不掌握

语言得体性

得体　_|_|_||_|_|_　不得体

文字特征掌握情况（拼写和标点）

完全掌握　_|_|_||_|_|_　不掌握

表5.14　英语专业八级汉译英评分量表

等级	分数	描述
5 （优异）	10—9	译文忠实于原文，只有1—2处用词、句法、拼写或标点上的小错。译文优雅（选词恰当，有句型变化）。
4 （良好）	7—8	译文大多忠实于原文，在用词、句法、拼写或标点上基本没有显著错误。译文具有可读性（总体清晰、通顺、连贯）。
3 （合格）	5—6	译文基本上忠实于原文，在用词、句法、拼写或标点上偶尔有错误。译文大部分可读。

续表

等级	分数	描述
2（不合格）	3—4	译文只有一半能反映原文意思，在用词、句法、拼写或标点等方面有很多错误。译文有部分不可读。
1（很差）	0—2	译文能反映原文之意还不过半，几乎所有句子有用词、句法、拼写或标点等方面的错误。译文大部分不可读。

表5.15　九分制总评评分量表（王振亚，2011）

9	专家级译者：理解准确，译文表意准确，语言精确，文体适当，具有权威性。
8	优秀译者：理解准确，译文表意准确，语言精确，文体适当，只有少数地方达不到专家级译者的水平。
7	良好译者：能完成绝大多数翻译任务，翻译准确，偶有理解不准确和翻译不当的情况，但不影响大局。
6	胜任的译者：尽管能够完成大多数翻译任务，但翻译的流畅性和准确性有一定缺陷，并偶有实质性的误解和误译。
5	欠缺译者：尽管能够应付一般翻译任务，但翻译的准确性和得体性都有欠缺。
4	边缘译者：理解不够全面、准确；译文不够流畅、精确，文体上也有欠缺；尽管有误译，还能把翻译工作坚持下来。
3	极度欠缺译者：不能完成日常翻译任务，误译情况较多。
2	断断续续的译者：不能完成日常翻译任务，误译的情况多于正确翻译的情况。
1–0	非译者：语言理解和生成能力都不足以进行翻译。

表5.16　香港和台湾某些大学采用分析型量表

香港	台湾（外译汉）	台湾（汉译外）
评分要素权重	评分要素权重	评分要素权重
理解 40%	原文理解度70%	译文正确度85%
翻译 30%	词汇灵活度 10%	词汇灵活度 5%
技术 30%	语法正确度 10%	语法正确度 5%
	文体、风格表达度 10%	文体、风格表达度5%

评分量表的制定是测试开发的重要环节。综合分析上述量表，我

们可以发现以下几点。第一，就评分方法而言，不存在完美的评分方法，整体量表和分项量表共存，它们各有优缺点。①整体法耗时少，评分员可以在较短的时间内对译文质量做出评价，经济性和实用性强，因此使用广泛。但是，评分员使用整体法时往往只关注部分译文特征，容易“只见森林不见树木”。②相比之下，评分员使用分项法对各个分项单独进行处理，观察更细致、准确、客观。另外，分项法能为考生和测试使用者提供更多的诊断或反馈信息，因此考生分数的解释力更强。第二，关于分项量表中分项数量的设置，大多数分项评分量表研究都基本围绕“理解”和“表达”两分项展开，其中“理解”分项比较统一，几乎是所有分项量表中不可或缺的一个分项，对于“表达”分项，也有研究者对其进一步细分，比如划分为上述提到的“词汇”、“语法”和“文体”。总体来看，2—5个分项的设置基本符合认知规律，设置过多的分项会造成认知负担，至于本测试分项的具体划分则要结合调研结果来定。第三，关于等级的设置，分项量表多使用5级，而整体量表则多使用9级。

综上所述，交际语言运用测试主要采用综合型和分析型两种评分方法，因此在本研究中，新闻编译测试将采取整体印象评分和分项评分相结合的方法，分别设计整体量表和分项量表，由3位评分员依据这两个量表对译稿进行打分，比较两量表的质量。整体量表将采用9级，分项量表采用5级，对于分项的具体设置将结合调研结果，下一节将详细论述。

5.1.3.2 本测试的评分量表

Bachman（1990）指出，语言测试的开发包括3个步骤，其中第三步是对观察结果进行量化（quantifying observations）。对于编译运用测试来说，开发科学的、可操作性强的评分量表是量化观察结果的重中之重。

Bachman 和Palmer（1996：211）认为，开发语言测试评分量表需要遵循的一条重要原则是，量表的操作定义应该基于所测构念的理论定义，如语言能力测试评分量表的各个评分分项应该与语言能力模型的各个子能力相对应。

作者以新闻编译能力模型为基础制定评估因素清单，咨询新闻编译教师和资深编译从业者，分析这些评估因素的必要性，初步确定7个评估要素：信息准确、编辑适度、语法准确、语言得体、语篇流畅、政治立场和体例准确。作者在调查问卷中将这些要素随机排列，发放问卷，深入了解受访者对各要素的认识，得到如下结果。

如表5.17所示，各评估因素按其重要性由高到低依次为：信息准确性、编辑程度、语篇特点、语言特点、政治素养和体例。鉴于分项设置为2—5个比较合理，作者对这些评估因素进行归类整合后得到内容转换、语言表述和信息编辑这三个维度，与新闻编译的ABC原则大致一一对应，即报道准确（accuracy）、语言简洁（brevity）、文章结构条理清晰（clarity）（刘训成，2002）。表5.18是对这三个维度的解释说明，内容分项对应能力模型中的转换能力、语言能力、使用能力、编辑能力和知识结构；编辑分项对应能力模型中的编辑能力、语言能力①、使用能力、转换能力、知识结构；语言分项对应模型中的语言能力②、使用能力、转换能力、编辑能力和知识结构。表5.19、表5.20、表5.21分别描述译者在各个维度下的编译表现。

表5.17　新闻编译测试的评估因素重要性

等级	重要性平均分	评估因素
1	5.00	理解准确
2	3.89	编辑适度
3	3.56	语篇流畅
4	3.49	语言得体
5	3.16	语法准确
6	2.56	政治立场
7	2.44	体例准确

① 特别是语言能力中的语篇能力。

② 特别是语言能力中的词汇、语义、句法、语用能力。

表5.18　新闻编译运用测试分项评分量表

分项	描述
内容的准确客观（内容转换）	指翻译的准确和客观，简称内容分项。 a. 一方面，译者必须准确理解源稿信息，无误译，重要的信息点，如新闻事实、数字、术语，比如人名、地名、组织名、国家名等转换准确。译者要为读者负责，保证译稿的准确性是首要任务。 b. 另一方面，译稿无主观翻译，符合国家和媒体立场。本测试语料属于硬新闻，此类稿件的翻译必须客观，译者要慎用形容词和具有感情色彩的词语，不添加个人主观意见，尤其不能有违背政治立场的错误主观判断。
语篇的信息处理（信息编辑）	指语篇层面的信息取舍和编排，简称编辑分项。 这里的"编辑"指语篇层面的删并调增。"删"指取舍信息，保证篇幅合格；"调"指调整段落安排，实现语篇衔接连贯。"并"指必要时对删减后的信息进行合并；"增"指增加过渡性的语句保证译文衔接通顺。这里重点看删和调的合理性。对该分项的理解可以进一步表述如下。 a. 删除次要信息或冗余信息，保留重要信息，比如导语部分要综合两篇原稿件，保留who、when、where、what,（why）这些新闻要素，无冗余信息。取舍后的译稿要篇幅适中且需同时包含稿件A和B中的信息点，前者占比多，后者占比少。 b. 调整信息使译文连贯，结构清楚，符合逻辑。比如，按照"倒金字塔"结构排列信息点，重要信息在前，次要信息在后，保证段际连贯；段内信息安排也要合理，保证段内连贯，因此译者可以合并，但不要合并过头，比如导语与正文要分明，正文每段不宜过长。另外，段与段之间也可增加衔接词，达到段际衔接。因此，从本质上讲，此分项主要考查译者抓重点、分主次的能力。

续表

语言的准确得体（语言表述）	语言的准确和得体，简称语言分项。 译稿要符合新闻文体特征，保证成文后为新闻稿件，而非散文或者记叙文。另外，词汇、语法、句式的处理要准确。英汉方向的新闻编译重点考查语言的得体性。 a. 文体：新闻标题是稿件的"眼睛"，要具体、生动、简洁，吸引读者，避免冗长笼统，少用"的""了"等词汇，少用标点及完整的句子，但标题首要的任务是传递具体信息，其次寻求新颖的表述方式；导语是稿件的灵魂，要言简意赅；正文要简单精练、正式庄重、清晰易懂、生动流畅，多用简单句、短词和常用词，少用口头语；另外，标题、电头、正文、日期、数量、货币、度量衡等格式转换符合文体要求。 b. 语法：词汇搭配得当、术语表达准确、慎用引号外的代词，尤其是第一人称（我、我们）容易发生混淆，在使用第三人称（他、他们、该地区、该组织、该国等）时也应注意是否会产生指代不明；另外，主被动句、倒装句、直接引语和间接引语的转换处理准确等；杜绝错别字，注意标点的使用，比如列举两个及以上对象时顿号的使用场合；总之，译文须用词准确、语法无误、复杂和简单句的转换准确，表达无翻译腔。

表5.19　新闻编译运用测试分项评分量表内容分项

等级	描述
5	转换后的所有新闻事实都准确，无重大误译，也无次要信息的误译，数字、人名、地名、机构名、时间等信息都转换无误；信息的转换客观，未掺杂个人观点，符合国家政治立场。
4	转换后的新闻事实几乎都准确，无重大误译，数字、人名、地名、机构名、时间等几乎全部准确，偶尔有次要信息的误译，但不影响交际；信息转换客观，偶尔掺杂个人观点，但无政治立场问题。
3	信息的转换基本准确，偶有实质性误译，一些地方存在次要信息转换错误，数字、人名、地名、机构名、时间等的转换存在一些问题；信息的转换有欠客观，译文夹杂一些个人观点，偶有错误的主观意见。
2	译稿中的实质性信息翻译错误较多，数字、人名、地名、机构名、时间等的转换存在许多问题；信息的转换偏主观，很多地方的信息转换有悖国家立场。
1	信息转换错误极多，几乎无法完成交际。

表5.20　新闻编译运用测试分项评分量表编辑分项

等级	描述
5	对源稿信息的编辑处理几乎完全适度合理。译稿篇幅适中且A、B两篇稿件在译稿中所占比例恰当；几乎没有过度处理和冗余信息，删除了次要信息和重复信息，保留了必要信息，特别是导语部分。并按照“倒金字塔”体例重新排列所有保留信息，编辑后的译文连贯性极佳。另外，在必要时增加了衔接词句或对信息进行了合理的合并或概括。
4	对源稿信息的处理良好。译稿篇幅适中，至少使用了删减和调整两种方法对稿件A和B进行了编辑，译稿中A、B稿件信息所占比例适当；多数信息都是在必要的时候得到处理，只有少数几处信息取舍和排列不恰当；编辑后的译文连贯性良好，衔接手段较丰富，仅有少数几处影响了译稿的可读性。
3	编辑处理尚可。使用了删减和调整这两种方法对稿件A和稿件B进行了处理，译稿篇幅勉强符合要求，但稿件A中保留的信息较多，或稿件B中保留的信息较少；有些地方的信息取舍、排列或合并不合理，编辑后的译文连贯性一般，有些地方不够连贯，一些段落之间在该使用衔接手段时未使用。
2	对源稿编辑处理存在许多问题。对稿件A或者稿件B进行了取舍，但译稿篇幅有较大问题，或者稿件A中保留的信息过多，稿件B中保留的信息过少；许多关键信息未保留或保留了太多次要信息或多处合并不当，调整的意识很差，调整后的译文在许多地方不连贯。
1	篇幅不合格；几乎全译两篇原稿，信息点几乎没有减少，译文结构和顺序完全没有改动，或只全译稿件A，稿件B保留的信息极少。

表5.21 新闻编译运用测试分项评分量表语言分项

等级	描述
5	语言准确得体。词汇准确，搭配合理，语法无误，可能偶尔（或一两处）有错别字或标点方面的小错；语言得体，译稿符合新闻文体要求，特别是新闻标题能博人眼球。
4	语言几乎准确得体。偶尔在词汇、搭配、句法等方面出错，但只占一小部分，有几处错别字或标点方面的错误；语言方面大多得体，符合文体要求，新闻标题的耸动性欠佳，但也符合新闻体裁的要求。
3	语言基本准确得体。在常见复杂句式上存在一些词汇、搭配、语法上的错误，有一些错别字和标点错误；导语和正文部分有一些用词与新闻文体特征不符，新闻标题文体效果一般，但基本符合要求。
2	语言有许多错误，词汇、搭配和语法方面存在较多错误，标点和错别字等方面不足之处更多；许多用词不得体，新闻标题不符合文体要求。
1	通篇存在语言错误，语言的使用基本不考虑场合，用译语进行交际的能力极差。

编译测试引入评分员因素后，测试分数难免受评分员的主观判断影响，进而降低测试的信度和效度。为了保证测试的评分质量，除了尽量提高新闻编译评分量表的客观性和可操作性之外，我们还将采取如下措施。

（1）多人独立评分，每个编译任务均由至少3名评分员独立评分；

（2）在评分前，对评分员进行培训，确保评分员就评分标准达成一致；

（3）组织评分员对照简明评分量表（见表5.22）进行试评；

（4）利用统计方法检测评分结果，检验评分员自身评分、评分员之间评分的一致性，如有必要，指导评分员调整严厉度。

另外，作者以王振亚的九级整体评分量表为基础，设计了一个整体型评分量表（见表5.23）

表5.22 简明分项评分量表

	分项一	分项二	分项三
	源稿的理解	语篇信息处理	译稿的表达
总体特征	准确性 客观性	适度性 合理性	准确性 得体性
考查点	源稿的信息转换在这些方面有无误译、主观翻译和立场问题： 1. 基本信息点； 2. 时间、地点、人名、国家、组织名、数字。	是否使用多种编辑方法对两篇源稿件进行加工处理，编辑后的译稿篇幅适中，信息取舍得当，排列通顺有逻辑： 1. 量：适度，兼顾稿件A和B； 2. 质：信息取舍合理，调整后结构连贯。	译稿的语言表达： 1. 有无语法、错别字、标点、搭配等错误； 2. 遣词造句是否符合新闻文体。
第五级	全部准确，无主观翻译。	编辑优秀，篇幅适中，完全适度合理，取舍得当，连贯性极佳。	准确得体，偶有拼写、标点等小错，标题吸引人。
第四级	几乎全部准确，无重大误译，偶有次要信息的误译，偶尔夹杂个人观点，但无政治立场问题。	编辑良好，篇幅适中，绝大部分适度合理，仅少数几处信息取舍和排列不恰当或者维持原样，有待处理。	几乎通篇准确得体，偶尔出错，有几处拼写或标点错误；标题的鲞动性欠佳，但符合要求。
第三级	基本准确，偶有实质性误译，一些地方有次要误译，夹杂一些个人观点，偶有错误的主观意见。	编辑尚可，有些地方的取舍、编排、合并不合理，连贯性和衔接一般；或适度性方面存在一些问题，译文偏长或偏短，勉强符合要求。	基本准确得体，有一些语言错误，标题文体效果一般，但基本符合要求。
第二级	实质性误译较多，很多地方主观，有立场问题。	存在许多问题，许多信息的取舍、排列、合并不得当；或编辑的意识很差，译文过长或过短。	有许多语言错误，许多用词不得体，标题不符合文体要求，比如带有标点，不简练。
第一级	转换后的译稿误译极多，无法交际。	几乎通篇全译两篇源稿件，或者只全译稿件中的一篇。	通篇有语言错误，不考虑使用场合，用母语进行交际的能力极差。

表5.23　新闻编译运用测试九级整体评分量表

9	专家级译者：理解准确，编辑适度合理，译文表意准确，语言精确，文体适当，具有权威性
8	优秀译者：理解准确，编辑适度合理，译文表意准确得体，只有少数地方达不到专家级译者的水平
7	良好译者：能完成绝大多数编译任务，编译准确得体，偶有理解不准确、编辑不当和编译不当的情况，但不影响大局
6	胜任的译者：尽管能够完成大多数编译任务，但编译的准确性、流畅性有一定缺陷，有一些次要的编辑不合适的地方，并偶有实质性的误解和误译
5	欠缺译者：尽管能够应付一般编译任务，但编译的准确性、得体性和信息的编辑都有欠缺
4	边缘译者：理解不够全面、准确；许多信息编辑不得当；译文不够流畅、精确，文体上也有欠缺；尽管有误译，还能把编译工作坚持下来
3	极度欠缺译者：不能完成日常编译任务，误译情况较多，许多重要的信息编辑不当
2	断断续续的译者：不能完成日常编译任务，误译的情况多于正确编译的情况。编辑问题极多
1—0	非译者：语言理解、编辑和生成能力都不足以进行编译

5.1.4 小结

本节采用工作分析法回答测试开发中的3个重要问题，即测什么、怎么测以及怎么评，确定了测试的任务、构念和量表。从程序上来看，作者首先确定媒体类单位中较常使用的新闻编译方法和任务，对任务所需要的能力进行界定，最后研制分项评分量表。其中，任务的确定和构念的界定这两个步骤并无严格意义上的先后之分，二者几乎同时进行。

5.2 研发设计

本节介绍测试的研发框架：第一步撰写设计报告，第二步开发测试规范并撰写测试材料，第三步施测。这里重点介绍测试研发框架的前两个步骤，即设计报告、测试规范和设计材料的撰写。一方面，这两个步骤所涉及的工作分析以及评分标准、评分量表的制定和评分员的选拔与培训属于主观测试特有的、重要的开发环节；另一方面，作者已经在4.4详细介绍了试测和正式测试的实施步骤，因此本节不再赘述。

第一步，明确测试目的、测试对象、测试的构念，选择测试的内容，了解测试所需资源，这些主要通过工作分析来实现。

第二步，通过工作分析明确测试的形式和内容，根据工作分析结果设计测试的题型，包括数量、顺序、分值、各个题目的导语，此外，还要制定评分量表和评分标准，明确如何选拔与培训评分员，从而保证所有评分员对评分标准的理解达成一致。

第三步，施测。获得考生的作答行为表现，对评分员进行选拔和培训，对考生表现进行评分，获得考生分数，利用统计方法分析所得数据，从而验证测试的效度。

前两步也被称作测试细则（test specifications），是一个用来表明测试内容和测试方法的文件，是研发工作的结晶（Bachman，1996：176—177；王振亚，2008：243）。接下来，作者将总结已取得的研发成果，撰写英汉新闻编译运用测试的设计报告和测试规范。

5.2.1 设计报告

1. 测试目的。衡量应试者在新闻媒体机构的工作环境中进行读—译这种交际活动的新闻编译运用能力。

2. 测试使用者。新闻编译运用测试可以服务于编译资格测评机构，也可服务于新闻媒体单位或者培训机构。通过测量应试者的英汉新闻编译能力，测试使用者可以：

（1）评价考生是否具备一定的新闻编译能力，结果将作为证书发放的依据之一；

（2）评价考生能否胜任媒体类单位的英汉新闻编译工作，评价结果可以作为用人单位的人才招聘和选拔的依据之一；

（3）评价考生既有的新闻编译能力水平，从而为新闻编译教学和培训成效提供依据。

3. 测试对象。有意在媒体类单位从事记者、编辑或翻译工作的社会人员，应聘新闻编译岗的求职者或者翻译、英语、新闻等专业的在校生。应试者须具备一定的英汉语言功底和翻译水平，对新闻及新闻编译有一定的了解。

4. 资源与局限。运用测试的开发比较费时、费力，因此，作者要考虑到现有的时间、人力、物力、财力等，协调好资源需求与供给的矛盾。在测试研发之初，作者组建研发团队，请教翻译测试专家、咨询有丰富实践经验的职业新闻编译译员和有多年教龄的新闻编译教师以及熟悉测量技术的专业人员。在施测阶段，需要评分员若干、考生若干。

5. 测试构念。新闻编译运用测试考查应试者的英汉新闻编译能力，该能力包括英汉双语能力、知识结构、使用能力、选择能力和转换能力。

双语能力和知识结构属于说明性知识。其中，双语能力包括语法能力、语篇能力、施为性语言能力和社会语言能力；知识结构又包含英汉两种文化知识、百科知识、编译知识、新闻知识等。

使用能力、选择能力和转换能力属于程序性知识。使用能力是Bachman（1990）交际语言能力模型中的策略子能力，根据Bachman，策略能力是一个心理语言学模型，这里指发生在单语环境中的语言理解和生成策略。

选择能力从广义来讲，包括选题和编辑两个子能力，其中编辑能力是本测试要考查的重点。从思维层面上来看，编辑能力是一种抽象思维能力，属于程序性知识，可分解为分析提炼能力、综合概括能力、逻辑判断能力、排列组合能力等。只有具备这些能力，译者才能完成主题的确定、要点的归纳、信息的取舍和段落的调整等编辑活动。从操作层面上看，编辑的具体办法是删、并、调、增，其中删和调是重点，而取舍和调整又是按照信息的重要性去对稿件进行加工和整理，因此，从本质上讲，编辑能力还是考查译者区分主次的能力。

转换能力就是王振亚（2012a）模型中的转换子模型，包括源语言理解能力、源语言和目标语言之间的转换能力和目标语言生成能力，三者之间是互动的关系。源语言理解策略和目标语言生成策略也分别包括评价、计划、实施三个成分。不过，这里的转换能力主要指发生在英、汉双语环境中的语言运用能力。

语言能力和知识结构位于模型的两端，属于说明性知识，这些知识分别运用到语言使用中，分别与使用能力、选择能力和转换能力中的理解和表达有一定的直接性和互动性。语言能力和知识结构是必要成分，但不是充要条件，影响程序性知识的因素还很多，包含认知因素和一系列的非认知因素。

使用能力、编辑能力、转换能力和生理—心理机制三者之间的关系最紧密，最直接，用双箭头表示。其中，编辑能力是将编译与其他翻译方法区分开来的重要能力，转换能力也是编译能力的核心能力，语言能力和知识结构是编辑能力和转换能力的基础。

6. 选择测试内容。内容的选择主要通过实证调研完成，包括利用访谈和问卷咨询专业人士、在工作场所直接观察与分析、收集和分析语料等。此部分是确定测试任务的主要途径，是本研究的重点。虽然耗时较长，但可以最大限度上降低测试开发者对测试任务的主观判断，提高测试的真实性。

5.2.2 测试规范

①测试形式。测试任务模拟媒体机构中真实、典型的新闻编译交际活动，要求应试者以新华社国际部时政组工作人员的身份，依据给定材料，完成一则有关“美委关系”的国际新闻的对内报道，英文素材有两篇，一篇来自美联社，另一篇来自法新社，总字数在1000字（英文）左右。应试者需要综合这两篇英文稿件，确定主题，自拟标题，将两篇源稿件中有价值的信息按照新闻的逻辑和规范编译成一篇可读性强的汉语稿件，供国内各大媒体的选稿编辑和读者阅读，译稿700—950字（中文）。

②测试内容。测试语料属于硬新闻，主题是美委关系，主要新闻

事实为美国总统奥巴马与委内瑞拉总统马杜罗在第七届美洲峰会的第一次会晤，由此引出各方对此事件的反应。美委领导人之间罕见互动，但马杜罗和奥巴马在会谈后的不同反应，以及马杜罗于会晤之前在峰会上对美国制裁的谴责等事件均表明美委破冰还有很长一段路要走，两国关系的改善任重道远，这是新闻的主线。测试新闻语篇除报道美委两国领导人的互动事件外，还掺杂古巴、美洲峰会等相关事件，这些属于干扰信息，旨在考查应试者的编辑能力。应试者需要在准确理解原稿的基础上，围绕主线对这些冗余信息或者次要信息进行删减或概括，对剩余信息进行编辑整理，编辑后的稿件应该重点突出，结构合理，逻辑清晰。此外，应试者也要注意译稿的表达，尤其是标题措辞的得体性。

③题目导语。交代了测试任务的语境、交际活动参与者及交际渠道，包括译者身份、源稿件的获取、目标稿件的去向、读者群体；阐明了交际任务的具体要求，包括译稿字数、作答时间和作答方式；列举了编译的注意事项，强调在编译的编辑环节可以采用多种编辑方法，并就如何对给定素材进行加工整理做了提示，比如要求稿件依次由标题、电头、导语、各方反应和背景信息这几部分构成；标题自拟，但须与正文主旨一致；导语要阐明时间、地点、事件等几大要素，与正文区分开来；正文部分要注意段落安排，保证衔接连贯。强调必须保证译稿的准确和客观性，并对译稿的语言质量提出要求，比如标题、导语和正文等各部分须语言通顺，同时要符合简单、生动、正式等新闻语言特征。导语的撰写以工作分析第一小节测试任务部分的新闻编译文本任务特征分析结果为基础。试测以后，要根据考生的反馈适当修改导语。具体的测试材料详见附录六。

④考试时间。100分钟。

⑤评分量表。采用三分项五等级的分项评分方法，具体包括内容、编辑、语言三个分项，每一个分项采用五级评分量表，每一级都有具体、相应的描述词。

内容分项：指翻译的准确性和客观性，一方面，译者必须准确理解源稿信息，转换后的信息无误译，译者要为读者负责，保证译稿的准确性是新闻译者的首要任务；另一方面，无主观翻译，符合国家立场，硬新闻稿件的翻译必须客观，不能添加译者个人主观意见，尤其不能有违背政治立场的错误主观判断。

编辑分项：指语篇层面的信息处理，包括编辑的适度性（量）和合理性（质），既要看译者有无编的意识，也要看译者的编辑是否合理。对量和质的考查重点看质，对质的考查重点看删和调的合理性。一方面，译者要删除次要信息，保留重要信息；另一方面，译者要在必要的时候调整段落安排，使译文连贯，结构清楚，符合逻辑。比如，按照“倒金字塔”体例排列信息点，重要信息在前，次要信息在后。

语言分项：指语言的准确得体，一方面，译稿须用词准确、语法无误、复杂转换准确，无翻译腔，特别要注意术语、主被动句和引语的转换，无拼写、标点错误；另一方面，译稿要符合新闻文体特有的语域特征，语言简练、正式庄重、清晰易懂、生动流畅，特别是新闻标题要做到具体、生动、简洁。

⑥评分员的选拔与培训。聘请评分员3名，两位有丰富的翻译教学经验，一位有多年新闻编译教学经验。所有评分员在评分前仔细阅读考试相关材料，包括试题、参考译文、分项评分量表及其简易版中各个等级的描述，目的是对考试内容和评分标准有更好的把握。在此基础上，作者选出高、中、低三个档次的样卷若干份，并打乱顺序，随机发放给评分员，由评分员依据简易版评分量表对样卷进行试评。阅卷完毕后，收集评分员的反馈，结合样卷中发现的问题，就评分过程及结果展开讨论，并提醒评分员适当调整严厉度，直至评分员完全熟悉评分材料，对评分过程无异议。其中，两位评分员参与了试测和正式测试阶段的评分，试评结束后对评分结果进行统计分析，若量表和评分员信度等各指标显示符合预期，则这两名评分员可直接对正式测试阶段的译稿进行评判，作者只对第三名评分员进行正式测评前的培训。若数据显示评分员信度较低，则需重新对评分员进行培训，然后才能进入正式测试的评分

阶段；若评分量表的指标不符合预期，则需重新调整分项的拟定及描述，然后由评分员熟悉新量表，进行进一步的评分员培训，最后进入正式测试的评分。

⑦测试分数的报告。最终测试成绩分为4.5分、4分、3.5分、3分、2.5分、2分6个档次。关于标准的设立，通常需要参考测试专家的意见，来划定考生在目标语境中完成特定任务所具备的可接受最低能力标准，具体可由专家和测试利益相关人根据实际情况自行划定及格或通过档。

5.2.3 小结

本节是对工作分析结果的总结汇报，对应新闻编译运用测试开发流程中的前两步，分别为设计报告和测试规范（见图3.5）。在报告和规范撰写完毕后，作者对评分员进行了培训，指导评分员对考生表现进行评分，接下来进入施测阶段中的试测，若结果符合预期，则进入正式测试阶段。下一节将分析试测的统计结果。

5.3 试测

本节汇报考生在试测中的表现，分析评分员的评分情况为下一步的评分员培训做准备，根据评分结果检验量表质量，必要时候修改量表的描述词。此外，试测结束后收集考生反馈，反馈结果可以指导测试题目或考试指导语的修改。

5.3.1 SPSS统计结果

如表5.24所示，内容1、编辑1和语言1均值统计量表示评分员A利用分项量表对30名考生的打分结果；内容2、编辑2、语言2均值统计量则表示评分员B利用分项量表对30名考生的打分结果。该表显示，评分员A在内容、编辑和语言三分项上的均分分别为3.5分、3.33分、3.57分，评分员B在三分项上的均分为3.63分、3.33分、3.73分。两人在编辑分项上的打分均分相同，另两项上的均分差也仅在0.1—0.2。偏态值和峰态值显示分数基本呈正态分布。

表5.24　试测两位评分员对30份译稿评分的描述统计量

	N	极小值	极大值	均值	标准差	偏度		峰度	
	统计量	统计量	统计量	统计量	统计量	统计量	标准误	统计量	标准误
内容1	30	2	5	3.50	0.731	0.000	0.427	−0.089	0.833
编辑1	30	2	5	3.33	0.711	0.023	0.427	−0.094	0.833
语言1	30	2	5	3.57	0.774	0.001	0.427	−0.214	0.833
内容2	30	2	5	3.63	0.615	−0.549	0.427	0.382	0.833
编辑2	30	2	5	3.33	0.758	−0.151	0.427	−0.398	0.833
语言2	30	2	5	3.73	0.740	−0.067	0.427	−0.178	0.833
有效的N（列表状态）	30								

表5.25显示了两位评分员在3个评分分项上的打分和分项均分的一致性情况，这里采用斯皮尔曼等级相关来计算评分员间一致性，一是考虑到评分员数量，二是变量属于离散变量。如表5.25所示，两位评分员在三分项及均分上的相关系数在0.65—0.84，且呈显著性相关，具有统计意义，这表明两人评分具有较高的一致性。此外，对两位评分员各自的分项均分进行T检验（见表5.26），结果显示，显著水平（0.071）大于0.05，这进一步说明，两位评分员的评分无显著差异。下一节将介绍另一软件FACET的统计结果。

表5.25　试测两位评分员间的一致性

	Spearman相关系数
内容	0.657**
编辑	0.705**
语言	0.645**
均分	0.842**

注：**在置信度（双测）为0.01时，相关性是显著的。

表5.26 试测两位评分员评分均分的T检验结果

	成对差分					t	df	Sig.（双侧）
	均值	标准差	均值的标准误	差分的 95% 置信区间				
				下限	上限			
对 1均分1 – 均分2	−0.10000	0.29230	0.05337	−0.20915	0.00915	−1.874	29	0.071

5.3.2 FACET统计结果

5.3.2.1 总体层面

作者将所有数据输入软件中建立模型，然后得到图5.11。

图5.11是总层面图，利用此图，我们可以很直观地对各个面以及各个面的各个个体之间进行大致比较。左边第一列是以洛基值为单位的度量值，其均值是0，各个面的度量值会在0附近上下波动；第二列是考生层面，反映了考生能力分布情况，度量值越大，考生能力越高，本次测试中的能力最高（22号和5号）和能力最低的考生（6号和9号）相差近8个度量值，能力差距较大。此外，我们还可以看出均值上下的人数；第三列是评分员层面情况，此列值越大，表明评分越严厉，评分员度量值为0是理想状态。图5.11显示，评分员A比评分员B要严厉，但两位评分员的位置相对集中，一致性较好；第四列是评分分项层面情况，此列值越大，表明分项难度越大。从图5.11可以看出，最难的分项（编辑）和最简单的分项（语言）相差近1.5个洛基值。一般来说，考生能力值和题目难度值在一个水平面上（大体相当）的时候，最有可能测出考生的真实水平；第五、六和七列分别为三个分项量表的使用情况，各列中的横线表示相邻等级的临界值，若考生能力度量值高于该临界值则更有可能获得更高一级的分数，比如考生18号和21号比14号、17号和7号更有可能在三个分项上获得4分。

5.3.2.2 评分员层面

表5.27反映了评分员层面情况，该表按照评分员严厉度从高到低排列。表中第一列至第四列分别是打分的总和、打分频次、平均分和模型

修正后的平均分；第五列和第六列为评分员的严厉度值和标准误，值越高表示越严厉；第七列至第十列为拟合统计量，包括加权均方、标准拟合、未加权均方和标准拟合统计量；第十一列为区分度。

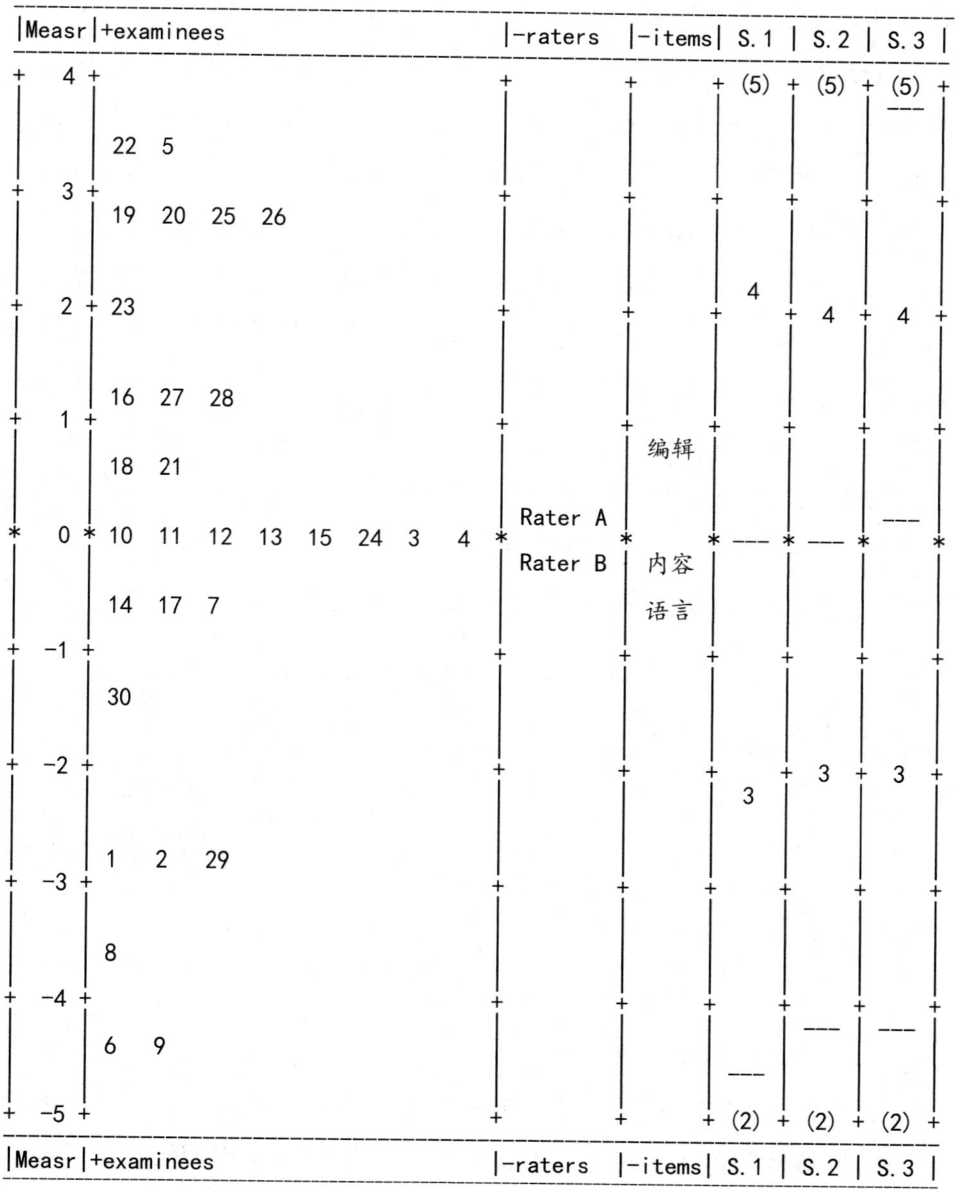

图5.11　试测总层面图

该层面要重点关注第五列的严厉度值（measure）和第七列的加权均方统计量（Infit MnSq），其中第五列显示，评分员A更严厉，不过两位评分员严厉度仅差0.4个洛基值。同时，该表底部的分隔比率和分隔信度也是表示评分员严厉度的重要统计量，一般来说，若分隔比率（separation）大于2，分隔信度（reliability）大于0.9，可以认为成员之间有显著差异（Myford & Wolfe，2004）。这里的分隔信度为0.44，分隔比率0.89，卡方值仅为1.8，且不具显著性（P=0.18>0.05），这说明可以接受评分员评分无差异的零假设，两位评分员的严厉度没有显著差异。

第七列反映了评分员的自身一致性，当Infit=1时，数据与模型拟合良好。由于受到评分员的水平、情感、身体等主观因素的影响，在评分过程中，评分员很难严格始终保持一样的严厉度进行评分，因此适当的波动是允许的。McNamara（1996：173）认为，平均值正、负两个标准差之间的infit取值范围都是可以接受的。按照此标准，这里的Infit值应该在0.47—1.43。如表5.27所示，本测试的评分员Infit值在合理范围内，这表明两位评分员在使用分项量表评分时内部一致性较好。

表5.27 试测评分员层面情况

Obsvd Score	Obsvd Count	Obsvd Average	Fair-M Avrage	Measure	Model S.E.	Infit MnSq	Infit ZStd	Outfit MnSq	Outfit ZStd	Estim. Discrm	N raters
312	90	3.5	3.45	0.12	0.21	1.13	0.9	1.18	1.2	.83	1 Rater A
321	90	3.6	3.56	-0.28	0.21	0.78	-1.6	0.80	-1.4	1.24	2 Rater B
316.5	90.0	3.5	3.51	-0.08	0.21	0.95	-.4	0.99	-0.1		Mean (Count: 2)
4.5	0.0	0.1	0.06	0.20	0.00	0.17	1.3	0.19	1.3		S.D. (Populn)
6.4	0.0	0.1	0.08	0.28	0.00	0.24	1.8	0.27	1.9		S.D. (Sample)

Model, Populn: RMSE 0.21 Adj (True) S.D. 0.00 Separation 0.00 Reliability 0.00
Model, Sample: RMSE 0.21 Adj (True) S.D. 0.19 Separation 0.89 Reliability 0.44
Model, Fixed (all same) chi-square: 1.8 d.f.: 1 significance (probability): 0.18

5.3.2.3 考生层面

表5.28是考生能力表，本表按照考生能力取值排列。表中第一列至第四列分别是考生所得总分、被评阅频次、平均分和模型修正后的平均分；第五列和第六列为考生能力值和标准误，值越高表示能力越高；第七列至第十列为拟合统计量；第十一列为区分度。

首先，重点看第四列和第七列：修正后的平均分（Fair-MAvrage）和加权均方（Infit MnSq）。根据这两个指标，我们可以挑选出评分不准确，需要再评的考生分数。第一，Fair-MAvrage是考虑评分员严厉度和评分标准难度等因素对考生能力的影响，对考生的原始分数进行调整，予以补偿后的期望平均值。该分值与考生的真实能力更接近，这正是Rasch优势之一。整体来看，参与本次试测的考生的期望平均值与观察到的实际平均值相差不大。第二，对于Infit MnSq，考虑到试测仅对30名考生进行考查，样本量较小，可能会出现测量误差，因此作者将参照McNamara（1996：173）建议的取值范围来考查考生的Infit MnSq，根据该标准，参与试测的考生Infit值应该在0.21—1.73。表5.28显示，本测试的考生Infit值均在合理范围内，同时结合Z值来看，所有考生的Z值均在-2到2之间，这表明参与试测的所有考生得分与模型预期良好，没有出现过度拟合（overfit）和非拟合（misfit）的情况。

其次，表5.28底部的分隔比率和分隔信度反映了考生之间的能力差异程度。测试的目的就是尽可能把不同能力的考生区分开来，因此该值越高，试题质量越好（Wright &Masters，1982）。这里分隔比率（2.47）大于2，卡方值（196.2）较大，且具显著性（P=0.00），说明考生之间的能力存在统计意义上的显著差异。

5.3.2.4 评分分项层面

表5.29是评分分项难度表，该表按照难度值从高到低排列，重点考察量表的维度设置是否合理。表中第一列至第四列分别是每个分项的总分、评阅次数、平均分和模型修正后的平均分；第五列和第六列为分项的难度值和标准误，值越高表示难度越大；第七列至第十列为拟合统计量；第十一列为区分度。

首先，第五列的分项难度值显示，编辑分项难度最高，语言分项难度最低，这说明评分员对编辑分项的评分最严厉，对语言的评分最宽松。同时，该表底部的分隔比率（1.82）和卡方检验结果（卡方值13.3，P=0.00）表明三个分项之间的难度具有统计意义上的显著差异。但是，编辑和语言之间的难度跨度仅为1.3个洛基值，这说明两位评分员使用分项量表对译稿进行打分时，严厉度较一致。

其次，该表第七列的拟合统计量表明三分项的Infit取值均在合理范围内（0.82—1.10），这表明分项评分量表没有冗余的分项，所设置的三个分项测量了新闻编译能力的不同维度，因此，将考生在各个分项上的分数相加是可行的（McNamara，1996）。

表5.28 试测考生层面情况

Obsvd Score	Obsvd Count	Obsvd Average	Fair-M Avrage	Measure	Model S.E.	Infit MnSq	Infit ZStd	Outfit MnSq	Outfit ZStd	Estim. Discrm	Nu examinees
26	6	4.3	4.32	3.44	0.83	0.81	-0.2	0.83	-0.1	1.24	5 5
26	6	4.3	4.32	3.44	0.83	0.81	-0.2	0.83	-0.1	1.24	22 22
25	6	4.2	4.15	2.72	0.86	1.52	0.9	1.67	1.0	0.47	19 19
25	6	4.2	4.15	2.72	0.86	1.01	0.2	1.02	0.2	0.97	20 20
25	6	4.2	4.15	2.72	0.86	1.52	0.9	1.67	1.0	0.47	25 25
25	6	4.2	4.15	2.72	0.86	0.88	0.0	0.89	0.0	1.09	26 26
24	6	4.0	3.99	1.97	0.87	1.14	0.4	1.01	0.2	0.97	23 23
23	6	3.8	3.83	1.24	0.84	1.48	0.8	1.71	1.1	0.43	16 16
23	6	3.8	3.83	1.24	0.84	0.67	-0.3	0.74	-0.2	1.26	27 27
23	6	3.8	3.83	1.24	0.84	0.78	-0.1	0.72	-0.2	1.24	28 28
22	6	3.7	3.67	0.58	0.80	0.45	-1.2	0.43	-1.2	1.69	18 18
22	6	3.7	3.67	0.58	0.80	1.10	0.3	1.17	0.4	0.84	21 21
21	6	3.5	3.50	-0.04	0.78	0.89	-0.1	0.89	-0.1	1.16	3 3
21	6	3.5	3.50	-0.04	0.78	0.60	-0.9	0.59	-0.9	1.63	4 4
21	6	3.5	3.50	-0.04	0.78	0.74	-0.5	0.73	-0.5	1.43	10 10
21	6	3.5	3.50	-0.04	0.78	0.55	-1.0	0.55	-1.0	1.67	11 11
21	6	3.5	3.50	-0.04	0.78	1.45	1.0	1.47	1.0	0.38	12 12
21	6	3.5	3.50	-0.04	0.78	1.12	0.4	1.12	0.4	0.88	13 13
21	6	3.5	3.50	-0.04	0.78	0.55	-1.0	0.55	-1.0	1.67	15 15
21	6	3.5	3.50	-0.04	0.78	0.60	-0.9	0.59	-0.9	1.63	24 24
20	6	3.3	3.33	-0.66	0.80	1.05	0.2	1.05	0.2	0.97	7 7
20	6	3.3	3.33	-0.66	0.80	0.74	-0.4	0.71	-0.4	1.37	14 14
20	6	3.3	3.33	-0.66	0.80	1.53	1.1	1.65	1.2	0.25	17 17
19	6	3.2	3.17	-1.34	0.86	0.97	0.1	1.04	0.2	1.00	30 30
17	6	2.8	2.85	-2.89	0.88	0.83	0.0	0.84	0.0	1.14	1 1
17	6	2.8	2.85	-2.89	0.88	0.95	0.1	1.01	0.2	1.02	2 2
17	6	2.8	2.85	-2.89	0.88	1.96	1.3	2.04	1.3	0.22	29 29
16	6	2.7	2.68	-3.62	0.84	0.44	-1.3	0.42	-1.3	1.77	8 8
15	6	2.5	2.50	-4.32	0.83	1.20	0.6	1.26	0.7	0.54	6 6
15	6	2.5	2.50	-4.32	0.83	0.62	-1.0	0.61	-1.0	1.86	9 9

Obsvd Score	Obsvd Count	Obsvd Average	Fair-M Avrage	Measure	Model S.E.	Infit MnSq	Infit ZStd	Outfit MnSq	Outfit ZStd	Estim. Discrm	Nu examinees
21.1	6.0	3.5	3.51	0.00	0.83	0.97	0.0	0.99	0.0		Mean (Count: 30)
3.1	0.0	0.5	0.51	2.17	0.03	0.37	0.8	0.42	0.8		S.D. (Populn)
3.2	0.0	0.5	0.52	2.20	0.03	0.38	0.8	0.42	0.8		S.D. (Sample)

Model, Populn: RMSE 0.83 Adj (True) S.D. 2.00 Separation 2.42 Reliability 0.85
Model, Sample: RMSE 0.83 Adj (True) S.D. 2.04 Separation 2.47 Reliability 0.86
Model, Fixed (all same) chi-square: 196.2 d.f.: 29 significance (probability): 0.00
Model, Random (normal) chi-square: 27.6 d.f.: 28 significance (probability): 0.49

表5.29　试测分项量表评分分项层面情况

Obsvd Score	Obsvd Count	Obsvd Average	Fair-M Avrage	Measure	Model S.E.	Infit MnSq	Infit ZStd	Outfit MnSq	Outfit ZStd	Estim. Discrm	N items
200	60	3.3	3.31	0.73	0.26	0.93	-0.3	0.96	-0.1	1.07	2 编辑
214	60	3.6	3.59	-0.16	0.27	1.06	0.4	1.10	0.5	0.91	1 内容
219	60	3.7	3.63	-0.57	0.25	0.88	-.6	0.92	-0.4	1.13	3 语言
211.0	60.0	3.5	3.51	0.00	0.26	0.96	-.2	0.99	0.0		Mean (Count: 3)
8.0	0.0	0.1	0.14	0.54	0.01	0.07	0.5	0.08	0.4		S.D. (Populn)
9.8	0.0	0.2	0.17	0.66	0.01	0.09	0.6	0.09	0.5		S.D. (Sample)

Model, Populn: RMSE 0.26 Adj (True) S.D. 0.48 Separation 1.82 Reliability 0.77
Model, Sample: RMSE 0.26 Adj (True) S.D. 0.61 Separation 2.34 Reliability 0.85
Model, Fixed (all same) chi-square: 13.3 d.f.: 2 significance (probability):0.00
Model, Random (normal) chi-square: 1.8 d.f.: 1 significance (probability):0.19

5.3.2.5 评分量表层面

评分量表的质量可以从三方面考察：①评分员是否使用了量表所有的分数段？ ②每个分数段是否都体现了考生相应的能力？ ③量表的分数段之间是否都有足够的区分考生能力的分隔距离？（Bonk &Ockey，2003）。表5.30、5.31、5.32分别为分项量表3个分项的分数段统计表，该表前三大列提供的信息可以回答上述问题。如表5.30–5.32所示，第一列到第四列分别为分数段、各分数段的使用频次、百分比、各分数段使用的百分比和累计百分比；第五列至第七列为各分数段的平均度量值、期望的平均度量值和未加权均方统计量；第八列和第九列为等级难度和标准误。其中，该表的平均度量值，未加权均方统计量以及等级难度值这3个统计量很重要，它们是进行效度验证的重要指标。

对于问题1，评分员是否使用了量表所有的分数段？根据表5.30至表5.32中的第一大列，3位评分员在使用分项量表的三个维度时都未打出最低分1分。内容维度和语言维度的使用情况大致相同：2分数段分别使用最少，4分数段使用最多；编辑维度的使用情况略有不同：5分数段使用最少，3分数段使用最多。

对于问题2，每个分数段是否都体现了考生相应的能力？考生能力越高，得分也应越高，因此各分数段应该呈单调递增的趋势。平均度量值和预测度量值彼此越接近，Outfit MnSq则越接近理想值1，若差距越大，Outfit MnSq指数则越大。Linacre（2002a）指出，如果该值超过1.5，说明该分数段的使用出现了问题，若该值大于2，则表明考生的预测分数和实际分数之间的差距过大，该分数段无法反映考生的真实水平。根据表5.30至表5.32中的第二大列，各分项各分数段的未加权均方统计量均在1左右，仅内容分项的3分数段（1.4）和语言分项的5分数段（0.7）的Outfit值与理想值1差距稍大，但也在1.5之内。另外，所有分数段的平均度量值均呈单调递增，说明每个分数段体现了考生相应的能力。

对于问题3，量表的分数段是否都有足够的区分考生能力的分隔距离？ Linacre（2002a）认为，对5个分数段来说，每个标定的分数段之间应该至少有1个洛基值的间隔，但不能大于5个洛基值，这样分数段才具备区分考生能力的合理的分隔距离。如果间隔过小，就要加大分数段之间的间隔，合并分数段；如果间隔过大，就要将分数段进一步拆分，修改评分量表。表5.30至表5.32中的第三大列显示各分数段的阶标定值呈单调递增的趋势，且各段之间的间隔在1—5个洛基值之间。

另外，概率曲线图也能提供更直观的信息，图能告诉我们量表能否很好地区分考生的能力水平，图5.12、图5.13、图5.14则分别为三个分项的分数段概率曲线图。

总体来看，此部分的各分项分数段统计表和概率图重点考察量表的等级设置是否合理。以上分析显示，各分项的评分量表具备较高的效度，质量较好。

表5.30　试测分项量表内容分项分数段统计

Model = ?,?,1,ABILITY　内容
Rating (or partial credit) scale = ABILITY,R5,G,0

DATA Category Score	DATA Counts Used	DATA %	DATA Cum. %	QUALITY CONTROL Avge Meas	QUALITY CONTROL Exp. Meas	QUALITY CONTROL OUTFIT MnSq	STEP CALIBRATIONS Measure	STEP CALIBRATIONS S.E.	EXPECTATION Measure at Category	EXPECTATION Measure at -0.5	MOST PROBABLE from	.5 Cumul. Probabil. at	Cat PEAK Prob	Response Category Name
2	3	5%	5%	-3.67	-3.46	0.8			(-5.56)		low	low	100%	low-inter
3	23	38%	43%	-.95	-1.10	1.4	-4.49	0.68	-2.25	-4.50	-4.49	-4.49	82%	intermediate
4	31	52%	95%	1.24	1.33	0.9	-0.09	0.35	2.21	-.06	-0.09	-0.09	84%	inter-high
5	3	5%	100%	2.87	2.94	1.0	4.58	0.64	(5.66)	4.59	4.58	4.58	100%	high
									(Mean)		(Modal)	(Median)		

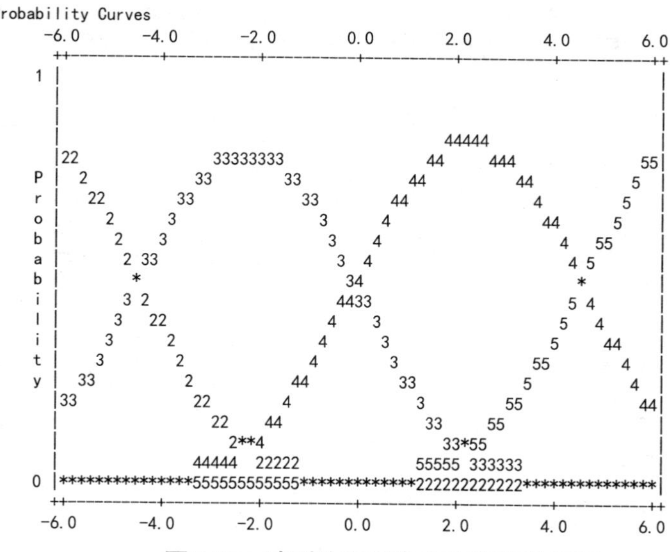

图5.12　试测分项量表内容分数段概率

表5.31　试测分项量表编辑分项分数段统计

Model = ?,?,2,ABILITY　编辑
Rating (or partial credit) scale = ABILITY,R5,G,0

DATA Category Score	Counts Used	%	Cum. %	QUALITY CONTROL Avge Meas	Exp. Meas	OUTFIT MnSq	STEP CALIBRATIONS Measure	S.E.	EXPECTATION Measure at Category	-0.5	MOST PROBABLE from	.5 Cumul. Probabil. at	Cat PEAK Prob	Response Category Name
2	7	12%	12%	-4.02	-3.95	0.9			(-5.15)		low	low	100%	low-inter
3	28	47%	58%	-1.30	-1.26	0.8	-4.08	0.53	-1.99	-4.10	-4.08	-4.09	79%	intermediate
4	23	38%	97%	0.92	0.84	1.0	0.02	0.35	2.02	0.01	0.02	0.01	79%	inter-high
5	2	3%	100%	2.06	2.19	1.1	4.05	0.76	(5.14)	4.09	4.05	4.06	100%	high
									(Mean)		(Modal)	(Median)		

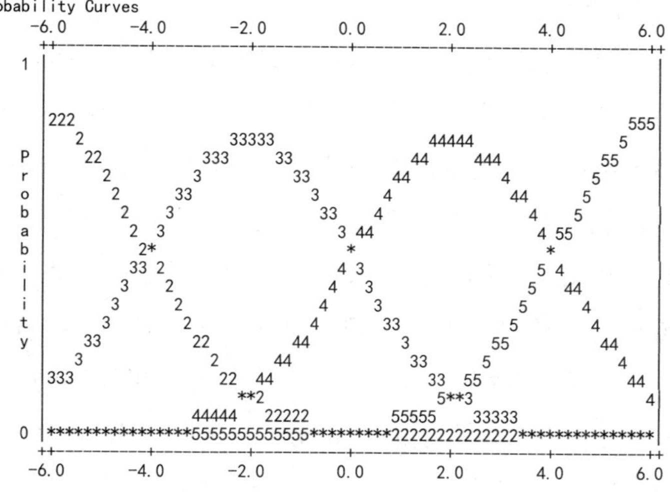

图5.13　试测分项量表编辑分数段概率图

表5.32　试测分项量表语言分项分数段统计

Model = ?,?,3,ABILITY　语言
Rating (or partial credit) scale = ABILITY,R5,G,0

DATA Category Score	Counts Used	%	Cum. %	QUALITY CONTROL Avge Meas	Exp. Meas	OUTFIT MnSq	STEP CALIBRATIONS Measure	S.E.	EXPECTATION Measure at Category	at -0.5	MOST PROBABLE from	.5 Cumul. Probabil. at	Cat PEAK Prob	Response Category Name
2	3	5%	5%	-2.79	-3.06	1.2			(-5.14)		low	low	100%	low-inter
3	22	37%	42%	-.88	-0.77	0.9	-4.07	0.68	-1.88	-4.08	-4.07	-4.08	81%	intermediate
4	28	47%	88%	1.50	1.52	1.0	0.24	0.35	2.02	0.20	0.24	0.22	75%	inter-high
5	7	12%	100%	3.49	3.19	0.7	3.82	0.48	(4.92)	3.88	3.82	3.84	100%	high
									(Mean)		(Modal)	(Median)		

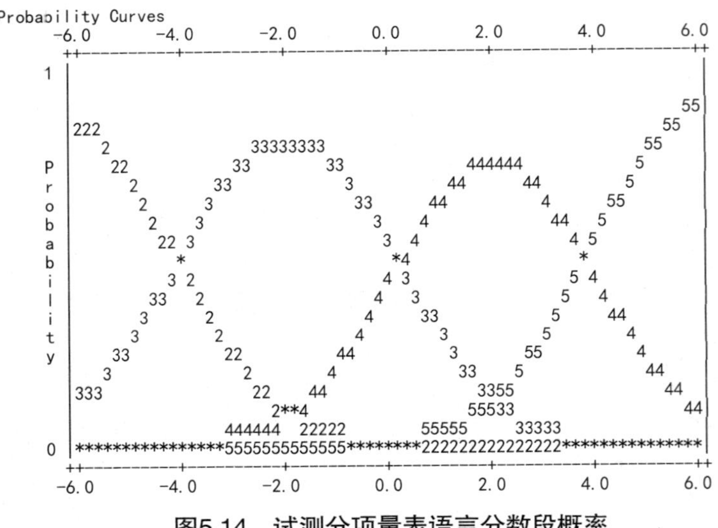

图5.14　试测分项量表语言分数段概率

5.3.2.6 偏差分析

FACET软件可以通过一次评分结果计算评分员的内部一致性，检验评分员之间的评分是否有显著差异，而且还可以检查影响测试主要因素的交互作用（偏差）。上面的分析提到，本次测试的评分员内部一致性较好，即拟合值合理，尽管如此，评分员和考生之间或者评分员和分项之间有可能存在交互（偏差）现象，因此对评分员一致性的检查不能局限于Infit MnSq上，要结合偏差现象，具体到个别评分员，个别考生或个别评分分项上。通过观察T值大小，偏差分析能提供有用的反馈或诊断信息。若某位评分员对某位考生的打分比模型预期宽松，则T值为正值，反之则为负值；同理，若某位评分员在某分项上的打分比模型预期宽松，则T值为正值，反之则为负值。偏差分析一般处理显著偏差，t值绝对值

大于2即为显著偏差。一般说来，显著偏差占所有项目的比例在5%左右是可接受的范围（McNamara，1996）。

表5.34是评分员与考生的偏差分析结果。两位评分员与30位考生共产生60对交互组合，由于空间限制，该表只列出部分数据。该表第七列数值表明| t |均小于2，而且t检验结果表明所有偏差都没有统计意义（P=1.00>0.05），因此，我们可以得出结论，评分员和考生之间无显著性偏差。

表5.34是评分员和评分分项的偏差分析结果。两位评分员与3个评分分项共产生6对交互组合。该表第七列数值表明| t |均小于2，而且t检验结果表明所有偏差都没有统计意义（P=0.99>0.05），因此，我们可以得出结论，评分员和评分分项之间无显著性偏差。

5.3.3小结

本节分别用SPSS和FACET软件分析了两位评分员利用分项评分量表评价30名考生在试测阶段测试表现的打分数据。SPSS数据分析表明：两位评分员在各分项上的打分比较接近，评分员之间具有较高的一致性。FACET数据分析表明：两位评分员利用该分项量表对30名考生打分时，评分员间的严厉度没有显著差异，评分员内部一致性较好；能够较好地对不同能力的考生进行区分；各个评分分项之间具有显著差异，且拟合值在合理范围，这表明内容、编辑和语言三分项从不同维度测量了新闻编译能力；评分量表各分数段使用较合理；评分员与考生，评分员与评分分项之间无显著偏差。整体而言，试测结果比较符合预期。但是，本次试测也有改进之处，具体如下。

（1）评分员在内容分项和语言分项上的相关系数较低；

（2）考生层面的分隔信度系数在0.8—0.9（0.86），一般分隔系数大于0.9是更理想的结果；

表5.33　试测评分员与考生的偏差分析

Bias/Interaction analysis specified by: 1. raters, 2. examinees

Obsvd Score	Exp. Score	Obsvd Count	Obs-Exp Average	Bias Size	Model S.E.	t	Infit MnSq	Outfit MnSq	Sq	N	raters	measr	Nu	ex	measr
11	10.2	3	0.28	1.05	1.13	0.93	0.4	0.4	34	2	Rater B	-0.28	17	17	-0.66
9	8.4	3	0.20	0.96	1.28	0.75	0.1	0.1	3	1	Rater A	0.12	2	2	-2.89
13	12.3	3	0.22	0.95	1.17	0.81	1.5	1.5	39	1	Rater A	0.12	20	20	2.72
10	9.4	3	0.21	0.88	1.13	0.78	1.4	1.5	59	1	Rater A	0.12	30	30	-1.34
8	7.4	3	0.21	0.86	1.18	0.73	1.3	1.4	11	1	Rater A	0.12	6	6	-4.32
11	10.3	3	0.22	0.83	1.13	0.73	0.4	0.4	19	1	Rater A	0.12	10	10	-0.04
10	10.7	3	-0.22	-0.82	1.13	-0.72	1.4	1.5	24	2	Rater B	-0.28	12	12	-0.04
10	10.7	3	-0.22	-0.82	1.13	-0.72	0.7	0.7	26	2	Rater B	-0.28	13	13	-0.04
12	12.6	3	-0.20	-0.92	1.24	-0.75	0.1	0.1	40	2	Rater B	-0.28	20	20	2.72
7	7.7	3	-0.22	-0.95	1.25	-0.76	0.8	0.7	12	2	Rater B	-0.28	6	6	-4.32
8	8.7	3	-0.22	-0.98	1.18	-0.83	1.3	1.3	4	2	Rater B	-0.28	2	2	-2.89
9	9.6	3	-0.21	-0.99	1.28	-0.77	0.1	0.1	60	2	Rater B	-0.28	30	30	-1.34
9	9.8	3	-0.28	-1.26	1.28	-0.98	2.6	2.6	33	1	Rater A	0.12	17	17	-0.66

Obsvd Score	Exp. Score	Obsvd Count	Obs-Exp Average	Bias Size	Model S.E.	t	Infit MnSq	Outfit MnSq	Sq N raters measr Nu ex measr
10.6	10.5	3.0	0.00	0.00	1.17	0.00	0.9	0.9	Mean (Count: 60)
1.6	1.5	0.0	0.14	0.59	0.05	0.50	0.7	0.7	S.D. (Populn)
1.6	1.6	0.0	0.15	0.60	0.05	0.51	0.7	0.8	S.D. (Sample)

Fixed (all = 0) chi-square: 15.1 d.f.: 60 significance (probability): 1.00

表5.34　试测评分员与评分分项的偏差分析

Bias/Interaction analysis specified by: 1. raters, 3. items

Obsvd Score	Exp. Score	Obsvd Count	Obs-Exp Average	Bias Size	Model S.E.	t	Infit MnSq	Outfit MnSq	Sq	N	raters	measr	N	it	measr
100	98.5	30	0.05	0.20	0.37	0.54	1.1	1.1	3	1	Rater A	0.12	2	编辑	0.73
112	111.0	30	0.03	0.12	0.36	0.35	0.8	0.9	6	2	Rater B	-0.28	3	语言	-0.57
109	108.3	30	0.02	0.10	0.39	0.26	0.8	0.8	2	2	Rater B	-0.28	1	内容	-0.16
105	105.6	30	-0.02	-0.08	0.38	-0.22	1.3	1.4	1	1	Rater A	0.12	1	内容	-0.16
107	107.8	30	-0.03	-0.10	0.35	-0.29	1.0	1.0	5	1	Rater A	0.12	3	语言	-0.57
100	101.5	30	-0.05	-0.20	0.37	-0.55	0.8	0.8	4	2	Rater B	-0.28	2	编辑	0.73

Obsvd Score	Exp. Score	Obsvd Count	Obs-Exp Average	Bias Size	Model S.E.	t	Infit MnSq	Outfit MnSq	
105.5	105.5	30.0	0.00	0.01	0.37	0.02	1.0	1.0	Mean (Count: 6)
4.4	4.3	0.0	0.04	0.14	0.01	0.39	0.2	0.2	S.D. (Populn)
4.8	4.7	0.0	0.04	0.16	0.01	0.43	0.2	0.3	S.D. (Sample)

Fixed (all = 0) chi-square:0.9 d.f.: 6 significance (probability):0.99

（3）评分量表层面，内容分项的3分数段和语言分项的5分数段的未加权均方拟合值与理想值1差距较大。

这说明，不同能力的考生有待进一步区分，要加强评分员培训，重点关注评分员对内容和语言两分项的理解，特别是内容的3分数段和语言的5分数段。为了帮助评分员更好地把握各个评分分项，作者编制了各个分项的评分量表示例，标记译文的重点考查点，具体见附录九。另外，也有必要适当修改评分量表中各等级的描述词，帮助评分员更好地理解各个分项及其分数段的内涵。正式测试实施之后，作者对3位评分员展开集中培训，熟悉示例，然后完成正式评分。正式测试的评分数据分析结果显示，示例表格有利于提高评分员间的一致性，该措施起到了一定的作用，具体见下一章的分析。另外，根据考生的反馈，作者修改测试导语，简化了相关信息。

5.4 本章小结

本章详细介绍工作分析的各个环节，设计新闻编译运用测试任务，明确测试的构念，开发测试的评分量表，并进行试测，对试题质量进行初步的检测。

在本研究的第一阶段，我们进行工作分析确定测试的构念、任务和量表。首先，通过访谈新闻编译从业人员、问卷调查和实地考察，确定了较常用且具备一定难度的新闻编译任务，分析文献对相关活动的描述，构建新闻编译能力模型，最后依据该模型确定了新闻编译分项评分量表的分项、等级和描述词。

工作分析结果得到专家肯定后，进入研究第二阶段。首先，作者撰写了测试的设计报告和测试规范，编制了试卷题目和任务说明。然后，进行了试测，旨在了解题目难度和长度是否合适，通过试测和试评检验评分量表的质量和评分员使用评分量表的情况。试测结束后，作者利用两款统计软件分析试测的评分结果，统计结果显示，虽然分项量表质量较高，评分员一致性较好，但也有改进之处，作者参考统计数据，结合评分员反馈，修改评分量表描述词，添加评分材料，并重新对评分员进行培训。修改后的考试材料和评分材料将投入正式测试和评分中。

第六章　新闻编译运用测试的效度验证

本章共包括三小节。第一节探讨事先的效度证据的收集，此类证据是探索性的，包括基于理论的效度证据和情景效度证据。第二节汇报事后的效度证据，此类证据是验证性的，本研究主要利用SPSS和FACET两款软件分析测试的评分结果，具体从评分效度、结构效度、效标关联效度以及后果效度等各个层面收集证据验证测试的有效性，重点报告评分效度证据的收集过程。几乎所有的事后证据都是从测试分数出发，但是分数本身可能无法清楚地告诉我们要测量的是什么，因此，事先的证据和事后的证据相结合是最好的。最后一节为总结。

6.1 事先的效度证据

根据Weir的效度验证理论，本研究的工作分析和理论推导过程及基于相关结果建构的新闻编译能力模型、测试内容和形式等数据都可作为证据验证本测试（以下测试均指正式测试）的基于理论的效度和情景效度。

6.1.1 基于理论的效度证据

基于理论的效度证据来自对测试构念的描述，在测试之前通过非统计方法得到。在研究第一阶段，作者尽可能地对本测试要测量的能力进行全面解释，通过文献法和调研法，构建了新闻编译能力模型，并对各个子能力的构成及关系进行了描述。描述越详尽，测试后得到的分数解释力越强，意义越大。

另外，理论效度和评分量表二者之间紧密相关。新闻编译能力模型是新闻编译测试评分量表的理论基础。在该模型的基础上，作者设计了分项评分量表，量表的各个分项在最大程度上与能力模型中的子能力对应。换言之，作者在设计量表的各分项，撰写每个分项量表的等级描述词时，都尽可能考虑量表与考生能力的对应性，从而保证测试的效度。但是，需要说明的是，由于条件限制，并非所有子能力都得到测量，都在量表中得以体现，比如选题能力。

6.1.2 情景效度证据

情景效度强调语言的发生离不开一定的社会环境，任何语言交际都不是发生在真空中的。本测试的情景效度指测试任务在多大程度上代表了该任务取样的全域。为了保证测试具备较高的情景效度，作者根据McNamara的OET开发程序，采用工作分析法确定测试的任务。本测试的情景效度证据贯穿工作分析的全过程。

从程序上来看，作者首先咨询了新华社、环球网、路透中文网、《中国日报》、央视等新闻媒体机构的新闻编译从业人员、新闻编译教师，向相关人士发放问卷，查阅了相关文献，随后进入媒体机构进行实地观察与分析，并收集了工作语篇。从调研成果来看，作者归纳了从事英汉双向新闻编译工作所需要的5种最主要的编译技能，设计了新闻编译任务列表，确定了10种最常用的新闻编译交际任务。调研结果显示，在各类交际任务中，读/译模式占主体，在此类模式中，使用最多的是将两篇或以上英文稿件编译为中文稿件，在所有涉及英汉方向编译任务的单位及部门中，此类任务占有相当一部分比例。此外，作者综合考虑交际模式、稿源性质、稿源篇数等因素，最终选取具有一定难度的交际任务作为考察对象。

作者依据工作分析结果，请教新闻编译教学专家，参考历年新闻编译大赛的题型、分值、考试时间、文本长度等各因素，几经调整，最终确定了测试任务：考生角色为新华社国际部编辑，需要阅读原材料后，确定主题，自拟标题，将两篇英文稿件（1000字左右）编译成一篇中文稿件（700—900字），稿件题材为国际政治，体裁为消息，试题难度适中，时间为100分钟。

在工作分析环节，作者调查新闻编译从业者在实际工作情景中需要完成的日常编译任务，收集新闻编译交际者在目标语情景下完成的典型任务，对其任务特征进行描述和概括。在此基础上，将工作任务转换成测试任务，最大限度地保证测试任务特征与目标语使用任务特征的一致性。不可否认，情景效度较难实现，我们很难将实际工作中的新闻编译交际活动完全复制到测试中。但是，通过工作分析进行一步步推导，我们能在最大程度上使测试任务具备代表性。

6.1.3 小结

本节阐述事先的效度证据的收集过程，此类证据在测试之前通过非统计方法得到。在本研究中，新闻编译能力模型和基于工作分析确立的测试任务可分别视为基于理论的效度证据和情景效度证据。

6.2 事后的效度证据

本节回答如下问题：

（1）评分员在评分过程中自身是否具有一致性？

（2）评分员之间一致性如何？是否有显著差异？如果有，最严厉和最宽松的评分员之间的差异有多大？

（3）评分员评分时，能否尽可能地去区分不同能力的考生？

（4）评分分项和评分量表的效度怎样？

（5）考生在本测试中的成绩与其他测量相同或类似能力的测试成绩相关性如何？

（6）考生对本测试的评价如何？

要回答上述问题，作者将从评分效度、结构效度、效标关联效度和后果效度等方面收集证据：

（1）新闻编译测试的分项量表和整体量表下评分员间一致性比较；

（2）新闻编译测试的分项量表下各个分项的评分员间一致性比较；

（3）新闻编译测试的分项量表和整体量表下评分员间评分结果差异性比较；

（4）新闻编译测试的整体量表下考生层面、评分员层面、评分分项层面、评分量表层面、评分员与考生的交互等数据指标；

（5）新闻编译测试的分项量表下考生层面、评分员层面、评分分项层面、评分量表层面、评分员与考生的交互、评分员与评分分项的交互等数据指标；

（6）新闻编译测试评分结果与其他效标的相关性比较；

（7）新闻编译测试反拨作用分析。

上述证据主要利用如下统计方法得到。

（1）评分效度：计算评分人评分的自身一致性和评分人之间的一致性程度，从而解释测试分数可以在多大程度上免受评分误差的影响，进而揭示我们可以在多大程度上依靠测试分数对考生能力作出解释。分析测试的评分过程是效度验证的关键，作者将分析SPSS和FACET两款软件的统计结果，并据此来探讨评分员的一致性。

（2）结构效度：计算测试分数所反映的考生的语言能力有哪些，是不是我们要测量的那些构念（如传统上使用因素分析法的构念效度），这里所用的统计软件为FACET。

（3）效标关联效度：计算测试分数与其他测量相同或类似构念的测试成绩的相关性，用来验证测试的效标关联效度。本研究计划考察考生在本测试中的成绩与新闻编译课程成绩之间的相关性。若无课程成绩，则计算考生在本测试中的成绩和新闻全译与新闻编辑考试成绩之和之间的相关性，理想的结果是两者之间有较高相关性。

（4）后果效度：测试结束后向考生发放问卷，获取考生对测试的反馈信息。

下面将详细介绍统计结果。

6.2.1 评分效度和结构效度证据

6.2.1.1 SPSS统计结果比较和分析

6.2.1.1.1 整体量表、分项量表及其各分项下评分员间一致性比较

首先，将分项量表下每个评分员在3个分项上的打分合成，这样相当

于得到了每个评分员对每个考生打出的两个总分（一个来自整体量表，一个来自分项量表的合成分）和在3个分项上的打分共五类分数，然后计算每类分数下评分员间的一致性。计算3名及3名以上评分员之间的评分一致性应该用肯德尔和谐系数，它表示评分员之间对考生打分排序的一致性，数值越大，说明一致性越好。

表6.1是输出结果：整体量表、分项量表及各个分项的肯德尔和谐系数都比较高，且具有显著性（卡方值较大，P=0.000），这说明评分员在使用整体量表和分项量表对译稿进行打分时具有较高的一致性。具体来看，分项量表下的评分员一致性最高（0.856），整体量表最低（0.724），分项量表下各个分项的一致性居中（0.74—0.78），这说明，评分员使用分项量表评分时，彼此之间更容易取得较高的一致性。进一步观察分项量表的使用情况发现，在各分项中，编辑分项的一致性最高，这与试测结果一致（见表5.28）。另外，仅从数值来看，与试测结果相比，正式测试中各个分项的一致性都有所提高（均在0.7以上），而且在评分员和考生的数量都有所增加的情况下，一致性最高和最低的分项之间的差距反而在缩小，这说明试评后的评分员培训具备有效性。

表6.1　整体量表与分项量表及各分项下评分员间一致性比较

	整体量表	分项量表			
		内容	编辑	语言	总分
Kendall's Wa	0.724	0.743	0.781	0.747	0.856
卡方	128.095	131.566	138.247	132.132	151.458
df	59	59	59	59	59
渐进显著性	0.000	0.000	0.000	0.000	0.000

6.2.1.1.2 评分员间评分结果差异性比较

上一节从一致性角度对整体量表、分项量表及分项量表下各个分项的评分结果进行两两比较，本节从差异性视角分析三位评分员在整体量表和分项量表下的打分是否具有显著性差异，多维度比较评分员在不同量表下的评分质量，所用方法为方差分析和LSD事后检验，表6.2至表6.7

是输出数据，结果分析如下。

表6.2表明，3位评分员在使用整体量表评分时，评分具有差异且呈显著性（F=12.632，P=0.000）。表6.3方差齐性检验显示方差齐（P=0.082>0.05），因此作者进行了方差齐下的LSD事后多重比较。表6.4显示，3位评分员两两之间的打分均有显著性差异（P值均小于0.05）。其中，评分员C与评分员A之间的均值差最大。

表6.5是分项量表下3位评分员之间的差异性检验结果，该表显示三位评分员在使用分项量表时没有显著性差异（F=0.370，P=0.691>0.05）。表6.6的方差齐性检验进一步显示方差齐（P=0.055>0.05），作者进而进行方差齐下的LSD事后多重比较，表6.7为比较结果，三位评分员两两之间的均值差仅在0.12—0.28，他们的打分无显著性差异。

上述分析表明，无论是一致性检验还是方差分析，无论是计算分项量表合成分还是各个分项的分数，评分员利用分项评分量表打分时一致性更高，评分员间差异性更小，分项量表的各项指标质量均高于整体评分量表。

我们可以使用SPSS检验评分员之间的一致性和差异性，但是，若还是使用SPSS来检验评分员的自身一致性，则需得到3位评分员的二次评分结果，而FACET软件能够根据评分员的一次评分结果，同时检验评分员的自身一致性、评分员之间的一致性和差异性等，下一节将介绍FACET数据分析结果。

表6.2　整体量表下3位评分员评分结果的方差分析结果

	平方和	df	均方	F	显著性
组间	38.544	2	19.272	12.632	0.000
组内	270.033	177	1.526		
总数	308.578	179			

表6.3　整体量表下3位评分员评分结果的方差齐性检验

Levene 统计量	df1	df2	显著性
2.541	2	177	0.082

表6.4　整体量表下3位评分员评分结果的LSD法事后多重比较

（I）评分员	（J）评分员	均值差（I–J）	标准误	显著性	95% 置信区间	
					下限	上限
rater C	rater A	−1.13333*	0.22551	0.000	−1.5784	−0.6883
	rater B	−0.55000*	0.22551	0.016	−.9950	−0.1050
rater A	rater C	1.13333*	0.22551	0.000	0.6883	1.5784
	rater B	0.58333*	0.22551	0.010	0.1383	1.0284
rater B	rater C	0.55000*	0.22551	0.016	0.1050	0.9950
	rater A	−0.58333*	0.22551	0.010	−1.0284	−0.1383

注：*均值差的显著性水平为0.05。

表6.5　分项量表下3位评分员评分结果的方差分析结果

	平方和	df	均方	F	显著性
组间	2.433	2	1.217	0.370	0.691
组内	581.367	177	3.285		
总数	583.800	179			

表6.6　分项量表下3位评分员评分结果的方差齐性检验

Levene 统计量	df1	df2	显著性
2.956	2	177	0.055

表6.7　分项量表下3位评分员评分结果的LSD法事后多重比较

（I）评分员	（J）评分员	均值差（I–J）	标准误	显著性	95% 置信区间	
					下限	上限
rater A	rater B	−.167	0.331	0.615	−0.82	0.49
	rater C	0.117	0.331	0.725	−0.54	0.77
rater B	rater A	0.167	0.331	0.615	−0.49	0.82
	rater C	0.283	0.331	0.393	−0.37	0.94
rater C	rater A	−0.117	0.331	0.725	−0.77	0.54
	rater B	−0.283	0.331	0.393	−0.94	0.37

6.2.1.2 FACET统计结果比较与分析

本节收集的证据为评分效度证据和结构效度证据，具体包括对测试的分项量表和整体量表下考生层面、评分员层面、评分分项层面、评分量表层面、评分员与考生的交互，评分员与评分分项的交互等指标的比较分析。图6.1至图6.6，表6.9至表6.20是输出结果。具体分析如下。

6.2.1.2.1 总体层面

首先来看总体层面，图6.1至图6.2分别为整体量表和分项量表的总层面图。两图第一列显示，60名考生在两个量表下的能力跨度值均在–5到6之间。整体量表下能力最高和最低的考生差9.5个洛基值，分项量表下最高和最低的考生相差近10个洛基值，两量表情况差别不大；第二列则存在区别，整体量表的考生一列较宽，而分项量表的考生列较窄且行与行之间的考生分布更紧密，这说明，直观来看，分项量表对考生的区分能力更强，但总体来看，两量表下的考生均呈正态分布；第三列的区别更大：整体量表下最严厉的评分员（rater C）和最宽松的评分员（rater A）相差近3个洛基值，严厉差异度较大，而分项量表下3位评分员的位置集中，一致性更好；第四列为评分分项难度，整体量表只有一个整体分，因此只展现一个维度，分项量表的3个分项的难度值存在差异，但差距较小，难度最高的分项（编辑）和难度最低的分项（语言）相差仅1个洛基值；图6.1的最后一列和图6.2的最后三列为评分量表分数段的使用情况：整体量表和分项量表下各个分项的分数段之间难度存在差异，界限分布清楚。

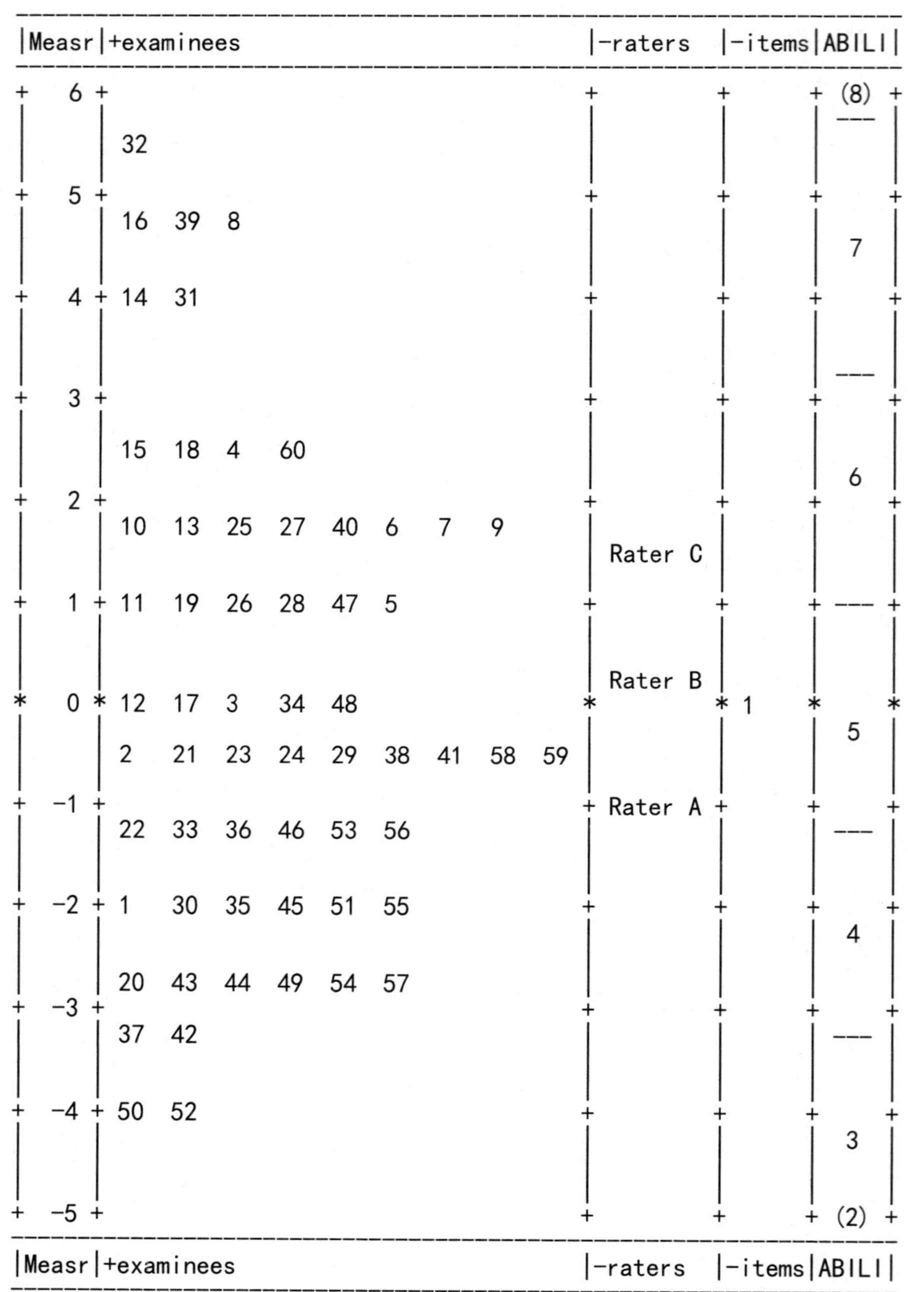

图6.1 正式测试整体量表总层面图

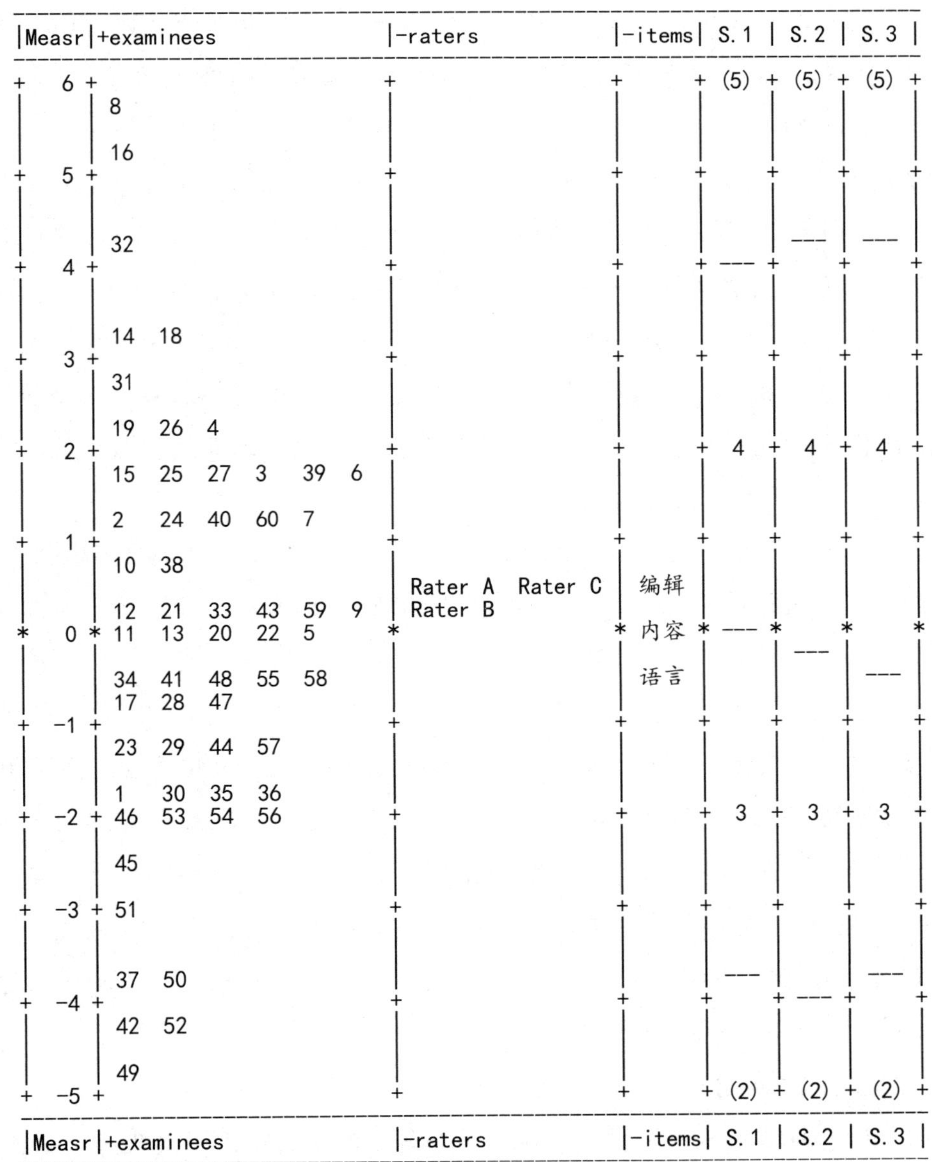

图6.2　正式测试分项量表总层面图

6.2.1.2.2 考生层面

表6.8和表6.9分别是整体量表和分项量表下的考生能力表，按照考生能力值（第五列）由高到低排列。对于考生层面，我们重点看两列（第七、八列）、两行（倒数第二、三行）。

首先，看表格第七列和第八列的拟合统计量Infit MnSq值和Z值。第一，McNamara（1996：173）认为，平均值正、负两个标准差之间的Infit取值范围都可接受。据此，考生层面的整体量表Infit值应该在-0.92—2.76，而分项量表在0.08—1.88。标准拟合统计量（Z值）是评价拟合度的另一个指标，表示对过度拟合和不拟合进行t检验的结果（Linacre, 2002b: 878），取值范围在-2—2。按照这些标准，表6.8显示，整体量表下有4位不拟合考生（考生10、8、16、2），其中1位考生（10号）的Z值大于2，呈显著不拟合，无过度拟合和显著过度拟合考生；表6.9显示，分项量表下不拟合的考生有5位，无过度拟合考生，|Z|值在合理范围内。总体来看，绝大多数考生得分与模型预期良好。

其次，再来看表格底部的分隔比率、分隔信度和卡方检验结果。整体量表下分隔比率（2.48）、分隔信度（0.86）和卡方检验结果（卡方值411.9，P=0.00）显示，考生能力存在显著差异，且具有统计意义；较之整体量表，分项量表下的分隔比率（3.12），分隔信度（0.91）和卡方值（583.1）都更大，且具显著性（P=0.00），这说明分项量表下考生之间的能力也存在统计意义上的显著差异，而且考生能力间存在差异的把握更大，分项量表对考生的区分能力更强。此外，这也说明评分员在使用分项量表对考生打分时，能够将不同层次的考生区分开来，未呈现集中趋势。测试的目的就是尽可能把不同层次的考生区分开来，因此从整体来看，分项评分量表的质量更高。

6.2.1.2.3评分员层面

表6.10和表6.11是整体量表和分项量表下的评分员严厉度表。

首先，从评分员之间的严厉度来看，两表显示：若将评分员按照严厉度由高到低的顺序进行排列，整体量表下依次为评分员C、评分员B、评分员A，但分项量表下则为评分员C、评分员A、评分员B。从严厉度的跨度来看，整体量表下最严厉与最仁慈的评分员之间相差近2.5个洛基值，而分项量表下仅0.35个洛基值。另外，分隔比率、分隔信度和卡方检验值也是表示评分员严厉度的重要统计量，这些指标进一步显示不同量表下的评分员之间严厉度存在差异。具体来看，此测试整体量表下的分隔比率为6.31，分隔信度0.98，卡方值81，且呈显著性（P=0.00），这说明3位评分员的严厉度有显著差异。而分项量表下的分隔比率（0.66）小于2，分隔信度（0.30）小于0.9，卡方值仅2.9，不具显著性（P=0.24>0.05），这说明可以接受评分员评分无差异的零假设，分项量表下3位评分员的严厉度没有显著差异，这理想的结果。而且从模型估计平均标准误来看，分项量表也优于整体量表（0.15<0.19），这与之前的方差分析结果是一致的。

表6.8 正式测试整体量表考生层面情况

Obsvd Score	Obsvd Count	Obsvd Average	Fair-M Avrage	Measure	Model S.E.	Infit MnSq	Infit ZStd	Outfit MnSq	Outfit ZStd	Estim. Discrm	Nu examinees
22	3	7.3	7.38	5.54	0.98	.93	0.1	1.25	0.5	0.71	32 32
21	3	7.0	7.01	4.67	0.90	2.87	1.9	3.23	2.1	-1.49	8 8
21	3	7.0	7.01	4.67	0.90	2.87	1.9	3.23	2.1	-1.49	16 16
21	3	7.0	7.01	4.67	0.90	0.37	-.8	0.40	-.8	1.88	39 39
20	3	6.7	6.66	3.89	0.87	1.81	1.0	1.87	1.1	-.01	14 14
20	3	6.7	6.66	3.89	0.87	0.14	-1.5	0.14	-1.6	1.95	31 31
18	3	6.0	5.98	2.41	0.87	1.08	0.3	1.08	.3	0.90	4 4
18	3	6.0	5.98	2.41	0.87	0.32	-.9	.32	-.9	1.71	15 15
18	3	6.0	5.98	2.41	0.87	1.08	0.3	1.08	.3	0.90	18 18
18	3	6.0	5.98	2.41	0.87	2.71	1.7	2.78	1.7	-.79	60 60
17	3	5.7	5.65	1.65	0.88	0.15	-1.4	0.15	-1.4	1.82	6 6
17	3	5.7	5.65	1.65	0.88	1.63	0.9	1.65	.9	0.31	7 7
17	3	5.7	5.65	1.65	0.88	0.91	0.1	0.93	.1	1.07	9 9
17	3	5.7	5.65	1.65	0.88	3.86	2.3	3.79	2.2	-1.62	10 10
17	3	5.7	5.65	1.65	0.88	0.91	0.1	0.93	.1	1.07	13 13
17	3	5.7	5.65	1.65	0.88	1.78	1.0	1.75	1.0	0.25	25 25
17	3	5.7	5.65	1.65	0.88	0.15	-1.4	0.15	-1.4	1.82	27 27
17	3	5.7	5.65	1.65	0.88	0.15	-1.4	0.15	-1.4	1.82	40 40
16	3	5.3	5.32	0.88	0.88	0.97	0.2	0.96	.2	1.05	5 5
16	3	5.3	5.32	0.88	0.88	0.11	-1.5	0.12	-1.5	1.84	11 11
16	3	5.3	5.32	0.88	0.88	0.97	0.2	0.96	.2	1.05	19 19
16	3	5.3	5.32	0.88	0.88	1.64	0.9	1.61	.8	.39	26 26
16	3	5.3	5.32	0.88	0.88	0.11	-1.5	0.12	-1.5	1.84	28 28
16	3	5.3	5.32	0.88	0.88	0.11	-1.5	0.12	-1.5	1.84	47 47
15	3	5.0	5.01	0.11	0.87	0.35	-.7	0.34	-.7	1.58	3 3
15	3	5.0	5.01	0.11	0.87	1.16	0.4	1.20	.5	0.76	12 12
15	3	5.0	5.01	0.11	0.87	1.16	0.4	1.20	.5	0.76	17 17
15	3	5.0	5.01	0.11	0.87	0.41	-.6	0.40	-.6	1.64	34 34
15	3	5.0	5.01	0.11	0.87	2.74	1.7	2.82	1.7	-.79	48 48
14	3	4.7	4.70	-0.62	0.85	3.06	1.9	3.11	1.9	-.83	2 2
14	3	4.7	4.70	-0.62	0.85	1.42	0.7	1.36	.6	0.69	21 21
14	3	4.7	4.70	-0.62	0.85	0.94	0.2	0.89	.1	1.11	23 23
14	3	4.7	4.70	-0.62	0.85	0.12	-1.5	0.12	-1.5	1.87	24 24
14	3	4.7	4.70	-0.62	0.85	0.79	0.0	0.85	.0	1.05	29 29
14	3	4.7	4.70	-0.62	0.85	0.12	-1.5	0.12	-1.5	1.87	38 38
14	3	4.7	4.70	-0.62	0.85	0.12	-1.5	0.12	-1.5	1.87	41 41
14	3	4.7	4.70	-0.62	0.85	1.42	0.7	1.36	.6	0.69	58 58
14	3	4.7	4.70	-0.62	0.85	1.71	0.9	1.78	1.0	0.28	59 59
13	3	4.3	4.37	-1.32	0.83	0.67	-.1	0.63	-.2	1.45	22 22
13	3	4.3	4.37	-1.32	0.83	0.67	-.1	0.63	-.2	1.45	33 33
13	3	4.3	4.37	-1.32	0.83	0.13	-1.5	0.13	-1.5	1.83	36 36
13	3	4.3	4.37	-1.32	0.83	0.13	-1.5	0.13	-1.5	1.83	46 46
13	3	4.3	4.37	-1.32	0.83	0.13	-1.5	0.13	-1.5	1.83	53 53
13	3	4.3	4.37	-1.32	0.83	1.25	.5	1.34	.6	.61	56 56
12	3	4.0	4.03	-1.99	0.82	0.18	-1.3	0.19	-1.3	1.89	1 1
12	3	4.0	4.03	-1.99	0.82	0.18	-1.3	0.19	-1.3	1.89	30 30
12	3	4.0	4.03	-1.99	0.82	0.52	-.4	0.54	-.4	1.38	35 35
12	3	4.0	4.03	-1.99	0.82	0.18	-1.3	0.19	-1.3	1.89	45 45
12	3	4.0	4.03	-1.99	0.82	0.18	-1.3	0.19	-1.3	1.89	51 51
12	3	4.0	4.03	-1.99	0.82	1.01	0.2	0.97	.2	1.06	55 55
11	3	3.7	3.68	-2.65	0.81	0.15	-1.5	0.15	-1.5	1.90	20 20
11	3	3.7	3.68	-2.65	0.81	0.15	-1.5	0.15	-1.5	1.90	43 43
11	3	3.7	3.68	-2.65	0.81	0.15	-1.5	0.15	-1.5	1.90	44 44
11	3	3.7	3.68	-2.65	0.81	2.69	1.7	2.62	1.7	-.88	49 49
11	3	3.7	3.68	-2.65	0.81	0.58	-.3	0.57	-.4	1.56	54 54
11	3	3.7	3.68	-2.65	0.81	0.15	-1.5	0.15	-1.5	1.90	57 57
10	3	3.3	3.32	-3.31	0.82	1.15	0.4	1.15	.4	0.97	37 37
10	3	3.3	3.32	-3.31	0.82	1.15	0.4	1.15	.4	0.97	42 42
9	3	3.0	2.97	-4.02	0.87	0.29	-1.0	0.33	-.9	1.93	50 50
9	3	3.0	2.97	-4.02	0.87	0.29	-1.0	0.33	-.9	1.93	52 52

Obsvd Score	Obsvd Count	Obsvd Average	Fair-M Avrage	Measure	Model S.E.	Infit MnSq	Infit ZStd	Outfit MnSq	Outfit ZStd	Estim. Discrm	Nu examinees
14.7	3.0	4.9	4.92	0.00	0.86	0.92	-0.2	0.94	-0.2		Mean (Count: 60)
3.1	0.0	1.0	1.03	2.27	0.03	0.91	1.2	0.94	1.2		S.D. (Populn)
3.1	0.0	1.0	1.04	2.29	0.03	0.92	1.2	0.95	1.2		S.D. (Sample)

Model, Populn: RMSE .86 Adj (True) S.D. 2.10 Separation 2.46 Reliability .86
Model, Sample: RMSE .86 Adj (True) S.D. 2.13 Separation 2.48 Reliability .86
Model, Fixed (all same) chi-square: 411.9 d.f.: 59 significance (probability):0.00
Model, Random (normal) chi-square: 56.6 d.f.: 58 significance (probability):0.53

表6.9 正式测试分项量表考生层面情况

Obsvd Score	Obsvd Count	Obsvd Average	Fair-M Avrage	Measure	Model S.E.	Infit MnSq	Infit ZStd	Outfit MnSq	Outfit ZStd	Estim. Discrm	Nu	examinees
43	9	4.8	4.78	5.76	0.81	1.21	0.5	1.44	0.9	0.66	8	8
42	9	4.7	4.67	5.18	0.71	.67	-1.1	0.62	-1.2	1.78	16	16
40	9	4.4	4.44	4.26	0.66	1.15	0.6	1.16	0.6	0.64	32	32
38	9	4.2	4.21	3.34	0.70	0.77	-0.3	0.74	-0.4	1.26	14	14
38	9	4.2	4.21	3.34	0.70	0.75	-0.4	0.70	-0.5	1.29	18	18
37	9	4.1	4.10	2.82	0.74	0.59	-0.5	0.65	-0.4	1.27	31	31
36	9	4.0	4.00	2.26	0.76	2.08	1.4	2.08	1.4	0.38	4	4
36	9	4.0	4.00	2.26	0.76	1.11	0.3	1.14	0.4	0.94	19	19
36	9	4.0	4.00	2.26	0.76	2.00	1.3	2.01	1.4	0.42	26	26
35	9	3.9	3.89	1.71	0.74	1.34	0.7	1.43	0.8	0.74	3	3
35	9	3.9	3.89	1.71	0.74	0.41	-1.0	0.37	-1.1	1.41	6	6
35	9	3.9	3.89	1.71	0.74	0.37	-1.1	0.33	-1.2	1.44	15	15
35	9	3.9	3.89	1.71	0.74	0.67	-0.4	0.80	-0.1	1.17	25	25
35	9	3.9	3.89	1.71	0.74	0.63	-0.4	0.76	-0.2	1.21	27	27
35	9	3.9	3.89	1.71	0.74	1.85	1.3	2.01	1.4	0.37	39	39
34	9	3.8	3.79	1.21	0.69	0.53	-0.9	0.47	-1.0	1.43	2	2
34	9	3.8	3.79	1.21	0.69	1.61	1.2	1.67	1.2	0.41	7	7
34	9	3.8	3.79	1.21	0.69	0.53	-0.9	0.47	-1.0	1.43	24	24
34	9	3.8	3.79	1.21	0.69	1.08	0.3	1.32	.7	0.87	40	40
34	9	3.8	3.79	1.21	0.69	0.77	-0.3	0.71	-0.4	1.25	60	60
33	9	3.7	3.68	0.76	0.66	1.02	0.1	1.02	0.1	1.01	10	10
33	9	3.7	3.68	0.76	0.66	0.72	-0.6	0.66	-0.7	1.37	38	38
32	9	3.6	3.56	0.34	0.64	0.73	-.6	0.71	-0.7	1.41	9	9
32	9	3.6	3.56	0.34	0.64	0.75	-.6	0.75	-0.6	1.35	12	12
32	9	3.6	3.56	0.34	0.64	1.66	1.6	1.59	1.4	-.11	21	21
32	9	3.6	3.56	0.34	0.64	0.94	0.0	0.93	0.0	1.11	33	33
32	9	3.6	3.56	0.34	0.64	0.80	-0.4	0.79	-.4	1.29	43	43
32	9	3.6	3.56	0.34	0.64	0.57	-1.2	0.56	-1.2	1.61	59	59
31	9	3.4	3.45	-0.06	0.63	0.64	-0.9	0.63	-.9	1.53	5	5
31	9	3.4	3.45	-0.06	0.63	0.51	-1.4	0.51	-1.4	1.70	11	11
31	9	3.4	3.45	-0.06	0.63	1.18	0.5	1.19	0.6	0.76	13	13
31	9	3.4	3.45	-0.06	0.63	0.51	-1.4	0.51	-1.4	1.70	20	20
31	9	3.4	3.45	-0.06	0.63	0.66	-0.8	0.67	-0.8	1.49	22	22
30	9	3.3	3.33	-0.45	0.63	0.62	-0.9	0.60	-0.9	1.48	34	34
30	9	3.3	3.33	-0.45	0.63	1.53	1.2	1.54	1.2	0.35	41	41
30	9	3.3	3.33	-0.45	0.63	.75	-.5	0.74	-0.5	1.32	48	48
30	9	3.3	3.33	-0.45	0.63	1.02	0.1	1.02	0.1	0.97	55	55
30	9	3.3	3.33	-0.45	0.63	1.02	0.1	1.02	0.1	0.97	58	58
29	9	3.2	3.22	-0.85	0.64	0.67	-.6	0.66	-0.6	1.34	17	17
29	9	3.2	3.22	-0.85	0.64	0.74	-.4	0.73	-0.4	1.26	28	28
29	9	3.2	3.22	-0.85	0.64	0.88	-.1	0.91	0.0	1.11	47	47
28	9	3.1	3.11	-1.27	0.65	0.49	-1.0	0.51	-0.9	1.42	23	23
28	9	3.1	3.11	-1.27	0.65	1.20	.5	1.22	0.5	0.82	29	29
28	9	3.1	3.11	-1.27	0.65	0.43	-1.2	0.43	-1.2	1.49	44	44
28	9	3.1	3.11	-1.27	0.65	1.25	.6	1.30	.6	0.76	57	57
27	9	3.0	3.00	-1.69	0.65	1.99	1.6	2.01	1.6	0.20	1	1
27	9	3.0	3.00	-1.69	0.65	0.77	-.2	0.77	-.2	1.20	30	30
27	9	3.0	3.00	-1.69	0.65	1.99	1.6	2.01	1.6	0.20	35	35
27	9	3.0	3.00	-1.69	0.65	0.66	-.5	0.65	-0.5	1.29	36	36
26	9	2.9	2.89	-2.10	0.65	0.99	0.1	0.98	0.1	1.03	46	46
26	9	2.9	2.89	-2.10	0.65	0.50	-1.0	0.49	-1.0	1.46	53	53
26	9	2.9	2.89	-2.10	0.65	0.90	0.0	0.88	0.0	1.12	54	54
26	9	2.9	2.89	-2.10	0.65	1.05	0.2	1.07	0.3	0.93	56	56
25	9	2.8	2.78	-2.51	0.64	1.10	0.3	1.09	0.3	0.91	45	45
24	9	2.7	2.67	-2.91	0.63	1.94	2.0	1.94	2.0	-0.53	51	51
22	9	2.4	2.44	-3.73	0.65	1.36	1.1	1.27	0.9	0.30	37	37
22	9	2.4	2.44	-3.73	0.65	1.15	0.5	1.18	0.6	0.61	50	50
21	9	2.3	2.33	-4.18	0.70	1.19	0.6	1.23	0.7	0.63	42	42
21	9	2.3	2.33	-4.18	0.70	0.85	-0.3	0.86	-0.2	1.26	52	52
20	9	2.2	2.22	-4.74	0.80	1.16	0.4	1.33	0.7	0.76	49	49

Obsvd Score	Obsvd Count	Obsvd Average	Fair-M Avrage	Measure	Model S.E.	Infit MnSq	Infit ZStd	Outfit MnSq	Outfit ZStd	Estim. Discrm	Nu examinees
30.9	9.0	3.4	3.44	0.00	0.67	0.98	0.0	1.00	0.0		Mean (Count: 60)
5.0	0.0	0.6	0.56	2.20	0.05	0.44	0.9	0.46	0.9		S.D. (Populn)
5.0	0.0	0.6	0.56	2.21	0.05	0.45	0.9	0.47	0.9		S.D. (Sample)

Model, Populn: RMSE .68 Adj (True) S.D. 2.09 Separation 3.10 Reliability .91
Model, Sample: RMSE .68 Adj (True) S.D. 2.11 Separation 3.12 Reliability .91
Model, Fixed (all same) chi-square: 583.1 d.f.: 59 significance (probability):0.00
Model, Random (normal) chi-square: 55.6 d.f.: 58 significance (probability): 0.56

其次，从评分员内部一致性来看，两量表下3位评分员的加权均方拟合值均在合理范围（整体量表为0.53—1.29，分项量表为0.92—1.04），且|Z|<2，这表明3位评分员使用两个量表的内部一致性较好。

表6.10　正式测试整体量表评分员层面情况

Obsvd Score	Obsvd Count	Obsvd Average	Fair-M Avrage	Measure	Model S.E.	Infit MnSq	Infit ZStd	Outfit MnSq	Outfit ZStd	Estim. Discrm	N raters
261	60	4.4	4.43	1.46	0.19	0.79	-1.1	0.81	-1.0	1.20	1 Rater C
294	60	4.9	4.95	0.29	0.19	0.80	-1.1	0.82	-1.0	1.20	3 Rater B
329	60	5.5	5.48	-0.98	0.20	1.12	0.7	1.19	1.0	0.85	2 Rater A
294.7	60.0	4.9	4.95	0.26	0.19	0.91	-0.5	0.94	-0.3		Mean (Count: 3)
27.8	0.0	0.5	0.43	1.00	0.00	0.15	0.9	0.18	1.0		S.D. (Populn)
34.0	0.0	0.6	0.52	1.22	0.00	0.19	1.1	0.22	1.2		S.D. (Sample)

Model, Populn: RMSE .19 Adj (True) S.D. .98 Separation 5.12 Reliability .96
Model, Sample: RMSE .19 Adj (True) S.D. 1.21 Separation 6.31 Reliability .98
Model, Fixed (all same) chi-square: 81.0 d.f.: 2 significance (probability): .00
Model, Random (normal) chi-square: 2.0 d.f.: 1 significance (probability): .16

表6.11　正式测试分项量表评分员层面情况

Obsvd Score	Obsvd Count	Obsvd Average	Fair-M Avrage	Measure	Model S.E.	Infit MnSq	Infit ZStd	Outfit MnSq	Outfit ZStd	Estim. Discrm	N raters
611	180	3.4	3.42	0.53	0.15	0.95	-0.4	0.97	-0.2	1.04	3 Rater C
617	180	3.4	3.46	0.40	0.15	1.01	0.0	1.03	0.3	0.99	1 Rater A
627	180	3.5	3.52	0.17	0.15	0.97	-0.2	0.99	0.0	1.04	2 Rater B
618.3	180.0	3.4	3.46	0.37	0.15	0.98	-0.2	1.00	0.0		Mean (Count: 3)
6.6	0.0	0.0	0.04	0.15	0.00	0.02	0.2	0.03	0.2		S.D. (Populn)
8.1	0.0	0.0	0.05	0.18	0.00	0.03	0.3	0.03	0.3		S.D. (Sample)

Model, Populn: RMSE .15 Adj (True) S.D. .00 Separation .00 Reliability .00
Model, Sample: RMSE .15 Adj (True) S.D. .10 Separation .66 Reliability .30
Model, Fixed (all same) chi-square: 2.9 d.f.: 2 significance (probability):0.24
Model, Random (normal) chi-square: 1.2 d.f.: 1 significance (probability):0.28

6.2.1.2.4评分分项层面

表6.12为分项量表的评分分项难度表。从表中指标的统计情况来看，分项量表三个维度的设置比较合理，理由如下。

第一，评分分项的拟合统计量是验证评分量表效度的重要指标。Wright & Master（1982）指出，在 Rasch 模型分析中，评分标准效度的意义是，如果不拟合情况较少，则有证据说明该评分分项的效度较高。McNamara（1996）在运用FACET软件分析OET测试的结构效度时，测试的每个评分分项被看作一个题目（item），若无不拟合现象，则说明各分项分别测量了测试要测量的能力的不同维度，因此，将这些分项的分数相加用来衡量考生的能力是合理的，该测试的结构效度较高。

从拟合统计量来看，本测试分项量表各个维度的加权均方拟合值均在合理范围（0.94—1.02），且|Z|<2，这表明分项评分量表没有冗余的分项，所设置的3个分项的确分别测量了新闻编译能力的不同维度，共同测量了新闻编译能力这一构念，是反映该能力的有效指标。因此，将考生在不同维度上的分数相加作为对考生新闻编译能力的考察是合理的，本测试的结构效度较好。

第二，分项的度量值越高，其难度越高，评分员对该项的评分越严厉，考生在该项上越难得到分数，这里编辑分项的难度最高，语言分项难度最低，这与编译子能力的特点和编译方向有关：编辑能力是编译者特有的核心子能力，因此评分员可能会更重视该能力，在评价时更严厉；而且，编辑能力是考生在已具备一定的理解（内容）和表达（语言）能力之后才发展起来的能力。此外，英汉方向的编译对于母语为汉语的考生而言，表达（语言）的难度要低于理解（内容）的难度。

第三，该表底部的分隔比率（2.48）、分隔信度（0.86）和卡方检验结果（卡方值21.2，P=0.00）表明3个分项之间的难度具有统计意义上的显著差异。但是，编辑和语言之间的难度跨度仅为1个洛基值，这说明两位评分员使用分项量表对译稿进行打分时，严厉度较一致。

表6.12　正式测试分项量表评分分项层面情况

Obsvd Score	Obsvd Count	Obsvd Average	Fair-M Avrage	Measure	Model S.E.	Infit MnSq	Infit ZStd	Outfit MnSq	Outfit ZStd	Estim. Discrm	N items
597	180	3.3	3.33	0.48	0.15	0.96	-0.3	0.96	-0.3	1.05	2 编辑
614	180	3.4	3.42	0.02	0.15	0.97	-0.2	0.97	-0.2	1.03	1 内容
644	180	3.6	3.65	-0.50	0.15	1.00	0.0	1.06	0.5	0.99	3 语言
618.3	180.0	3.4	3.46	0.00	0.15	0.98	-0.2	1.00	0.0		Mean (Count: 3)
19.4	0.0	0.1	0.13	0.40	0.00	0.02	0.2	0.04	0.4		S.D. (Populn)
23.8	0.0	0.1	0.16	0.49	0.00	0.02	0.2	0.05	0.5		S.D. (Sample)

Model, Populn: RMSE .15 Adj (True) S.D. .37 Separation 2.48 Reliability .86
Model, Sample: RMSE .15 Adj (True) S.D. .47 Separation 3.12 Reliability .91
Model, Fixed (all same) chi-square: 21.2 d.f.: 2 significance (probability):0.00
Model, Random (normal) chi-square: 1.8 d.f.: 1 significance (probability):0.18

6.2.1.2.5评分量表层面

对评分量表质量的考察主要看3点：分数段的使用频次、分数段与考生能力的对应性、分数段之间区分考生能力的分隔间距。表6.13至表6.16分别是整体量表和分项量表3个分项下各分数段的使用情况。

第一，看分数段的使用频次。（1）表6.13第一列显示，3位评分员在使用整体量表时均未使用最低分和最高分，第三列显示中间分数段4、5、6使用次数最多；表6.14至表6.16第一列显示3位评分员在使用3个分量表时都未使用最低分，这与考生层次有关：所有测试对象均接受过系统的翻译训练，有一半的考生上过新闻编译课或者进行过编译实习，其他考生虽未上过该课程，但在考前也接受了一定的编译指导并进行过练习，因此所有考生能力均在1级以上，评分员均未使用最低分。但是，达到专家级水平对考生提出了极高的要求，因此在整体量表下没有评分员打出9分最高分。（2）表6.14和表6.15第三列显示评分员使用内容和编辑量表的情况大致相同：3分数段使用最多，5分数段使用最少；表6.16第三列显示评分员在使用语言量表时4分数段使用最多，这说明，较之内容和编辑量表，考生似乎更容易在语言量表上得高分，对于母语为汉语的考生而言，参加英汉方向的编译测试，一般在语言维度上表现较好。

第二，整体来看，所有量表的各分数段均与考生能力值一一对应。第一，考生能力越高，分值也应越高，考生平均度量值（第五列）和预测度量值（第六列）应呈单调递增趋势，两者越接近，未加权均方统计量越接近理想值1。表6.13中数据显示，所有整体量表分数段的Outfit值均未超过1.5，绝大部分分数段的Outfit值均接近1，Outfit均值为0.96；表6.14至表6.16显示，内容分量表的 Outfit均值为0.90，编辑和语言量表均为1，这是理想的结果。另外，所有分数段的平均度量值均呈单调递增趋势，这说明每个分数段均体现了考生相应的能力。

第三，所有分数段都具备足够的区分考生能力的分隔间距。Linacre（2002a）指出，每个分数段之间的间隔应该在1—5个洛基值。表6.13至表6.16中的第三大列显示阶梯标定值呈单调递增趋势，且各分数段之间的间隔均在合理范围之内。另外，从概率曲线图，我们也能直观地看出量表的质量，图6.3至图6.6分别为整体量表和3个分项的分数段概率曲线图。总体来看，分数段统计表和概率图各指标数据显示，量表的等级设置较合理。两个评分量表具备较高的效度，质量较好。同时也说明，3位评分员在使用两个量表对考生译稿打分时，能够准确使用各个分数段，未出现集中趋势或光环效应，考生成绩与模型预期较好。

表6.13　正式测试整体量表分数段统计

Model = ?,?,?,ABILITY
Rating (or partial credit) scale = ABILITY,R9,G,0

DATA Category Score	Counts Used	%	Cum. %	QUALITY CONTROL Avge Meas	Exp. Meas	OUTFIT MnSq	STEP CALIBRATIONS Measure	S.E.	EXPECTATION Measure at Category	-0.5	MOST PROBABLE from	.5 Cumul. Probabil. at	Cat PEAK Prob	Response Category Name
2	5	3%	3%	-4.69	-4.26	0.7			(-6.30)		low	low	100%	
3	21	12%	14%	-3.28	-3.18	0.7	-5.14	0.52	-4.21	-5.41	-5.14	-5.26	56%	
4	40	22%	37%	-1.89	-1.86	0.8	-3.18	0.29	-2.29	-3.22	-3.18	-3.20	53%	
5	58	32%	69%	-0.18	-0.27	0.9	-1.46	0.23	-0.16	-1.30	-1.46	-1.38	63%	middle
6	36	20%	89%	1.62	1.52	1.3	1.08	0.25	2.19	1.04	1.08	1.05	60%	
7	15	8%	97%	3.43	3.44	0.9	3.33	0.35	4.38	3.30	3.33	3.30	58%	
8	5	3%	100%	4.45	5.14	1.4	5.36	0.57	(6.54)	5.63	5.36	5.47	100%	
									(Mean)		(Modal)	(Median)		

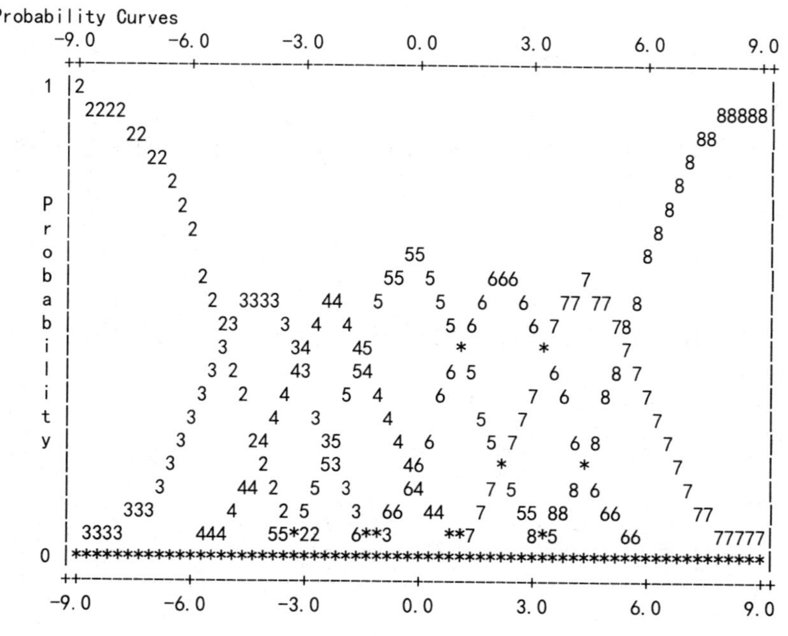

图6.3　正式测试整体量表分数段概率图

表6.14 正式测试分项量表内容分项分数段统计

Model = ?,?,1,ABILITY 内容
Rating (or partial credit) scale = ABILITY,R5,G,0

DATA Category Score	Counts Used	%	Cum. %	QUALITY CONTROL Avge Meas	Exp. Meas	OUTFIT MnSq	STEP CALIBRATIONS Measure	S.E.	EXPECTATION Measure at Category	-0.5	MOST PROBABLE from	.5 Cumul. Probabil. at	Cat PEAK Prob	Response Category Name
2	19	11%	11%	-3.82	-3.42	0.7			(-4.84)		low	low	100%	low-inter
3	79	44%	54%	-1.02	-1.24	1.0	-3.75	0.31	-1.93	-3.80	-3.75	-3.78	75%	intermediate
4	71	39%	94%	0.56	0.76	1.2	-.14	0.20	1.86	-0.10	-0.14	-0.13	79%	inter-high
5	11	6%	100%	3.90	3.52	0.7	3.90	0.40	(4.98)	3.94	3.90	3.90	100%	high
									(Mean)		(Modal)	(Median)		

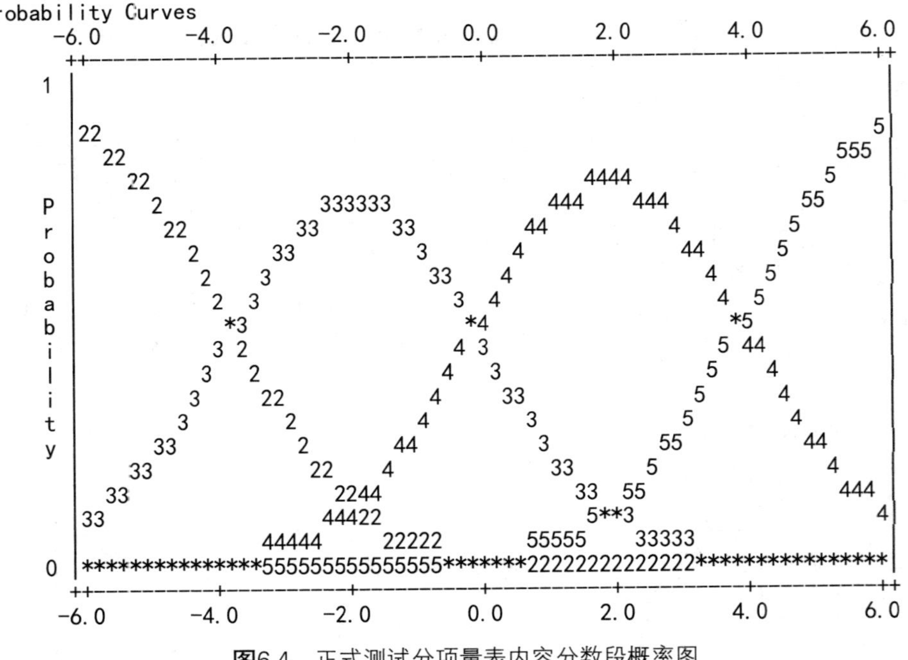

图6.4 正式测试分项量表内容分数段概率图

表6.15 正式测试分项量表编辑分项分数段统计

Model = ?,?,2,ABILITY 编辑
Rating (or partial credit) scale = ABILITY,R5,G,0

DATA Category Score	Counts Used	%	Cum. %	QUALITY CONTROL Avge Meas	Exp. Meas	OUTFIT MnSq	STEP CALIBRATIONS Measure	S.E.	EXPECTATION Measure at Category	-0.5	MOST PROBABLE from	.5 Cumul. Probabil. at	Cat PEAK Prob	Response Category Name
2	23	13%	13%	-3.49	-3.70	1.0			(-4.98)		low	low	100%	low-inter
3	84	47%	59%	-1.68	-1.51	1.1	-3.90	0.29	-2.06	-3.95	-3.90	-3.92	75%	intermediate
4	66	37%	96%	0.70	0.54	0.8	-0.27	0.20	1.92	-0.21	-.27	-0.26	82%	inter-high
5	7	4%	100%	3.30	3.45	1.1	4.17	0.48	(5.25)	4.19	4.17	4.17	100%	high
									(Mean)		(Modal)	(Median)		

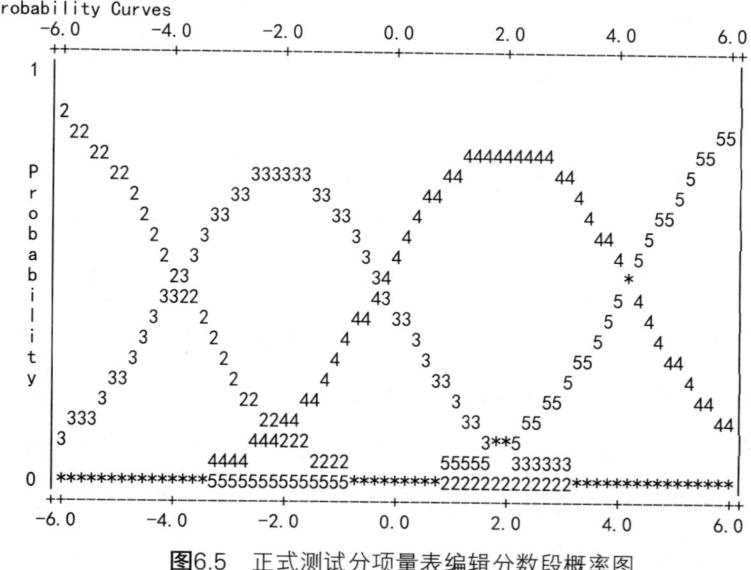

图6.5　正式测试分项量表编辑分数段概率图

表6.16　正式测试分项量表语言分项分数段统计

Model = ?,?,3,ABILITY　语言
Rating (or partial credit) scale = ABILITY,R5,G,0

DATA				QUALITY CONTROL			STEP		EXPECTATION		MOST	.5 Cumul.	Cat	Response
Category Score	Counts Used	%	Cum. %	Avge Meas	Exp. Meas	OUTFIT MnSq	CALIBRATIONS Measure	S.E.	Measure at Category	Measure at -0.5	PROBABLE from	Probabil. at	PEAK Prob	Category Name
2	13	7%	7%	-3.68	-3.20	0.6			(-4.86)		low	low	100%	low-inter
3	63	35%	42%	-.94	-1.11	1.0	-3.76	0.36	-2.09	-3.84	-3.76	-3.79	72%	intermediate
4	91	51%	93%	0.95	0.95	1.2	-0.45	0.20	1.86	-0.37	-0.45	-0.42	84%	inter-high
5	13	7%	100%	3.52	3.81	1.2	4.21	0.37	(5.29)	4.22	4.21	4.21	100%	high
									(Mean)		(Modal)	(Median)		

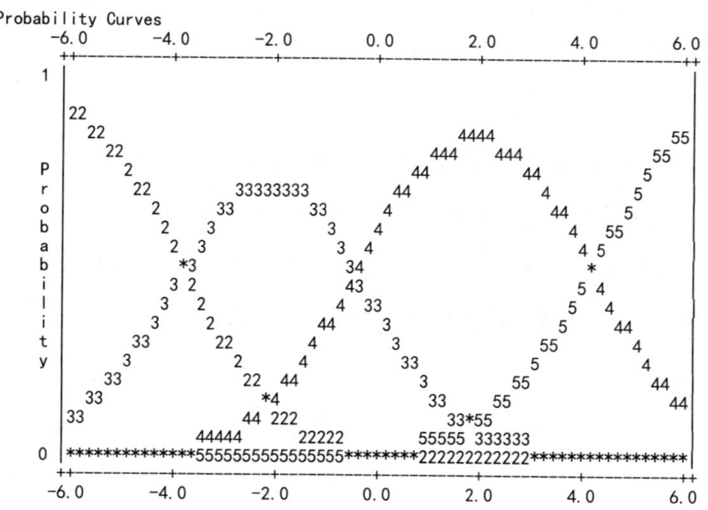

图6.6　正式测试分项量表语言分数段概率图

6.2.1.2.6 偏差分析

上一章对试测结果的分析已经提到，偏差分析能为我们提供更多的诊断信息。在本小节，作者检验了本测试的分项量表下评分员与评分分项之间的交互、评分员与考生之间的交互。表6.17至表6.19为输出结果，通过观察表中t值的大小，可以判断评分员是否对某些考生的打分或者使用某些分项时过于宽松或严厉，与模型预期不符。偏差分析一般处理显著偏差（t绝对值大于2），一般说来，显著偏差占所有项目的比例在5%左右是可接受的范围（McNamara，1996）。

首先，看评分员与考生之间的交互作用。由于空间限制，评分员与考生的偏差分析表中只列出存在显著偏差的考生和部分其他考生。表6.17为整体量表下评分员与考生的偏差分析，3位评分员与60名考生共产生180对交互组合，其中显著交互组合（|t|>2）共5对（3%），其中有3对所涉及的考生为考生层面非拟合的考生（8号、16号、2号），这说明评分员在评判这些考生的译稿时产生了偏见，另外两位考生不拟合可能与考生自身的作答情况不一致有关。由此我们得到启示：考生层面之所以出现不拟合的考生多半与评分员与这些考生之间发生交互作用有关。而在分项量表下的180对交互组合中（见表6.18），无显著交互组合。因此，从评分员与考生交互结果来看，分项量表的质量更高，因分项量表增加了考察的维度，从而减少了影响评分员评分的干扰因素，可能出现的偏差更少。

其次，来看评分员与评分分项之间的交互。表6.19为评分员与评分分项之间的交互作用表，3位评分员与3个评分分项共产生9对交互组合，表中t值表示该量表下未出现显著交互组合，这说明分项量表中各个分项的描述清晰合理，评分员能正确使用各个分项。

表6.17 正式测试整体量表评分员与考生的偏差分析

Bias/Interaction analysis specified by: 1. raters, 2. examinees

Obsvd Score	Exp. Score	Obsvd Count	Obs-Exp Average	Bias Size	Model S.E.	t	Infit MnSq	Outfit MnSq	Sq	N	raters	measr	Nu	ex	measr
7	5.5	1	1.54	3.43	1.50	2.29	0.0	0.0	178	1	Rater C	1.46	60	60	2.41
8	6.2	1	1.80	3.43	1.90	1.80	0.5	0.5	29	2	Rater A	-0.98	10	10	1.65
6	4.9	1	1.07	2.52	1.50	1.68	0.0	0.0	167	2	Rater A	-0.98	56	56	-1.32
7	5.9	1	1.15	2.52	1.50	1.68	0.0	0.0	77	2	Rater A	-0.98	26	26	0.88
4	5.1	1	-1.15	-2.49	1.37	-1.81	0.0	0.0	28	1	Rater C	1.46	10	10	1.65
4	5.2	1	-1.22	-2.66	1.37	-1.94	0.0	0.0	176	2	Rater A	-0.98	59	59	-0.62
6	7.2	1	-1.21	-2.68	1.50	-1.78	0.0	0.0	41	2	Rater A	-0.98	14	14	3.89
2	3.7	1	-1.65	-2.68	1.79	-1.50	0.6	0.6	147	3	Rater B	0.29	49	49	-2.65
5	6.2	1	-1.20	-2.79	1.56	-1.79	0.0	0.0	74	2	Rater A	-0.98	25	25	1.65
3	4.7	1	-1.68	-3.30	1.45	-2.28	0.0	0.0	6	3	Rater B	0.29	2	2	-0.62
4	5.5	1	-1.53	-3.39	1.37	-2.47	0.0	0.0	143	2	Rater A	-0.98	48	48	0.11
6	7.5	1	-1.51	-3.45	1.50	-2.29	0.0	0.0	23	2	Rater A	-0.98	8	8	4.67
6	7.5	1	-1.51	-3.45	1.50	-2.29	0.0	0.0	47	2	Rater A	-0.98	16	16	4.67

Obsvd Score	Exp. Score	Obsvd Count	Obs-Exp Average	Bias Size	Model S.E.	t	Infit MnSq	Outfit MnSq	Sq N raters measr Nu ex measr
4.9	4.9	1.0	0.00	0.01	1.50	0.00	0.0	0.0	Mean (Count: 180)
1.3	1.1	0.0	0.64	1.37	0.10	0.91	0.1	0.1	S.D. (Populn)
1.3	1.1	0.0	0.64	1.37	0.10	0.91	0.1	0.1	S.D. (Sample)

Fixed (all = 0) chi-square: 148.3 d.f.: 180 significance (probability): .96

表6.18 正式测试分项量表评分员与考生的偏差分析

Bias/Interaction analysis specified by: 1. raters, 2. examinees

Obsvd Score	Exp. Score	Obsvd Count	Obs-Exp Average	Bias Size	Model S.E.	t	Infit MnSq	Outfit MnSq	Sq	N	raters	measr	Nu	ex	measr
12	10.2	3	0.60	2.50	1.32	1.90	0.0	0.0	39	3	Rater C	0.53	13	13	-0.06
13	11.6	3	0.48	2.29	1.16	1.97	0.7	0.6	9	3	Rater C	0.53	3	3	1.71
11	9.2	3	0.59	2.18	1.14	1.91	0.6	0.6	87	3	Rater C	0.53	29	29	-1.27
12	10.5	3	0.49	2.11	1.32	1.60	3.8	3.7	63	3	Rater C	0.53	21	21	0.34
14	12.5	3	0.49	2.02	1.24	1.63	0.7	0.6	42	3	Rater C	0.53	14	14	3.34
12	10.6	3	0.45	1.97	1.32	1.50	0.0	0.0	127	1	Rater A	0.40	43	43	0.34
11	9.5	3	0.48	1.77	1.14	1.55	0.6	0.6	51	3	Rater C	0.53	17	17	-.85
13	11.9	3	0.37	1.74	1.16	1.50	0.7	0.6	57	3	Rater C	0.53	19	19	2.26
13	12.0	3	0.34	1.61	1.16	1.38	0.7	0.6	76	1	Rater A	0.40	26	26	2.26
10	8.8	3	0.39	1.45	1.09	1.32	0.4	0.4	161	2	Rater B	0.17	54	54	-2.10
13	12.1	3	0.30	1.39	1.16	1.19	0.7	0.6	11	2	Rater B	0.17	4	4	2.26
10	8.9	3	0.37	1.38	1.09	1.26	0.4	0.4	90	3	Rater C	0.53	30	30	-1.69
12	11.1	3	0.28	1.34	1.32	1.01	0.0	0.0	113	2	Rater B	0.17	38	38	0.76
11	11.9	3	-0.30	-1.35	1.14	-1.18	0.6	0.6	78	3	Rater C	0.53	26	26	2.26
7	8.2	3	-0.39	-1.47	1.21	-1.21	1.1	1.1	152	2	Rater B	0.17	51	51	-2.91
11	12.0	3	-0.32	-1.48	1.14	-1.30	0.8	0.8	10	1	Rater A	0.40	4	4	2.26
11	12.0	3	-0.32	-1.48	1.14	-1.30	0.8	0.8	55	1	Rater A	0.40	19	19	2.26
8	9.3	3	-0.44	-1.64	1.09	-1.51	0.8	0.8	85	1	Rater A	0.40	29	29	-1.27
9	10.5	3	-0.50	-1.84	1.13	-1.63	0.0	0.0	38	2	Rater B	0.17	13	13	-0.06
9	10.5	3	-0.51	-1.88	1.13	-1.67	0.0	0.0	129	3	Rater C	0.53	43	43	0.34
7	8.6	3	-0.52	-1.93	1.21	-1.59	0.7	0.6	162	3	Rater C	0.53	54	54	-2.10

Obsvd Score	Exp. Score	Obsvd Count	Obs-Exp Average	Bias Size	Model S.E.	t	Infit MnSq	Outfit MnSq	Sq N raters measr Nu ex measr
10.3	10.3	3.0	0.00	0.01	1.17	0.00	0.8	0.8	Mean (Count: 180)
1.8	1.7	0.0	0.22	0.89	0.11	0.75	0.7	0.8	S.D. (Populn)
1.8	1.7	0.0	0.22	0.89	0.11	0.76	0.7	0.8	S.D. (Sample)

Fixed (all = 0) chi-square: 102.6 d.f.: 180 significance (probability): 1.00

表6.19　正式测试分项量表评分员与评分分项的偏差分析

Bias/Interaction analysis specified by: 1. raters, 3. items

Obsvd Score	Exp. Score	Obsvd Count	Obs-Exp Average	Bias Size	Model S.E.	t	Infit MnSq	Outfit MnSq	Sq	N	raters	measr	N	it	measr
211	207.7	60	0.06	0.22	0.26	0.85	0.9	0.9	2	2	Rater B	.17	1	内容	.02
215	212.3	60	0.04	0.18	0.26	0.70	1.0	1.1	9	3	Rater C	.53	3	语言	-.50
201	198.7	60	0.04	0.15	0.26	0.59	1.0	1.0	4	1	Rater A	.40	2	编辑	.48
214	214.2	60	0.00	-0.02	0.26	-0.06	0.9	1.0	7	1	Rater A	.40	3	语言	-.50
201	202.0	60	-0.02	-0.07	0.26	-0.26	1.0	1.0	5	2	Rater B	.17	2	编辑	.48
201	202.3	60	-0.02	-0.08	0.26	-0.33	0.9	0.9	3	3	Rater C	.53	1	内容	.02
195	196.7	60	-0.03	-0.12	0.26	-0.45	0.9	0.8	6	3	Rater C	.53	2	编辑	.48
202	204.3	60	-0.04	-0.15	0.26	-0.59	1.1	1.1	1	1	Rater A	.40	1	内容	.02
215	217.4	60	-0.04	-0.17	0.26	-0.65	1.0	1.1	8	2	Rater B	.17	3	语言	-.50
206.1	206.2	60.0	0.00	-0.01	0.26	-0.02	1.0	1.0	Mean (Count: 9)						
7.2	6.8	0.0	0.04	0.14	0.00	0.55	0.1	0.1	S.D. (Populn)						
7.6	7.2	0.0	0.04	0.15	0.00	0.58	0.1	0.1	S.D. (Sample)						

Fixed (all = 0) chi-square: 2.7　d.f.: 9　significance (probability): .97

6.2.2 效标关联效度证据

在上一节的评分效度证据收集过程中，作者从评分员的评分入手，利用不同的统计方法对3位评分员在不同量表下的评分结果进行了比较，结果表明分项量表下的评分员一致性更好。在本节中，作者将从考生的测试表现入手，比较同一批考生在不同考试中的测试表现，也即进行编译测试成绩与其他效标成绩的比较。

在本研究之前，考生所在班级未开展新闻编译测试，因此作者又分别设计了新闻全译测试（附录七）和新闻编辑测试（附录八），聘请两位评分员对考生在这两次测试中的表现进行独立评分，然后求和。这里的效标包括整体量表下的新闻编译测试、新闻全译测试和新闻编辑测试，作者将计算分项量表下的新闻编译测试评分结果与效标测试评分结果之间的相关系数。

效标中的全译测试采用的量表是Waddington的评分量表。与新闻编译不同，新闻全译要求译者在忠实源稿的基础上，保证译稿通顺流畅，语言准确得体，不需要对原稿件进行内容上的加工处理，因此，新闻编译的评分量表不适用于新闻全译。而在翻译测试研究领域，Waddington（2001）的评分量表在经过实证检验后被证明是有效的，而且该量表为分析性评分量表，包括准确和表达两个分项，可操作性强，不过该量表是对译入外语的译文考量，因此，作者对其进行修改，设计了如下量表

（见表6.20）来评价新闻全译稿件。

计算考生在分项量表下的得分时，我们先将每个评分员在每个分项上对每个考生的打分合成，然后将各个评分员对每个考生的合成分求和，最后将各个评分结果之间两两比较，重点考察分项量表下的编译测试评分结果与其他效标的评分结果之间的相关性。

表6.21是统计结果，该表显示，考生在分项量表下的编译测试成绩与整体量表下的编译测试成绩相关度最高（0.835），与新闻全译测试+编辑测试成绩之和之间的相关度次之（0.753），与新闻全译测试成绩最低（0.454）。

（1）新闻编译测试分项量表成绩与整体量表成绩的相关：分项和整体量表下，评分量表的细化程度不同会造成评分员间的一致性有高有低，进而给评分结果带来差异，前面对不同量表下的评分员间一致性比较已经证实了这一点。但是，两量表是对同一组样本、同一构念的测评，因此差异性较小，达到了高度相关（0.835）。

（2）新闻编译测试分项量表成绩与新闻全译编辑测试成绩之和之间的相关：可以说，新闻全译测试和编辑测试共同测量了新闻编译能力，与新闻编译测试所测量的构念相同，因此这里的相关系数较高（0.753）。但是由于考试时间、考试内容、考生态度、考生能力变化等因素的影响，考生成绩难免出现波动，因此低于前面第一组数据的相关系数。

（3）与新闻编译测试一样，新闻全译测试也采用分项评分量表打分，评分员间的一致性结果较好，另外，这两个测试的题材都是时政类新闻文本，因此两者之间具有一定的相关，且呈显著性。但是，两者的构念不同，因此相关系数不高。

以上分析表明，本次新闻编译测试能够较好地反映考生的真实能力，具备较高的效标关联效度。

表6.20　新闻全译文本分项评分量表

级数	内容的正确度	译语表达品质	分数
第五级	原文信息得到完全转换；无误译和漏译，只需要稍微修改即可达到专业水准。	译文非常流畅通顺；语言地道，符合新闻文体，整体上可读性很强；可能会偶有拼写或错别字等小错。	9, 10
第四级	几乎完全转换完成；无重大误译，只有两三处小错误；需要做一些修改才能达到专业水准。	译文流畅，语言通顺，很多段落读起来像原来就是用译语写的；语言得体，整体可读性较强；有少量的语言或拼写错误，但不影响理解。	7, 8
第三级	将大意翻译出来，有一些错误之处，偶有实质性误译；需要做相当修改才能达到专业水准。	译文比较流畅通顺，有些部分读起来就是用母语写的，但是其他部分则翻译腔较重；语言比较得体，整体上具有一定的可读性；一些词汇、语法或拼写存在错误。	5, 6
第二级	有很严重的错误，明显影响信息的转换；需要做彻底的修改才能达到专业水准。	译文不够流利，大部分译文都带有严重的翻译腔；许多用词不得体，译文可读性较差；通篇有许多的词汇、语法或拼写错误。	3, 4
第一级	内容完全没有翻译出来；译文不值得修改。	译文不够流利；译文不具备可读性；通篇存在大量的语言错误，译者用译语表达意思的能力极差。	1, 2

表6.21　新闻编译测试与效标的相关分析结果

效标 新闻编译测试 分项量表成绩	编译整体量表成绩	新闻全译+编辑测试成绩	新闻全译成绩
相关系数	0.835**	0.753**	0.454**
显著水平（双侧）	0.000	0.000	0.004
人数	n=60	n=37	n=39

注：**在置信度（双测）为0.01时，相关性是显著的。

6.2.3 后果效度证据

根据Weir，后果效度证据来自3个方面：测试的公平性、测试对社会的影响、测试的反拨作用。从宏观角度上讲，前两类后果效度证据涉及政治、社会、文化等因素，此类后果效度证据的收集耗时周期长，非作者一人在短期内可完成。从微观角度讲，测试影响教师和考生，会对教与学产生反拨作用，其中对考生的影响是最主要的，那么，测试对考生的反拨作用有多大？是积极的，还是消极的？这是我们主要关注的后果效度证据，此类证据可以通过调查问卷获取。

作者设计了反拨效应调查问卷（附录十二），以获取考生的反馈信息，问卷在考生完成新闻编译测试题后发放，问卷中的1分代表不同意，2分代表基本同意，3分代表完全同意。统计结果（见表6.22）如下：条目1至条目3结果显示，就测试本身而言，绝大多数被访者都仔细阅读并理解了测试说明，认为说明部分有助于更好地完成测试任务。条目5下，26位拥有编译实习经历的被访者都基本赞同或者完全赞同“答题过程与我在媒体单位实习中的编曲译过程基本一致” 这一观点；条目6下，25位上过新闻编译课的被访者都基本赞同或完全赞同“测试任务的形式与内容与我在新闻编译课中的学习任务基本一致” 这一观点，这一结果也证实，本测试的新闻编译任务与实际工作和教学任务之间具备较高的一致性。最后，关于条目7，在上过新闻编译课的25位被访者中，约有28%的人基本认同“测试较好地反映了课堂教学内容，会使今后的课堂学习更有目的性”，另外72%的被访者则完全认同这一观点。关于条目8，46%的被访者基本认同“测试让我意识到了编译的重要性和自身不足，对今后的学习有指导意义”这一观点，54%的被访者则完全赞同这一观点。

整体而言，绝大多数考生认为本次测试对其新闻编译学习具备良好的反拨作用，考试成绩能够为今后的新闻编译习得提供有价值的反馈信息。

表6.22 新闻编译测试反拨作用调查问卷结果

条目 百分比	1分	2分	3分
测试说明的阅读	2%	30%	68%
测试说明的理解	2%	49%	49%
测试说明的作用	2%	34%	64%
分项标准	5%	44%	51%
答题过程与实习的一致性（第五题和第七题，有编译实习经历者回答）	0	38%	62%
测试任务与课程学习的一致性（编译课学员回答）	0	44%	56%
测试对课堂学习的影响（编译课学员回答）	0	28%	72%
测试对自己对编译认识及今后学习的影响	0	46%	54%
测试的难度适中	5%	49%	46%
测试能准确反映考生的新闻编译能力	2%	49%	49%

6.2.4 小结

本小节收集的证据包括评分效度证据、结构效度证据、效标关联效度证据和后果效度证据，所有证据的收集均发生在考试之后，通过分析统计数据得到，属于事后的效度证据，其中前3类证据是本节重点，总结如下。

（1）评分效度证据

①本测试两个量表下的（包括分项量表的各个分项）评分员间一致性比较结果显示，两量表及各个分项的肯德尔和谐系数均在0.7以上，分项量表的肯德尔和谐系数达到0.8以上。

②两个量表下的评分员间评分结果差异性比较结果显示，整体量表下评分员之间的评分结果有显著差异，而分项量表则无显著差异，事后多重检验进一步证实此结果。

③分项量表和整体量表下考生、评分员、评分分项、评分量表各层

面统计结果显示：从拟合值来看，除有个别不拟合考生（仅整体量表有一个显著不拟合考生）外，其他所有层面上各个体的拟合统计量均在合理范围之内。从分隔比率、分隔系数和卡方检验来看，两量表下的考生能力之间存在显著差异，但分项量表下考生之间的差异更大；整体量表下的评分员之间的严厉度有显著差异，而分项量表下则无显著差异；3个评分分项之间的难度值存在差异，但跨度值仅有1个洛基值。另外，分数段统计表和概率图各指标数据均显示两个量表的等级设置较合理，质量较好。

④偏差分析结果显示：整体量表下评分员与考生之间有显著交互，但在合理范围；分项量表下评分员与考生、评分员与评分分项之间均无显著交互。

所有结果表明：第一，分项量表的质量要优于整体量表；第二，3位评分员均能恰当使用分项量表将不同能力的考生区分开来，评分过程中能保持较好的一致性，评分员之间无显著差异。

（2）结构效度证据

从拟合统计量来看，分项量表各个维度的加权均方拟合值均在合理范围且$|Z|<2$，这表明分项量表无冗余分项，3个分项分别从内容、编辑和语言这三个维度测量了我们想要测量的新闻编译能力，本测试的结构效度较好。

（3）效标关联效度证据

我们将考生在新闻编译测试中的成绩处理为各个评分员在各个分项上的合成分。考生的新闻编译测试（分项量表评分）成绩与其在效标测试中的评分结果的相关分析显示，新闻编译测试（分项量表评分）成绩与编译测试整体量表评分结果、与测量相近能力的测试评分结果之间的相关系数依次减小，这是合理的。

6.3 其他效度证据

本测试的考生所在地域，所属专业和年级都有所不同，因此对不同考生群体的新闻编译能力展开比较，对比结果也可作为效度证据的一部分。另外，测试的整体信度也对效验有指导意义。

首先，考生的新闻编译测试成绩分布图（见图6.7）显示，3—4分数段考生最多，共40人；2—3分数段11人，4—5分数段人数最少，共9人。总体来看，考生成绩基本呈正态分布。具体分析如下。

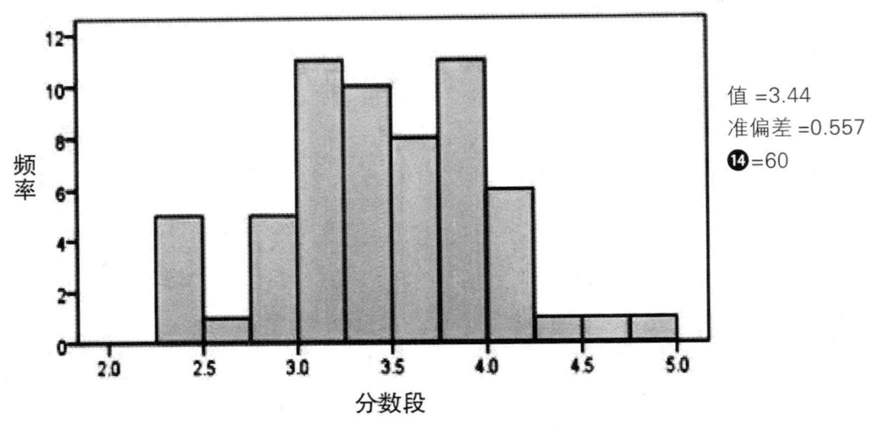

图6.7 全体考生成绩分布图

6.3.1 不同层次考生的新闻编译测试成绩比较

考生来自3个班级——MTI新闻编译班（MTI有课），MTI普通翻译班（MTI无课），英语专业三年级翻译班（英专三年级），对比分析这三个考生群体的成绩属于新闻编译测试评分结果的内部比较。首先，作者选取3个评分员在各个分项上的均分作为每个考生的成绩，然后比较3个班级的成绩均值，进行不同班级成绩的方差分析，进而检验不同群体之间是否有显著差异。

我们认为，MTI新闻编译班的成绩应该高于MTI普通翻译班，而普通翻译班又应高于英专三年级班。图6.8显示，3个班级的均值由高到低依次为：MTI新闻编译班、MTI普通翻译班、英专三年级班，这与我们的假设是一致的。不过，均值比较并不能说明3个班级的编译成绩是否有统计意义上的显著差异。接下来，作者进行方差分析，表6.23的F值和显著水平说明三者之间有显著差异，而且在保证方差齐性的情况下（见表6.24），事后多重比较表（见表6.25）进一步表明三年级考生与MTI两个班级的考生成绩均有显著性差异。这是合理的，原因如下。第一，MTI新闻编译班考生属于高年级，接受过系统的新闻编译培训（为期半年），且有超过2/3的考生参加了环球网的新闻编译实习（约半年）；而英专三年级考生虽然在平时有翻译训练，并于考试前接受过新闻编译指导，但训练时间较短且属于低年级，因此，MTI新闻编译班与英专三年级考生成绩均值差最大，存在显著差异。第二，MTI普通翻译班虽未接受系统的新闻编译培训，但约有一半的考生参加了环球网的新闻编译实习（约半年），且属于高年级，因此该班级与英语本科班的成绩存在显著差异。

另外，MTI两个班级的成绩均值虽有差距，却不具备统计意义，可见编译实习这一因素起到了一定的作用。鉴于MTI两个班级中均有部分考生参与了新闻编译实习，因此，作者引入实习这一变量，将考生进一步划分，得到5个班级：既上过课①又参加实习②的MTI班（MTI课+实习）、只上过课但未参加实习的MTI班（MTI课+无实习）、参加过实习但未上过课的MTI班（MTI无课+实习）、既未上过课也未参加实习的MTI班（MTI无课+无实习）、英专三年级班。统计结果如下。

均值图（见图6.9）显示，5个班级的均值成绩按照由大到小的顺序排列依次为：MTI（有课+实习）班>MTI（MTI无课+实习）班>MTI（课+无实习）班>MTI（无课+无实习）班>英专三年级班。方差分析（见表6.26）显示5个班级的编译成绩有显著差异，方差齐性条件下的事后多重比较（见表6.28）进一步显示，英专三年级班与除MTI（无课无实习）班外所有班级的成绩均呈显著性差异，三年级考生既未接受系统培训也无

① 这里的“课”均指新闻编译课。

② 这里的“实习”均指新闻编译实习。

相关实习经历，该结果与预期是相符的。表6.28还显示，MTI有课有实习班与MTI无课无实习班的成绩也呈显著差异，可见，为期半年的新闻编译课程和相关实践对学生的新闻编译能力培养都产生了积极作用。图6.9显示，无课有实习班的考生成绩高于有课无实习班，但二者并无显著差异，也不能说明编译实习一定更有利于提升学生的编译能力，因为只有通过环球网的选拔测试，学生方能参与实习，从某种意义上讲，学生在参加编译实习前已具备一定的翻译水平。

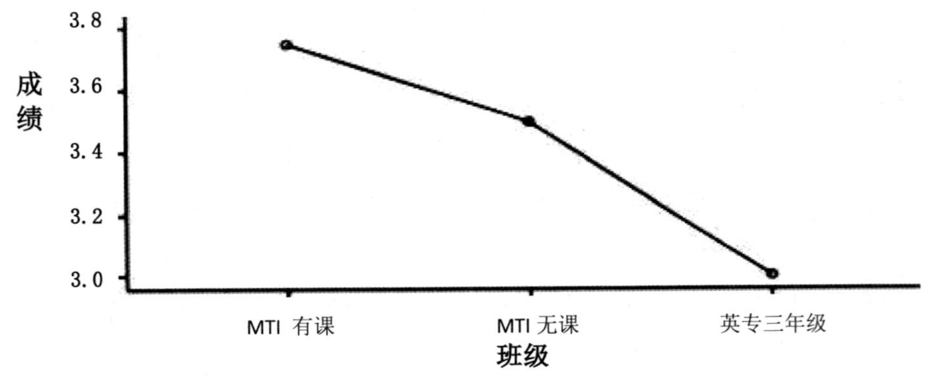

图6.8　3个班级考生成绩的均值比较

表6.23　3个班级考生成绩的方差分析结果

	平方和	df	均方	F	显著性
组间（组合）	6.269	2	3.135	14.878	0.000
组内	12.010	57	0.211		
总计	18.279	59			

表6.24　3个班级考生成绩的方差齐性检验

Levene统计量	df1	df2	显著性
1.081	2	57	0.346

表6.25　3个班级考生成绩的LSD法事后多重比较

（I）班级	（J）班级	均值差（I–J）	标准误	显著性	95% 置信区间	
					下限	上限
MTI有课	MTI无课	0.250	0.150	0.100	−0.05	0.55
	英专三年级	0.747*	0.138	0.000	0.47	1.02
MTI无课	MTI有课	−0.250	0.150	0.100	−0.55	0.05
	英专三年级	0.496*	0.157	0.002	0.18	0.81
英专三年级	MTI有课	−0.747*	0.138	0.000	−1.02	−0.47
	MTI无课	−0.496*	0.157	0.002	−0.81	−0.18

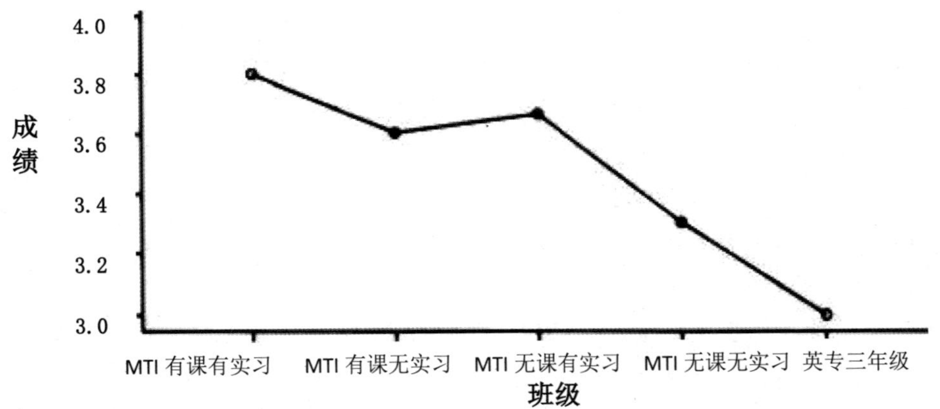

图6.9　5个班级考生成绩的均值比较

表6.26　5个班级考生成绩的方差分析结果

	平方和	df	均方	F	显著性
组间（组合）	6.967	4	1.742	8.469	0.000
组内	11.312	55	0.206		
总计	18.279	59			

表6.27 5个班级考生成绩的方差齐性检验

Levene统计量	df1	df2	显著性
0.714	4	55	0.586

表6.28 5个班级考生成绩的LSD法事后多重比较

（I）班级细分	（J）班级细分	均值差（I–J）	标准误	显著性	95% 置信区间	
					下限	上限
MTI有课有实习	MTI有课无实习	0.199	0.202	0.328	−0.21	0.60
	MTI无课有实习	0.136	0.193	0.484	−0.25	0.52
	MTI无课无实习	0.501*	0.202	0.016	0.10	0.91
	英专三年级	0.802*	0.147	0.000	0.51	1.10
MTI有课无实习	MTI有课有实习	−0.199	0.202	0.328	−0.60	0.21
	MTI无课有实习	−0.063	0.235	0.788	−0.53	0.41
	MTI无课无实习	0.302	0.242	0.219	−0.18	0.79
	英专三年级	0.603*	0.199	0.004	0.20	1.00
MTI无课有实习	MTI有课有实习	−0.136	0.193	0.484	−0.52	0.25
	MTI有课无实习	0.063	0.235	0.788	−0.41	0.53
	MTI无课无实习	0.365	0.235	0.126	−0.11	0.84
	英专三年级	0.667*	0.190	0.001	0.29	1.05
MTI无课无实习	MTI有课有实习	−0.501*	0.202	0.016	−0.91	−0.10
	MTI有课无实习	−0.302	0.242	0.219	−0.79	0.18
	MTI无课有实习	−0.365	0.235	0.126	−0.84	0.11
	英专三年级	0.302	0.199	0.136	−0.10	0.70
英专三年级	MTI有课有实习	−0.802*	0.147	0.000	−1.10	−0.51
	MTI有课无实习	−0.603*	0.199	0.004	−1.00	−0.20
	MTI无课有实习	−0 667*	0.190	0.001	−1.05	−0.29
	MTI无课无实习	−0.302	0.199	0.136	−0.70	0.10

注：*均值差的显著性水平为 0.05。

6.3.2 基于一测再测的新闻编译测试整体信度

就主观测试而言，某次测试的评分人之间的信度可以看作该测试的内部信度，而一测再测信度可以看作测试的整体信度。只有在保证测试内部信度的基础上，才能保证一测再测信度估算的可靠性（Bachman，1990）。

我们于2015年10月邀请3个班级的考生参加正式测试，间隔一段时间后，从这3个班级中选取2个班级，于2016年4月再次实施同一测试，最后收集到38份有交集的测试样本，即有38位考生参加了两次测试。参与第一次正式测试的评分员有3位，其中有两位参与了第二次测试的评分，我们采用这两位评分员在前、后两次测试中的评分结果来计算测试的内部信度和整体信度。在第一次测试中，我们通过计算这两位评分员在各分项上的均分之间的相关系数，得到第一次测试的评分人之间信度为0.91（克隆巴赫系数）。对第二次的测试数据，我们采用同样的方法，得到的信度系数为0.90（克隆巴赫系数）。由此可见，前、后两次测试的内部信度都达到了较理想的水平。对于测试的一测再测信度，我们分别选取这两位评分员在两次测试中各个分项上均分的均分作为每位考生的成绩，然后计算两组数据的相关，最后得到基于一测再测的两次测试的相关系数为0.77，比前、后两次测试的评分人之间信度低，但也可接受，基本符合预期。正如Brown（2006）所言，在进行第二次测试时，考生的应试态度、考生对试题的熟悉程度、考试时间等因素都会影响考生的测试表现。

6.3.3 小结

本节是对事后效度证据的补充，首先比较了不同层次考生的新闻编译成绩，然后考察了基于一测再测的测试整体信度，结果较理想。

6.4 本章小结

本章详细介绍了本测试各类效度证据的收集过程。理论效度证据、情景效度证据通过非统计方法得到，评分效度证据、结构效度证据和效标关联效度证据通过统计方法得到，结果显示本测试的效度较高，符合研究预期。

第七章　结论

在本章，作者将对本研究所取得的成果进行简要总结，从理论、方法和实践这三方面简介本研究的意义，反思本研究的不足之处，并对未来的研究方向提出几点建议。

7.1 研究成果

本研究围绕4个研究问题展开。①测试的构念是什么？②测试采用何种形式和内容？③测试的量表如何设计？特别是分项量表，其分项和等级如何设置？④测试的效度怎样？对这些问题的探讨经历了两个研究阶段，第一阶段的工作分析回答了前三个研究问题，确定了测试的内容、构念和量表。第二阶段回答了第四个研究问题，首先，通过试测和试评对试卷和量表的质量以及评分员的评分情况进行了检验，然后实施正式测试和正式评分，最后对试卷进行效度验证。下面详细汇报本次研究结果。

在研究第一阶段，作者通过工作分析得到如下发现。

第一，定义了测试的构念。通过访谈、问卷和文献查阅构建了新闻编译能力模型，为分项评分量表的开发奠定了理论基础。该能力包括语言能力、知识结构、使用能力、编辑能力、转换能力和生理—心理机制，其中，语言能力和知识结构为说明性知识，使用能力、编辑能力和转换能力为程序性技能。每个子能力还可以继续细分：双语能力包括语法能力、语篇能力、施为性语言能力和社会语言能力，其中，语法能力又包括词汇、形态、句法、语义、书写符号等；语篇能力包括衔接能力和修辞组织能力；知识结构包含英汉两种文化知识、编译知识、新闻知识和主题知识；使用能力包括语言生成策略和语言理解策略，各自又包括3个成分：评价成分、计划成分、实施成分；选择能力包括选题能力和编辑能力，其中编辑能力指对稿件的加工和整理，包括删、增、调等区分主次的能力；转换能力包括源语言理解能力、源语言和目标语言之间的转换能力和目标语言生成能力。

第二，明确了最常用的新闻编译任务，确定了测试方法和测试内容，并获得测试所需的真实语料。作者首先对新闻编译从业人员和教学人员进行访谈并发放问卷，其中从业人员主要来自新华社、环球网、路透中文网、中国日报社和央视。数据分析显示，考虑到交际模式、稿源篇数、稿源性质和编译方向等因素，从事新闻编译工作主要需要5种编译技能，实际工作中涉及10种最常用的新闻编译交际任务，在各类交际任务中，读/译模式占主体，就此类模式而言，使用最多的是将两篇或两篇以上英文稿件编译为中文稿件，此类任务在所有涉及英汉方向编译任务的单位中占有相当一部分比例。然后，作者分析相关文献对此类任务文本特征的描述，并进行实地考察获取真实语料，请教新闻编译教学专家，参考历年新闻编译大赛的题型、分值、时间、长度等的设置，最终确定测试任务为：考生作为新华社国际部编辑，须在100分钟内阅读两篇国际政治类体裁的英文消息（1000字左右），确定主题，自拟标题，将这两篇源稿件编译成一篇中文稿件（700—900字）。

第三，研制了分项评分量表。依据新闻编译能力模型，同时结合调研和文献分析结果，开发了新闻编译分项评分量表，该量表包含3个分项，分别为内容、编辑和语言。作者首先对每个分项进行解释说明，然后将每个分项划分为5个等级，为每个等级撰写描述词，分别制定量表详细版和简明版，最后根据评分员的反馈信息，又给每个分项增设了评分示例，这使得评分量表这一量尺与考生译稿更紧密贴合，也增强了评分员对量表和译稿的理解，使其在评分过程中保持更高的一致性。另外，在九分制整体翻译评分量表的基础上，制定了新闻编译整体评分量表，最后对两个量表的质量进行比较分析。

在研究第二阶段，首先有30名考生参加试测，试测结果基本符合预期，试卷和评分量表修改后应用到正式测试中，随后作者向60名考生发放试卷，并利用两款软件分析了评分结果，最后从不同层面收集证据对本次新闻编译测试的效度进行了验证，效验结果如下。

第一，本次测试具备较高的理论效度和情景效度，证据来源分别为研究第一阶段通过工作分析所确立的新闻编译能力模型和测试任务。

第二，本测试具备较高的评分效度，且分项量表的质量更好，在评分过程中，3位评分员均能合理地使用分项量表，评分员的自身一致性和评分员之间的一致性较高。

（1）本测试的两个量表及分项量表中各个分项的肯德尔和谐系数均在0.7以上，其中分项量表的肯德尔和谐系数更是达到0.8以上，说明分项量表下的评分员间一致性更高。

（2） 评分员在使用整体量表时评分结果有显著差异，而在使用分项量表时，无显著差异。

（3）从拟合值来看，仅整体量表有一个显著不拟合考生，此外有个别不拟合考生，其他所有层面上所有个体的拟合统计量均在合理范围之内。

（4）从分隔比率、分隔系数和卡方检验来看，两量表下的考生能力之间均存在显著差异，但分项量表对考生的区分能力更强；整体量表下的评分员之间严厉度存在显著差异，而分项量表下无显著差异；3个评分分项之间的难度有差异但跨度较小；分数段统计表和概率图各项指标数据均显示两个量表的等级设置较合理，质量较好。

（5）偏差分析结果显示，整体量表下评分员与考生之间有显著交互，但交互数量在合理范围；分项量表下评分员与考生、评分员与评分分项之间均无显著交互，这进一步证实分项量表质量更高。

第三，本测试有较高的结构效度：分项量表各个维度的拟合值均在合理范围之内且 $|Z|<2$，这表明分项量表无冗余分项，分别从内容、编辑

和语言这三个不同的维度共同测量了新闻编译能力。

第四，本测试有较高的效标关联效度：本测试与其他效标的相关分析显示，分项量表下的评分结果与整体量表下的评分结果、测量相近能力测试的评分结果之间的相关系数依次递减，这是合理的。这些说明本测试测量出了考生的真实水平。

第五，本测试有较高的后果效度，参与反拨效应调查的考生大都表示本次测试能对今后的编译学习起到正面的推动作用。

第六，对不同班级的考生成绩进行方差分析，结果表明不同考试群体之间具备显著性差异，且不同群体之间的均值差符合考生实际能力。另外，基于一测再测的测试整体信度也符合预期，这些都间接地表明本测试测量了想要测量的能力。

7.2 研究意义

根据国际上的粗略统计，目前90%以上译者所作的翻译都是非文学类翻译，从法律典籍，到外交文件；从专业艰深的科技论文，到类型复杂的商务文本……随着全球化进程加快，非文学类翻译的数量迅速增长①。当各种形式的新闻成为我们每天获取信息的主要来源时，新闻类文本正成为一种影响我们日常生活的重要的非文学文本。具体来讲，研发本测试的意义也体现在以下几方面。

第一，理论方面，首先，目前编译研究成果较少，本研究从测试角度开展新闻编译研究，把语言测试和新闻编译联系起来，将语言运用测试理论应用到变译领域后，突出了新闻编译测试研究的跨学科性、多层次性和系统性的特点，既拓宽了语言测试理论的研究范畴，也开阔了编译的研究视野；其次，本研究所构建的新闻编译能力模型是实地调研

① 来自网络 http://culture.people.com.cn/GB/22219/11211292.html，《文汇报》2010 年 3 月 24 日，作者樊丽萍。

和理论推导结合的产物，可以为今后相关研究提供一定的指导。整体而言，本研究丰富了新闻编译研究，有一定的理论意义。

第二，方法方面，本研究采用定性和定量结合的方法。具体来讲，在语言测试和翻译测试理论的基础上，明确了从构念界定到效度验证各个阶段的研究方法和步骤，尤其突出了工作分析在编译运用测试开发中的地位。将工作分析方法运用到翻译运用测试研究中还比较少见，可以说，本研究完善了功能主义翻译运用测试的开发框架。

第三，实践方面，各类媒体单位需要大量的新闻编译人员，但是，从学校的教学测评到认证机构的资格评定，再到媒体机构的人员招聘，我们都缺少科学、系统的新闻编译评价体系研究。比如，国内现有的翻译资格认证考试种类较多，但没有专门针对新闻编译人员的考试。本书欲研发的测试属于评价职业编译能力的测试，可为资格认定机构的译员资格评定提供参考依据，也可为媒体单位的编译人才选拔以及教学单位对学员编译员的评价提供一定的参考。因此，新闻编译测试研究具有较高的应用价值。

7.3 研究局限性

本书是对新闻编译测试研发和效验的一次积极尝试，旨在为新闻编译人才的评价提供一定的参考。由于时间和学识的局限，本研究还存在不足之处。

第一，工作分析调研单位的代表性问题。本书的工作分析选取通讯社、报社、网络媒体和电视台的编译人员为调研对象。但是，由于各种限制，作者只是从各类媒介中选取一个或两个单位进行调研，结果可能有偏差。

第二，新闻编译能力模型的实证检验问题。在本研究的测试开发框架中，明确测试的构念是不可回避的问题，因此，作者以编译能力模型为理论基础，构建了新闻编译能力模型，测试的构念和量表也随之确立。但是，我们对语言能力的界定已经很吃力，对翻译能力的界定更难，新闻编译能力更是难上加难。该模型可能存在不足，进一步的验证会更具说服力，因此，本研究中有关编译能力模型的论述是开放性的，随着国内外翻译测试和编译实践的进一步发展，相关研究也将不断得到完善。

第三，考生样本的代表性问题。本次测试在3所高校的5个班级内实施，共90名考生参加了试测和正式测试。不同考生群体在翻译年限、年级水平、接受编译培训的时间等方面存在差异，具备一定的代表性，但由于各种条件限制，可能样本的选取仍存在改进之处，更确切的结论也有待于进一步扩大样本量研究。

第四，效度验证问题。按照Bachman的AUA测试理论框架，测试的效度验证是一个长期的过程，受各种限制，本研究可能无法对测试做全面、详尽的效度验证。

总之，本书可能出现不当之处，甚至错误，真诚地期待各位专家和学者的批评指正。

7.4 未来研究方向

鉴于上述各种局限性，在今后的研究中，我们可以从以下方面着手，从而推动新闻编译研究的整体发展。

（1）开发专门化程度更高的新闻编译测试。我们力图在各类媒体机构的新闻编译任务中寻求共性，然而，媒体单位众多，各有特点，有待开发精细化程度更高的测试，可根据媒介性质对某类媒体机构进行详细调研后研发测试，比如为电视台开发专门的新闻编译测试，以突出视频类稿件在相关单位中的重要作用。

（2）结合实际工作中的编译任务使用情况，开展汉英方向上的新闻编译测试研究，从构念的界定，到任务的设计，再到量表的制定都需重新修订。

（3）利用各类统计方法对新闻编译能力模型进行进一步的验证，获取更多实证性数据来完善该模型。

（4）分项量表的进一步细化与比较。由于时间和人力限制，本研究只设计了整体量表和三分项的评分量表，如果允许，可以开展专门的新闻编译测试分项评分量表研究，比如将分项量表的分项进一步细化为四分项，并对不同量表进行比较。

（5）利用现有的新闻编译测试和评分量表来考察新闻编译能力发展各个阶段中各个子能力的特征，探索培养新闻编译能力所需要的有效教学方法和手段，做到新闻编译测试研究与新闻编译教学研究相互促进，共同发展。

参考文献

[1] Adab B. Evaluating translation competence[M].Developing Translation Competence. Amsterdam: John Benjamins, 2000:215.

[2] Alderson J. et al. Language test construction and evaluation[M]. Cambridge: CUP, 1995.

[3] Angelelli C V, JACOBSON, H. Testing and assessment in translation and interpreting studies: a call for dialogue between research and practice[M]. Amsterdam / Philadelphia: John Benjamins, 2009.

[4] Bachman L F. Fundamental considerations in language testing[M]. Oxford: OUP, 1990.

[5] Bachman L F, PALMER, A S. Language testing in practice[M]. Oxford: OUP, 1996.

[6] Bachman L F. Some reflections on task-based language performance assessment[J]. Language Testing, 2002, 19(4): 453 - 476.

[7] Bachman, L F, PALMER, A S. Language assessment in practice[M]. Oxford: OUP, 2010.

[8] Bell R T. Translation and translating: Theory and Practice [M]. Beijing: Foreign Language Teaching and Research Press, 2001.

[9] Bhatia V K. Analyzing genre: Language use in professional settings[M]. Long: Longman, 1993.

[10] Bielsa E, Bassnett S. Translation in global news[M]. Shanghai: Shanghai Foreign Language Education Press, 2011.

[11] Bonk W J, Ockey G J. A many-facet Rasch analysis of the second language group oral discussion task[J]. Language Testing, 2003, 20(1): 89-110.

[12] Brown J D. Performance assessment: Existing literature and directions for research[J]. University of Hawai'i Second Language Studies Paper, 2004, 22 (2): 91–139.

[13] Brown J D. Testing in language programs: a comprehensive guide to English language assessement[M]. Beijing: Higher Education Press, 2006.

[14] Cao D. On translational language competence[J]. Babel, 1996a, 42(4): 231–238.

[15] Cao D. Towards a model of translation proficiency[J]. Target. International Journal of Translation Studies, 1996, 8(2): 325–340.

[16] Carroll B J. Testing communicative performance: An interim study[M]. Janus Book Pub/Alemany Press, 1980.

[17] Davies A, Brown A, Elder C, Hill, K, Lumley, T. and McNamara, T. Dictionary of language testing[M]. Cambridge: Cambridge University Press, 1999.

[18] Halliday M A K, Hasan, R. Cohesion in English[M]. London: Longman, 1976.

[19] Halliday M A K. Language as social semiotic[M]. London: Arnold, 1978.

[20] Halliday M A K. An introduction to functional grammar(2nded.) [M]. Beijing: Foreign Language Teaching and Research Press, 2000.

[21] Harris D P. Testing English as a Second Language[M]. New York: McGraw–Hill,1969.

[22] Hatim B, Mason I. The translator as communicator[M]. London and New York: Routledge, 1997.

[23] Henning G. A guide to language testing: Development, evaluation, research[M]. Heinle and Heinle,1987.

[24] Hymes D. On communicative competence. In Pride J, Homes J. (eds.), Sociolinguistics[M]. Harmondsworth: Penguin, 1972.

[25] Kiraly D C. Pathways to translation: Pedagogy and process[M]. Kent, Ohio: Kent State University Press, 1995.

[26] Lado R. Language Testing: The Construction and Use of Foreign Language

Tests [M]. New York: McGraw Hill, 1961.

[27] Lefevere A. Translation, rewriting, and the manipulation of literary fame[M]. Shanghai: Shaighai Foreign Language Education Press, 2004.

[28] Linacre J M. Investigating rating scale category utility[J]. Journal of outcome measurement, 1999, 3(2): 103–122.

[29] Linacre J M. A User's Guide to FACETS: Rasch–Model Computer Program. Chicago: MESA Press, 2010.

[30] Martin J R. English text: System and structure[M]. Amsterdam/Philadelphia: John Benjamins Publishing Co, 1993.

[31] Martin J R, Rose D. Genre relations: Mapping culture[M]. London: Equinox, 2006.

[32] McNamara T F. Measuring second language performance[M]. London: Longman, 1996.

[33] McNamara T F. "Interaction" in second language performance assessment: Whose performance? [J]. Applied linguistics, 1997, 18(4): 446–466.

[34] Mart í nez Melis N, Hurtado Albir A. Assessment in translation studies: Research needs[J]. Meta: journal des traducteurs/Meta: Translators' Journal, 2001, 46(2): 272–287.

[35] Messick S. Validity [A]. In Robert, L. L. (ed). Educational Measurement[C]. 3rd ed. New York: Macmillan,1989.

[36] Messick S. Standards of validity and the validity of standards in performance assessment[J]. Educational measurement: Issues and practice, 1995, 14(4): 5–8.

[37] Milanovic M, Saville N, Pollitt A, Cook A. Developing rating scales for CASE: Theoretical concerns and analyses, in Cunmming A, Berwick R. (eds.), Validation in language testing[M]. Multilingual Matters, Clevedon, England, 1996.

[38] Munby J. Communicative syllabus design[M]. Cambridge University Press, 1976.

[39] Munday J. Introducing translation studies: Theories and applications[M]. Routledge, 2001.

[40] Myford C M, Wolfe E W. Monitoring sources of variability within the Test of Spoken English assessment system[R]. NJ: Educational Testing Service, 2000.

[41] Myford C M, Wolfe E W. Detecting and measuring rater effects using many-facet Rasch measurement: Part Ⅱ[J]. Journal of applied measurement, 2004, 5(2): 189–227.

[42] Neubert A. Competence in Language, in Languages, and in Translation[M]// Developing Translation Competence. Amsterdam: John Benjamins, 2000:3.

[43] Newmark P. A textbook of translation[M]. New York: Prentice hall, 1988.

[44] Newmark P. Approaches to translation [M]. London: Prentice Hall International Ltd., 1988.

[45] Nida E A, Taber C R. The theory and practice of translation[M]. Leiden: E.J.Brill, 1969.

[46] Nord C. Text analysis in translation[M]. Amsterdam:Rodopi, 1991.

[47] Nord C. Translating as a purposeful activity: Functionalist approaches explained[M]. Shanghai: Shanghai Foreign Language Education Press, 2001.

[48] Orozco M. Building a measuring instrument for the acquisition of translation competence in trainee translators[M]//Developing Translation Competence. John Benjamins, 2000: 199.

[49] PACTE. Building a Translation Competence Model[M]//Triangulating translation: perspectives in process oriented research. 2003: 43–66.

[50] PACTE. Investigating translation competence: Conceptual and methodological issues[J]. Meta: journal des traducteurs/Meta: Translators' Journal, 2005, 50(2): 609–618.

[51] Park T. An Investigation of an ESL placement test of writing using many-facet Rasch measurement[J]. Studies in Applied Linguistics and TESOL, 2004, 4(1) 1–21.

[52] Sch ffner C, Adab B. Developing translation competence[M]. Amsterdam/ Philadelphia: John Banjamins, 2000.

[53] Sch ffner C. Running before walking?: Designing a translation programme at undergraduate level[M]//Developing translation competence. John Benjamins, 2000: 143–156.

[54] Spolsky B. Measured words[M]. Oxford: OUP, 1995.

[55] Timarov á S, Ungoed–Thomas H. The predictive validity of admission tests for interpreting courses in Europe: A case study[M]//Testing and Assessment in Translation and Interpreting Studies. John Benjamins, 2009: 225–245.

[56] Tiselius E. Revisiting Carroll's scales[M]//Testing and Assessment in Translation and Interpreting Studies. Amsterdam / Philadelphia: John Benjamins, 2009: 95–121.

[57] Toury G. Descriptive translation studies and beyond[M]. Shanghai: Shanghai Foreign Language Education Press, 2001.

[58] Waddington C. Different methods of evaluating student translations: The question of validity[J]. Meta: journal des traducteurs/Meta: Translators' Journal, 2001, 46(2): 311–325.

[59] Weigle S C. Using FACETS to model rater training effects[J]. Language testing, 1998, 15(2): 263–287.

[60] Weir C. Language testing and validation: an evidence–based approach[M]. Beijing: Foreign Language Teaching and Research Press, 2010.

[61] Wolfram W. The Science of Translation: Problems and Methods. Shanghai: Shanghai Foreign Language Education Press, 2001.

[62] Wright B D, Masters G N. Rating scale analysis: Rasch Measurement[M]. Chicago: MESA Press, 1982.

[63] Jones R. Performance testing of second language proficiency[J]. Concepts in language testing: Some recent studies, 1979: 50–57.

[64] Long M. Second language needs analysis[M]. Cambridge University Press,

2005.

[65] 陈明瑶. 浅论英语新闻编译加工[J]. 中国翻译，2001（5）：33—35

[66] 陈建林. 外语教学测试构念研究：以TEM—8作文评分员为例[D]. 上海：上海外国语大学，2013.

[67] 程维. 跨文化传播视阈下的新闻编译——以《参考消息》防控甲流的几则新闻稿为例[J]. 上海：上海翻译，2010（3）：27—32.

[68] 程维. 叙事学视阈中的新闻编辑：《参考消息》与美国媒体北京奥运会报道[M]. 北京：世界知识出版社，2012.

[69] 程维. “再叙事”视阈下的英汉新闻编译[J]. 中国翻译，2013（5）：100—104.

[70] 崔艳秋. 如何编译英文用户手册[J]. 中国科技翻译，2008（4）：12—14.

[71] 邓笛. 中国 20世纪广义编译现象的思维方式解释[J]. 外国语文，2013（1）：100—103.

[72] 段业辉. 新闻语言学[M]. 南京：江苏教育出版社，1999.

[73] 段业辉等. 新闻语言比较研究[M]. 北京：商务印书馆，2007.

[74] 方琰. 浅谈语类[J]. 外国语，1998（1）：17—22.

[75] 冯全功. 论新闻译者的把关行为与素质要求[J]. 广东外语外贸大学学报，2017（2）：103—109.

[76] 葛中俊. 钱锺书视域中的翻译之名与译品之实——《谈译录》汉英译释研究[D]. 上海：华东师范大学，2012.

[77] 郭辉. “加法”技巧在中国文化内容编译中的运用[J]. 中国翻译，2012（2）：113—115.

[78] 海芳. 英语专业本科生的笔译测试——理论与实践[D]. 上海：上海外国语大学，2004.

[79] 韩宝成. 外语教学科研中的统计方法[M]. 北京：外语教学与研究出版社，2000.

[80] 韩宝成. 语言测试和它的方法（修订版）[M]. 北京：外语教学与研究

出版社, 2000.

[81] 何莲珍，张洁. 多层面Rasch模型下大学英语四、六级考试口语考试（CET–SET）信度研究[J]. 现代外语，2008（4）：388–398.

[82] 胡伟华，郭继荣. 国际新闻编译中的译者主体意识及语言操控[J]. 外语电化教学， 2019（2）：61—66.

[83] 胡兴文. 叙事学视域下的外宣翻译研究[D]. 上海：上海外国语大学，2014.

[84] 胡壮麟. 语篇的衔接与连贯[M]. 上海：上海教育出版社，1994.

[85] 黄汉生. 科技消息编译中的一些问题[J]. 上海科技翻译，1988（5）：38—40.

[86] 黄忠廉. 翻译测试研究：进展与方向[J]. 中国俄语教学，1998（3）：55—59.

[87] 黄忠廉. 翻译变体研究[M]. 北京：中国对外翻译出版公司，1999.

[88] 黄忠廉. 变译理论[M]. 北京：中国对外翻译出版公司，2002.

[89] 黄忠廉，李红青. 翻译教学：需要建立开发意识[J]. 外语与外语教学，2004（1）：52—55.

[90] 季怡. 论林语堂编译作品的翻译策略[D]. 湘潭：湘潭大学，2007.

[91] 贾洪伟. 摘译研究评议[J]. 民族翻译，2013（2）：31—37.

[92] 贾文波. 应用翻译功能论[M]. 北京：中国对外翻译出版公司，2004.

[93] 江进林，文秋芳. 基于Rasch模型的翻译测试效度研究[J]. 外语电化教学，2010（1）: 14—18.

[94] 金萍. 多维视域下翻译转换能力发展与翻译教学对策研究[M]. 北京：中国人民大学出版社，2011.

[95] 蓝顺德，赖慈芸，林庆隆等. 建立国家中英文翻译人才能力检定考试一般笔译评分机制第一期研究：期末报告，http:www.nict.gov.tw [2012–3–10].

[96] 鹿士义，王二平. 汉语作为第二语言教学和评估任务的工作分析[J]. 世界汉语教学，2010（1）：112—126.

[97] 厉平. 变译理论研究：回顾与反思[J]. 外语学刊，2014（1）：94–98.
[98] 李德凤. 新闻翻译：原则与方法[M]. 香港：香港大学出版社，2009.
[99] 李静. 英文简讯的体裁结构潜势分析[J]. 苏州大学学报（社学社会科学版），2008（3）：102—103.
[100] 李清华，孔文. TEM–4 写作新分项式评分标准的多层面Rasch模型分析[J]. 外语电化教学，2010（1）：19—25.
[101] 李兴福. 试论英汉·汉英科技辞典的编译要旨[J]. 上海翻译，2007（2）：72—76.
[102] 李元授，白丁. 新闻语言学[M]. 北京：新华出版社，2001.
[103] 李中权，孙晓敏，张厚粲，张立松. 多面Rasch模型在主观题评分培训中的应用[J]. 中国考试，2008（1）：26—31.
[104] 李宗凯. 英语新闻翻译的常见错误辨析[M]. 北京：新华出版社，2013.
[105] 林柏. 国际传播英语——英语新闻写作与编译[M]. 北京：对外经济贸易大学出版社，2007.
[106] 刘海燕. 网络语言[M]. 北京：中国广播电视出版社，2002.
[107] 刘洪潮. 怎样做新闻翻译[M]. 北京：中国传媒大学出版社，2005.
[108] 刘建达. 话语填充测试方法的多层面Rasch模型分析[J]. 现代外语，2005（2）：157—169.
[109] 刘建树. 印度梵剧《沙恭达罗》英汉译本变异研究[D]. 西安：陕西师范大学，2013.
[110] 刘丽芬，黄忠廉. 编译的基本原则——变译方法研究[J]. 中国科技翻译，2001（1）：42—44.
[111] 刘宓庆. 文体与翻译[M]. 北京：中国对外翻译出版公司，2012.
[112] 刘霆昭. 新闻把关人的九个“懂”[J]. 新闻与写作，2012（12）：65—67.
[113] 刘其中. 新闻翻译教程[M]. 北京：中国人民大学出版社，2004.
[114] 刘其中. 英汉新闻翻译[M]. 北京：清华大学出版社，2009.
[115] 刘其中. 汉英新闻编译[M]. 北京：清华大学出版社，2009.

[116] 刘润清. 外语教学中的科研方法[M]. 北京：外语教学与研究出版社，1999.

[117] 刘树森. 编译：外语专业高年级学生应该掌握的一种能力[J]. 中国翻译，1993（3）：54—56.

[118] 刘肖. 中国新闻类英文报纸发展分析[J]. 新闻界，2006（5）：74–75.

[119] 刘小蓉，庞茜之，刘华. 英语实用文体与翻译研究[M]. 长春：吉林大学出版社，2012.

[120] 刘训成. 新闻英文编译[M]. 厦门：厦门大学出版社，2002.

[121] 罗丹. 多面RASCH模型在HSK（中级）口语评分检验中的应用[D]. 北京：北京语言大学，2008：16—21.

[122] 马逢菖. 当前科技词典编译质量上的一些问题——兼评《腐蚀与防腐词典[J]. 中国科技翻译，1991（3）：43—47.

[123] 马景秀. 新闻话语意义生成的系统功能修辞研究[D]. 上海：上海外国语大学，2007.

[124] 苗菊. 翻译能力研究——构建翻译教学模式的基础[J]. 外语与外语教学，2007（4）:47—50.

[125] 倪秀华. 翻译与行动主义——以斯诺编译《活的中国》为例[J]. 解放军外国语学院学报，2013（6）：98—102.

[126] 鄢佳，李德凤. 评价意义在奥运新闻标题编译中的改写[J]. 中国科技翻译，2013（1）：52—55.

[127] 穆雷. 信息社会对翻译教学的影响[J]. 上海科技翻译，1994（4）：45—48.

[128] 穆雷. 翻译测试现状分析[J]. 国外外语教学，2000（1）：15—17.

[129] 穆雷. 翻译测试及其评分问题[J]. 外语教学与研究，2006（6）：466—471.

[130] 穆雷. 翻译测试的定义与定位[J]. 外语教学，2007（1）：82—86.

[131] 裴豫敏. 科技论文汉译英稿件的一些编译问题[J]. 中国科技翻译，1991（4）：27—30.

[132] 秦晓晴. 外语教学研究中的定量数据分析[M]. 武汉：华中科技大学出版社，2003.

[133] 尚京华，李新宇. 国际新闻编译[M]. 北京：中国传媒大学出版社，2016.

[134] 沈倩怡. 从系统功能观探究英语社论的语类结构潜势[D]. 南京：南京师范大学，2006.

[135] 石定乐，李雪芹，卢成委. 国际商务英汉翻译教程[M]. 武汉：武汉大学出版社，2008.

[136] 宋志平. 关于翻译测试的理论思考[J]. 中国翻译，1997（4）：31—34.

[137] 田传茂. 编译的性质、特点及原则[J]. 编辑学刊，2005（2）：41–43.

[138] 田璐，赵军峰. 新世纪的功能翻译理论——克里斯蒂安·诺德教授访谈录[J]. 中国翻译，2018（4）：86—90.

[139] 童兵. 理论新闻传播学导论[M]. 北京：中国人民大学出版社，2000.

[140] 王二平，谢小庆. 银行保险业经济系列专业职称资格的职务分析[J]. 心理学动态，1994（1）：55—62.

[141] 王海. 传媒翻译概论[M]. 广州：暨南大学出版社，2011.

[142] 王静. 外宣资料的功能性编译法探讨[M]. 上海翻译，2010（3）：40—42.

[143] 王丽. 谈网络英语新闻的编译[M]. 中国科技翻译，2008（3）：27—29.

[144] 王鸣妹. 国内翻译测试研究（1996—2016）：回眸及前瞻[J]. 外语教育研究，2017（4）：47—52.

[145] 王涛. 编译标准初探[J]. 上海科技翻译，2000（4）：15—17.

[146] 王银泉. 实用汉英电视新闻翻译[M]. 武汉：武汉大学出版社，2009.

[147] 王振亚. 英汉语言测试词典[M]. 北京：北京语言大学出版社，2008.

[148] 王振亚. 现代语言测试模型[M]. 保定：河北大学出版社，2009.

[149] 王振亚. 语言测试[M]. 保定：河北大学出版社，2009.

[150] 王振亚. 功能主义翻译运用测试[D]. 北京：北京语言大学出版社，2011.

[151] 王振亚. 翻译能力新探[J]. 当代外语研究，2012（3）：43—47.

[152] 王振亚. 功能主义翻译运用测试模型. 钱军（主编）：语言研究与外语教学[M]. 北京：高等教育出版社.

[153] 文军. 翻译课程模式研究[M]. 北京：中国文史出版社，2005.

[154] 文军，陈世军. 取舍之间——从一次调查看摘译及摘译时信息的取舍[J]. 天津外国语学院学报，2001（4）: 1—4.

[155] 文军，宋佳. 论报刊英语新闻评论的编译原则[J]. 西安外国语大学学报，2007（1）：69—70.

[156] 文秋芳. 应用语言学研究方法与论文写作（中文版）[M]. 北京：外语教学与研究出版社，2004.

[157] 魏晋慧. 浅谈编译[J]. 天津外国语学院学报，1999（2）：41—43.

[158] 魏涛. 长话短说与短话长说——浅析英语电视新闻编译[J]. 中国翻译，2006（5）：76—79.

[159] 吴波，朱健平. 新闻翻译：理论与实践[M]. 杭州：浙江大学出版社，2011.

[160] 吴启金. 翻译教育要进一步与市场需求相衔接[J]. 外语与外语教学，2002（7）：45—48.

[161] 肖维青. 本科翻译专业测试研究[M]. 北京：人民出版社，2012.

[162] 熊力游，刘和林. 旅游网页文本的编译策略[M]. 中国翻译，2011（6）：63—67.

[163] 徐建国. 作为翻译改写手段的编译[J]. 四川外语学院学报，2008（4）：115—118.

[164] 徐莉娜. 关于本科生翻译测试的探讨[J]. 中国翻译，1998（3）：29—32.

[165] 徐林. 网络新闻的汉英翻译与编译的几点思考[J]. 中国翻译，2011（4）：69—74.

[166] 许明武. 编译研究概说[J]. 中国翻译，1998（6）：30—33.

[167] 许明武. 新闻英语与翻译[M]. 北京：中国对外翻译出版公司，2003.

[168] 徐世平. 网络新闻实用技巧[M]. 上海：文汇出版社，2002.

[169] 徐英. 新闻编译中意识形态的翻译转换探索[J]. 中国翻译，2014（3）：98—102.

[170] 严明. 基于体裁的商务英语话语能力研究：构念界定与测试开发[D]. 上海：上海外国语大学博士学位论文，2012.

[171] 闫威. 对外新闻编译的忠实与叛逆[J]. 中国翻译，2011（6）：24—27.

[172] 杨保军. 新闻理论教程[M]. 北京：中国人民大学出版社，2005.

[173] 杨凤军. 2007—2011年我国的新闻翻译研究：进展与不足[J]. 湖南科技学院学报，2012（5）：193—196.

[174] 杨凤军. 论童谣的语言特色及其英译——兼评何兰德对《孺子歌图》的编译[J]. 外国语文，2013（3）：117—121.

[175] 杨雪燕. 国际政治新闻英语的文体特征[J]. 外语研究，2001（3）：31—37.

[176] 杨洋. 跨文化交际能力的界定与评价[D]. 北京：北京语言大学，2009.

[177] 叶小宝，徐志敏. 时政外宣英译也能“变形保义”——从功能主义角度看胡锦涛“讲话”英文译稿[J]. 现代传播，2011（4）: 151—152.

[178] 俞可怀. 外文编辑应把握翻译和编译的界限[J]. 上海科技翻译，1991（1）：37—40.

[179] 俞建村. 论新闻报道的翻译特点[J]. 上海科技翻译，2001（3）：25—27.

[180] 曾庆丰. 实用电讯新闻翻译教程[M]. 广州：暨南大学出版社，1999.

[181] 翟芳，胡伟华. 功能对等视角下汉英国际新闻编译探析——以《中国日报》中的政治语篇为例[M]. 西安外国语大学学报，2017（4）：87—91.

[182] 战英民. 综述性译文的编译技法[J]. 上海科技翻译，1989（2）：36—37.

[183] 张海龙, 潘海涛. 现代传播语境下新闻把关人的标准取向[J]. 新闻界，2012（17）: 3—5.

[184] 张洁，何莲珍. 语言运用测试中的分数差异研究——基于多层面Rasch模型的方法[J]. 中国英语教学，2008（4）: 40—49.

[185] 张健. 新闻英语文体浅述[J]. 外国语[M]. 1990（3）：68—75.

[186] 张健. 新闻英语文体与范文评析[M]. 上海：上海外语教育出版社，2004.

[187] 张健. 报刊英语研究[M]. 上海：上海外语教育出版社，2007.

[188] 张健. 新闻翻译教程[M]. 上海：上海外语教育出版社，2008.

[189] 张健. 英语新闻业务研究[M]. 上海：上海外语教育出版社，2010.

[190] 张美芳. 编译的理论与实践——用功能翻译理论分析编译实例[J]. 四川外语学院学报，2004（2）：95—113.

[191] 张培欣. 翻译教学中的汉译英笔译能力测试评分量表研究[M]. 厦门：厦门大学出版社，2017.

[192] 张新玲. 中国大学EFL学习者英汉—汉英笔译测试研究综述[J]. 上海翻译，2011（2）：30—33.

[193] 张旭. 从失语到对话——兼评张佩瑶等编译《中国翻译话语英译选集》[J]. 外语研究，2008（1）：94—97.

[194] 赵虹. 语类、语境与新闻话语[M]. 南京：南京大学出版社，2011.

[195] 赵征军. 中国戏剧典籍译介研究——以《牡丹亭》的英译与传播为中心[D]. 上海：上海外国语大学，2013.

[196] 郑宝璇. 传媒翻译[M]. 香港：香港城市大学出版社，2004.

[197] 郑宝璇. 从功能语法看新闻引述编译的报导动词——以乌克兰危机为例[J]. 中国翻译，2015（1）：105—109.

[198] 朱伊革. 英语新闻的语言特点与翻译[M]. 上海：上海交通大学出版社，2008.

[199] 庄智象. 翻译教学及其研究的现状与改革[J]. 外语界，1992（1）：10—17.

[200] 邹申. 语言测试[M]. 上海：上海外语教育出版社，2012.

附录一：北京语言大学第三届口笔译大赛新闻编译试题

请通读后将下方英文原文编译制作成一篇中文新闻稿。具体要求如下：

①请自行拟写标题，要求具体、生动、形象，不超过21字。

②自行拟写导语，要求能够准确概括文章主旨，传达有价值信息。

③对英文原文进行编译，不得挨个字通篇翻译。正文内容的材料甄选只要有针对性、有说服力即可，但说理须有理有据。译文结构要求完整，观点全面，行文顺畅。

④稿件整体字数不少于800字。

⑤筛选材料时，文中加黑部分内容不得遗漏。

⑥建议完成时间：100分钟。

Obama shakes hands with Cuba's Raul Castro

①It was the briefest of moments, just seconds, two presidents shaking hands and exchanging pleasantries amid a gaggle of world leaders together to honor the late Nelson Mandela.

②It would hardly have been noteworthy, except the men locking hands in Johannesburg were Barack Obama and Raul Castro, whose nations have been mired in Cold War antagonism for more than five decades.

③According to some analyst, a single, cordial gesture is unlikely to wash away bad blood dating back to the Eisenhower administration. But in a year that has seen both sides take small steps at improving the relationship, the handshake stoked talk of further rapprochement.

④ "On the one hand you shouldn't make too much of this. Relations between Cuba and the United States are not changing tomorrow because they shook hands," said Geoff Thale, a Cuba analyst at the Washington Office on Latin America, a U.S.–

based think tank.

⑤He told CNN that contrasted the moment to a 2002 development summit where then-Mexican President Vicente Fox asked Fidel Castro to leave to avoid having him in the same room as U.S. President George W. Bush." What's really striking here is the contrast," Thale said. "It's a modestly hopeful sign, and it builds on the small steps that they're taking."

⑥Not everyone was so happy about it.

⑦ "Sometimes a handshake is just a handshake, but when the leader of the free world shakes the bloody hand of a ruthless dictator like Raul Castro, it becomes a propaganda coup for the tyrant," said Ileana Ros-Lehtinen, a Cuban-American congresswoman from Florida who until January 2013 was chairwoman of the House Committee on Foreign Affairs.

⑧Sen. Marco Rubio, R-Fla., also released a statement saying: "If the president was going to shake his hand, he should have asked him about those basic freedoms Mandela was associated with that are denied in Cuba."

⑨Obama and Castro's encounter was the first of its kind between sitting U.S. and Cuban presidents since Bill Clinton and Fidel shook hands at the U.N. in 2000. It came as Obama greeted a line of world leaders on his way to the podium for a speech at the memorial. Obama's brief encounter with Castro, though—unlike the historic phone call earlier this year between Obama and Iran's new president, Hassan Rouhani —was described as spontaneous.

⑩The White House played down the handshake, Obama adviser Ben Rhodes said the handshakes were not planned in advance and didn't involve any substantive discussion. "The president didn't see this as a venue to do business," he told reporters traveling back to Washington aboard Air Force One.

⑪A spokesman for President Obama said it is "unfortunate" that some Republicans criticized Obama's handshake with Cuban leader Raúl Castro while the president was representing the nation overseas.

⑫ "There used to be a pretty important principle that originated in the Republican Party, I believe, that partisan politics should stop at the water' s edge," said White House spokesman Josh Earnest. "And it' s unfortunate that we did see a number of Republicans yesterday who criticized the president for a handshake at Nelson Mandela' s funeral."

⑬By shaking Castro' s hand, Obama sent a message of openness that echoes a speech he gave at a Democratic fundraiser in Miami last month, according to Fox News.

⑭ "We have to continue to update our policies," he said then. "Keep in mind that when （Fidel） Castro came to power, I was just born. So the notion that the same policies that we put in place in 1961 would somehow still be as effective as they are today in the age of the Internet and Google and world travel doesn' t make sense."

⑮The 10 December handshake set off speculation in the US and Cuba about whether it signaled a warming of ties between the two nations after decades of animosity. Democrats replied that a handshake with no policy change equals mere protocol. At this point, there is no sign the Obama administration is planning sweeping changes in its Cuba policy.

⑯The White House has allowed cultural trips to Cuba and other means of personal engagement, but the overall framework of the US embargo and travel restrictions remains in place. This policy itself is counterproductive and immoral, according to Slate economic writer Matt Yglesias. That' s what people should be focusing on, he writes,

⑰Washington and Havana are still far apart on many issues, but some in Havana were optimistic the handshake may point to a future Cuba–U.S. reboot. "As a Cuban I' m shocked," said Ana Lidia Aguila, a 42–year–old employee of the City Historian' s Office. "I hope that relations grow closer."

⑱Cuban President Raúl Castro says the U.S. and Cuba could have a "civilized relationship" . This all comes about two weeks after President Obama and Castro shook hands at Nelson Mandela' s memorial service in South Africa.

⑲BBC reports that in a rare speech, Castro said that over the past year U.S. and Cuban officials have met to talk about immigration and restarting mail service between the two countries. That proves, Castro said, that relations between the two counties could be civilized.

⑳ "If we truly want to further bilateral relations, we' re going to have to respect our mutual differences and learn to live peacefully with them," Castro said. Otherwise, he added, Cuba is ready to continue with the same kind of relationship it' s had with the U.S. for 55 years.

㉑ "We don' t demand that the United States change its political and social system, nor will we negotiate with ours," Castro said.（917words）

附录二：新闻编译运用测试访谈提纲

一、交际任务的形式和内容

（1）在实际工作中，摘译、编译、全译各自所占比例如何？不同方向的编译所占比例怎样？

（2）请描述一天中典型的新闻编译活动？

（3）英汉和汉英新闻编译的稿源和译稿去向如何？是否常常需要自己选题获取源稿件？

（4）按照体裁、题材、源稿件篇数、源稿件形式和交际渠道等分类，使用频率较高的新闻编译活动有哪些？

（5）您认为通讯社和其他媒体，比如报刊、网络媒体、电视台和电台的新闻编译区别大吗？比如从读者群体、译文语言特征、长度等方面来看？

（6）在实际工作中，编译速度有何要求？比如，编译一份稿件通常需要多长时间？或一小时大概能编译多长篇幅的稿件？

二、交际任务能力

（1）您能谈谈对编译和翻译的认识吗？编译是否属于翻译，两者之间的关系？

（2）请描述编译的过程，其中编辑和翻译的顺序如何？

（3）您认为编译能力包含哪些子能力？从语言能力、知识结构、编辑能力、转换能力等几方面来考察该能力是否合理？这些子能力的重要性怎样？

（4）您认为编译的难点是什么？编辑和翻译转换哪个更难？

（5）编辑的度比较难把握，您在编辑时主要从哪些角度来考虑信息的取舍？读者、长度、文章内容、媒体立场、意识形态，哪几个因素最重要？

三、交际任务的测量

（1）您认为有必要单独对编译能力进行测量吗？（译员/教师）

（2）您认为编译能力可测量吗？（译员/教师）

（3）您是否了解此类测试？（译员/教师）

（4）请问您的入职测试采用什么题型？了解评分标准吗？对测试是否满意？如不满意，您认为有什么地方需要改进？（译员）

（5）在实际工作中，稿件的质量主要从哪些方面评价？您的建议是什么？（译员/教师）

附录三：新闻编译情况调查问卷

尊敬的各位译者：你们好！

我们正在开展一项关于新闻编译测试的研究。为全面了解媒体类单位的编译使用情况，我们组织了此次调查，希望了解您对相关问题的看法。这些看法无对错之分，我们不会对其进行任何学术性或价值性的评判，但您的任何观点都会受到重视，而且，您的所有个人信息我们将严格保密，所以，请您能根据实际工作情况和切身经验提供相应的信息。

最后，衷心感谢您对本研究的理解与支持！祝您工作顺利！

第一部分：个人信息（请您在相应的□内打√）

1）您的单位（兼或专）：通讯社□；报社□；网络媒体□；电视台□；电台□

2）您的性别： A. 男□ B. 女□

3）您的专业： A. 英语专业□ B. 传媒专业□ C. 其他专业□

4）您的教育程度：A. 本科□ B. 硕士及以上□

5）您的工作年限：A. 0—2年□ B. 2—5年□ C. 5年以上□

第二部分：交际任务的频率（请根据您的实际工作情况，判断下列各项的使用频率：1.几乎不使用；2.偶尔使用；3.有时使用；4.较常使用；5.常常使用）

1）翻译方法：

全译______ 摘译______ 编译______

2）体裁:

消息______ 通讯______ 评论______

3）编译过程中涉及的任务使用频率：

选题①______

读一篇中文稿件，然后制作成一篇英文稿件______

读两篇或两篇以上的中文稿件，然后制作成一篇英文稿件______

读一篇英文稿件，然后制作成一篇中文稿件______

读两篇或两篇以上的英文稿件，然后制作成一篇中文稿件______

读中文稿件和英文稿件，然后制作成一篇中文稿件或一篇英文稿件________

① 从网络、报纸或其他渠道选择源稿件或者选择素材去补充既有的源稿件的活动。

编译图片新闻（包括图集、图片说明等）______

听A语言新闻（如电视和广播），然后制作成B语言稿件（如快讯）______

听A语言新闻（如新闻发布会），先写成A语言稿件，再制作成B语言稿件______

编译带稿视频新闻______

第三部分：交际任务的难度（请判断下列各项的难度：1. 非常容易；2. 比较容易；3.中等难度；4. 比较难；5. 非常难）

任务条目	1	2	3	4	5
1.选题					
2.听新闻，抢快讯					
3.读新闻，抢快讯					
4.读1篇源稿件，制作成1篇目标语稿件					
5.读2+篇同类语言的源稿件，制作成1篇目标语稿件					
6.读2+篇不同语言的源稿件，制作成1篇目标语稿件					
7.编译图片类稿件					
8.编译带稿视频/音频类稿件					

第四部分：交际能力的测量、构成与评价（请您在相应的______处填写）

1）您觉得入职测试和您的实际工作环境相符合吗？______

A. 符合　B. 不符合　　　C.不清楚

如选择不符合，您的建议是：________________________

2）您觉得有必要开发专门的“新闻编译测试”吗？______

A. 有必要　　　B. 没有必要　　　C.不知道

D. 有必要，但不必单独进行，可以在翻译测试中考察

3）您认为一名合格的新闻编译者应该具备以下哪些能力？请选择并根据其重要性（从高到低）排序。________________

A. 知识结构（包括编译策略和技巧、新闻知识、双语文化知识、百科知识、主题知识）

B. 编辑能力（包括对原稿件的增、减、调、合等信息加工能力等）

C. 使用能力（包括理解能力和表达能力）

D. 语言能力（指英汉两种语言的语法、语篇和语用能力）

E. 选题能力（指从网络中选择源稿件或者选择素材去补充源稿件的能力）

F. 转换能力（指英、汉两种语言间的转换能力）

G. 工具能力（包括IT和工具书等的使用能力）

H. 个人素养（如政治立场、团队合作能力和职业道德等）

您对新闻编译能力的构成因素还有哪些补充？

____

____

4）下面列举了评估新闻编译译文质量的相关因素，请对其重要性进行打分（1表示最不重要；5表示最重要）。

信息准确______

语篇流畅______

体例准确______

编辑适度______

语法准确______

语言得体______

政治立场______

调查到此结束，再次谢谢您的参与和合作！

附录四：美英主流媒体对美古两国领导人互动的报道

语料1

Obama shakes hands with Cuban president at Mandela memorial

From the Associated Press, December 10, 2013 9:18AM EST

HAVANA, Cuba —— ①It was the briefest of moments, just seconds, two presidents shaking hands and exchanging pleasantries amid a gaggle of world leaders together to honour the late Nelson Mandela.

②It would hardly have been noteworthy, except the men locking hands in Johannesburg were Barack Obama and Raul Castro, whose nations have been mired in Cold War antagonism for more than five decades.

③A single, cordial gesture is unlikely to wash away bad blood dating back to the Eisenhower administration. But in a year that has seen both sides take small steps at improving the relationship, the handshake stoked talk of further rapprochement.

④ "On the one hand you shouldn't make too much of this. Relations between Cuba and the United States are not changing tomorrow because they shook hands," said Geoff Thale, a Cuba analyst at the Washington Office on Latin America, a U.S.–based think–tank .

⑤He contrasted the moment to a 2002 development summit where then–Mexican President Vicente Fox asked Fidel Castro to leave to avoid having him in the same room as U.S. President George W. Bush.

⑥ "What's really striking here is the contrast," Thale said. "It's a modestly hopeful sign, and it builds on the small steps that they're taking."

⑦Not everyone was so happy about it.

⑧ "Sometimes a handshake is just a handshake, but when the leader of the free world shakes the bloody hand of a ruthless dictator like Raul Castro, it becomes a propaganda coup for the tyrant," said Ileana Ros-Lehtinen, a Cuban-American congresswoman from Florida who until January 2013 was chairwoman of the House Committee on Foreign Affairs.

⑨Obama and Castro's encounter was the first of its kind between sitting U.S. and Cuban presidents since Bill Clinton and Fidel shook hands at the U.N. in 2000.

⑩It came as Obama greeted a line of world leaders on his way to the podium for a speech at the memorial.

⑪Obama also had a cheek-kiss for Brazilian President Dilma Rousseff. The two have clashed over reports the National Security Agency monitored her communications, leading the Brazilian leader to shelve a state trip to the U.S. earlier this year.

⑫In another potentially uneasy exchange, Obama briefly greeted Afghan President Hamid Karzai, whose refusal to sign a security agreement with the U.S. before year's end has irritated the administration.

⑬Obama adviser Ben Rhodes said the handshakes were not planned in advance and didn't involve any substantive discussion. "The president didn't see this as a venue to do business," he told reporters travelling back to Washington aboard Air Force One.

⑭By shaking Castro's hand, Obama sent a message of openness that echoes a speech he gave at a Democratic fundraiser in Miami last month.

⑮ "We have to continue to update our policies," he said then. "Keep in mind that when (Fidel) Castro came to power, I was just born. So the notion that the same policies that we put in place in 1961 would somehow still be as effective as they are today in the age of the Internet and Google and world travel doesn't make sense."

⑯As president, Obama has lifted limits on how often Cuban-Americans can visit family back on the island, and how much they can send home in remittances.

He also reinstated "people-to-people" cultural exchange tours to Cuba. The result is more than a half-million U.S. visitors to the island each year.

⑰Cultural, sports and academic exchanges have become commonplace. Just Monday, a huge ship docked in Havana carrying hundreds of Semester at Sea students under a U.S. government license.

⑱But Obama has also argued that Washington's 51-year economic embargo on Cuba should remain in force, and his administration has imposed tens of millions of dollars in fines on international companies for violating the sanctions.

⑲Cuba's imprisonment in 2009 of U.S. government development subcontractor Alan Gross put relations back in a deep freeze. Gross remains jailed, but this year Washington decided it would no longer let the case stand in the way on areas of common interest.

⑳The U.S. and Cuba have held multiple rounds of talks on restoring direct mail service and immigration issues, with more scheduled for January. Diplomats on both sides report cordial relations and call each other at home. The two nations' coast guards reportedly work well together on things like drug interdiction.

㉑Perhaps most surprising, each government has dodged developments that could easily have poisoned the waters.

㉒When several Latin American presidents critical of Washington were practically tripping over each other to offer asylum to NSA leaker Edward Snowden, Raul Castro was notably silent.

㉓And when Cuban weapons were found hidden underneath a shipment of sugar on a boat bound for North Korea, in possible violation of U.N. sanctions, Washington made clear it would not turn it into a bilateral issue.

㉔Cuban state television broadcast images of Tuesday's historic handshake, as well as a snippet of Obama's speech. It did not, however, include his implicit criticism of governments like Havana's. "There are too many who claim solidarity with (Mandela's) struggle for freedom but do not tolerate dissent from their own people," Obama said.

㉕Obama made waves in 2009 when he shook hands with the late Venezuelan President Hugo Chavez, a strident critic of the United States, at the Summit of the Americas. That ultimately did little to improve relations, and Venezuela and the United States are without ambassadors in each other's capitals.

㉖Washington and Havana are still far apart on many issues, among them Gross, four Cuban agents jailed in the United States, the embargo, the U.S. Navy base at Guantanamo and Cuba's record on human rights and democracy.

㉗But some in Havana were optimistic the handshake may point to a future Cuba–U.S. reboot.

㉘ "As a Cuban I'm shocked," said Ana Lidia Aguila, a 42–year–old employee of the City Historian's Office. "I hope that relations grow closer."

语料2

White House says Obama–Castro handshake "not planned"

From BBC, 10 December 2013

BBC news

①President Barack Obama and Cuban President Raul Castro's handshake at Nelson Mandela's memorial service was unplanned, the White House has said.

②White House aide Ben Rhodes told reporters the two exchanged nothing more substantive than a greeting.

③The Cuban government said the gesture may show the "beginning of the end of the US aggressions".

④The US broke off diplomatic ties with Cuba in 1961 as Fidel Castro aligned with the Soviet Union in the Cold War.

⑤And on Tuesday after the handshake, a White House official said the Obama administration still had grave concerns about human rights violations in Cuba, Reuters reported.

⑥Republicans on Capitol Hill were quick to condemn the gesture, with one Republican congresswoman chiding the move during an unrelated hearing on Tuesday.

⑦ "Sometimes a handshake is just a handshake, but when the leader of the free world shakes the bloody hand of a ruthless dictator like Raul Castro, it becomes a propaganda coup for the tyrant," Florida Congresswoman Ileana Ros–Lehtinen, who is known for her opposition to the Castro government, told Secretary of State John Kerry.

⑧ "Could you please tell the Cuban people living under that repressive regime that, a handshake notwithstanding, the US policy toward the cruel and sadistic Cuban dictatorship has not weakened."

Gradual thaw disrupted

⑨The last time a US president shook a Cuban leader' s hand was in 2000, when President Bill Clinton greeted President Fidel Castro, Raul's brother and predecessor, at a UN General Assembly meeting.

⑩Under President Obama, the US has eased restrictions on Cuban–Americans travelling to the island and on remittances between family members across the two countries.

⑪But the gradual thaw has been disrupted by the detention in Cuba of a US contractor.

⑫Alan Gross, 64, was arrested four years ago while on a project to provide internet access to Cuba's small Jewish community.

⑬On the fourth anniversary of his arrest, he wrote to Mr Obama to say he feared the US government had "abandoned" him, and asked the US president to intervene personally to help win his release.

附录五：中国主流媒体对美古两国领导人互动的报道

语料1：

美古元首握手 难泯两国恩仇

《参考消息报》（2013年12月12日01版[①]）

葬礼外交互赠善意

【埃菲社约翰内斯堡12月10日电】①美国总统奥巴马与古巴共产党中央第一书记、国务委员会主席兼部长会议主席劳尔·卡斯特罗在南非约翰内斯堡参加曼德拉追悼会时相遇并握手。

②这是美古这两个交恶近半世纪的国家的领导人间相当罕见的互动。奥巴马在上台发表讲话前，向在场他国领导人致敬并与劳尔握手，劳尔则回报以微笑。

【埃菲社波哥大12月10日电】③古巴领导人劳尔认为，10日与奥巴马在南非共同出席曼德拉追悼会时的握手是“文明人”的“正常”礼仪。

④“这很正常。我们是文明人。如果你听了我的讲话，你会发现，一切都遵循这一点。”劳尔在约翰内斯堡接受哥伦比亚媒体简短采访时表示。

⑤奥巴马与劳尔的此次握手实属罕见，这张历史性的照片已传遍全世界。

⑥劳尔在前文所提及的“讲话”中赞扬曼德拉是“一位无法超越的楷模”，并强调了全世界各国人民大团结的重要性：“全世界各国的力量如果无法凝聚到一起，人类就无法应对巨大挑战及其本身存在的

① 头版头条，参考消息网标题为“奥巴马卡斯特罗握手 难泯美古恩仇”，新闻内容除安排顺序有所不同，无小标题外，所选新闻来源媒体及信息完全一样。

问题。”

【英国广播公司网站12月10日报道】⑦美国总统奥巴马在南非出席曼德拉追悼大会期间与古巴领导人劳尔握手。白宫称这并非事先计划好的。

⑧美国总统国家安全事务副助理本·罗兹对记者说，两位领导人只是互道问候而已。

⑨不过，古巴政府则相当看重美国的这一姿态，称这也许显示了“美国结束敌对的开始”。

⑩有评论认为美国和古巴两个长期的“敌人”这次握手，似乎是在响应曼德拉“和解”的精神。

⑪上一个同古巴领导人握手的美国总统是克林顿。克林顿在2000年联合国大会上同当时的古巴领导人菲德尔·卡斯特罗握手。

⑫古巴在1960年宣布将美国公民在古巴的产业收归国有后，美国宣布制裁措施，有关制裁在两年后被进一步加强至近乎全面经济封锁并持续至今。

⑬最近几年美古关系有所缓和。奥巴马上台后，放松了两国间的旅行限制和家庭成员间汇款的限制。美国对古巴近来开放经济的改革措施感到欣慰，不过认为现有改革仍不足以令美国解除经济封锁。

【英国《金融时报》网站12月11日报道】⑭美古领导人在曼德拉的追悼会上握了手，这凸显了这位反种族隔离英雄在团结朋友和敌人方面的感召力。

⑮在这场追悼会上，奥巴马与劳尔越过意识形态鸿沟，共同为曼德拉非凡的一生喝彩。1959年古巴革命后，华盛顿和哈瓦那断绝关系。

⑯与此同时，在经过30多年的口诛笔伐后，美国也在试图修补与另一个敌对国家伊朗的关系。

有助缓和双边关系

【埃菲社哈瓦那12月10日电】⑰奥巴马与劳尔的罕见握手被多数古

巴民众和分析人士解读为古美关系出现缓和的积极信号。

⑱在从国家电视台或网络媒体看到这一画面后，很多古巴人对奥巴马和劳尔间的短暂致意表示惊讶。

⑲“眼见为实！我真希望自己能有读心术，知道两位领导人当时的心中所想！”热议此事的“古巴讨论”网站上一位网友评论道。

⑳“曼德拉即便在去世后仍在为推动各国间和平与和解发挥作用，”古巴裔美国学者阿图罗·莱维表示，“礼貌并不是两国和两国人民讨论棘手问题的充分条件，但的确是必要条件。”

㉑很多古巴民众盼望奥巴马与劳尔的握手能使两国关系改善。家政工作者罗莎·玛丽亚认为两位领导人还应对话：“缺少的是沟通。我们是邻居，但彼此间经历了太悲伤的岁月，是时候结束这一切了。”从事电子信息行业的23岁古巴年轻人亚历杭德罗说：“这或许将成为一些能改变两国关系的好事情的开端。”

㉒菲德尔·卡斯特罗尚未就此事表态，甚至对曼德拉的去世也保持沉默。

【路透社哈瓦那12月10日电】㉓奥巴马和劳尔握手，是一种曼德拉式的和解。这肯定是曼德拉希望看到的，但是否还意味着更多呢?

㉔古巴人惊讶地看到了奥巴马和劳尔的历史性握手，并希望两国关系能就此改善。

㉕许多古巴人觉得，劳尔在奥巴马走过来与他握手时露出微笑是一种和解的迹象，这两个海岸线仅相隔90英里的国家50多年来在意识形态和政治上都存在着痛苦的分歧。

㉖两位元首的礼貌举动是两个敌对国家彼此转变的最新迹象。

㉗双方官员也提到了彼此在接触时的一种新的务实态度。上月，奥巴马第一次承认了劳尔改革苏联式经济的努力，还说包括对古巴长期贸易禁运在内的美国政策已过时。“也许美古元首通过这次握手感觉到，他们要一起努力做的事比南非的反种族隔离斗争简单多了。”美国外交学会的朱莉娅·斯韦格说。

【美国国家公共电台网站12月10日报道】㉘2000年时，克林顿和菲德尔·卡斯特罗曾在联大握手，此举在当时被认为“只是一次友好的社交”。而一个月后，美国修改了贸易禁运内容，允许向古巴出售农产品。

㉙那么，奥巴马与劳尔这次握手会使这两个冷战时期的敌人间发生什么变化呢？战略与国际问题研究中心的卡尔·米查姆认为，这个“具象征性的手势……可能预示着更具实质性政策的开始”。而佛罗里达国际大学专家若热·杜尔尼说，美古分歧不可能靠握手就解决，“不过，这至少是个有益的信号”。

坚冰难以一夜解冻

【美联社哈瓦那12月10日电】㉚这是最短暂的时刻，只有几秒，两位元首借参加悼念曼德拉活动的机会握了手，还寒暄了几句。

㉛这本不值一提，要不是握手的是奥巴马和劳尔。他们的国家自冷战以来的对抗已持续50多年。

㉜一个友好的动作不可能一下子抹去自艾森豪威尔政府以来就有的不和。“不需要为此太大惊小怪。古美关系不会因为他们握手而一夜之间发生改变。”华盛顿拉丁美洲研究所的分析人士杰夫·塞勒说。

【埃菲社哈瓦那12月10日电】㉝古巴裔美国学者阿图罗·莱维认为，“不应夸大”奥巴马与劳尔握手的意义，尽管传递的是“积极信息”，但其象征性“并没那么深远”。

㉞古巴一些评论机构和持不同意见者也发出很多谨慎、怀疑和批评的声音。

【美国《基督教科学箴言报》网站12月10日文章】㉟古巴官方媒体在有关曼德拉悼念活动的报道中淡化了劳尔同奥巴马握手这一内容。这让握手事件对古美关系的象征意义受到削弱。

㊱美洲对话研究中心的迈克尔·希夫特说：“过分解读奥巴马同劳尔握手可能是不明智的。拒绝向劳尔问好，尤其在曼德拉的悼念活动上

这么做会让人觉得你心胸狭隘，这完全同曼德拉的慷慨大度相背。奥巴马政府对同古巴增进关系持开放态度。这个象征性举动凸显了美国的开放性，但两国关系要出现有意义的解冻迹象还有很长的路要走。”

【路透社约翰内斯堡12月10日电】㊲奥巴马和劳尔握手，是美古这对夙敌国家的元首间罕见的姿态，也是对曼德拉和解精神的最好诠释。

㊳但白宫对此举予以淡化，称这是常规礼节，并非美国政策变化的迹象。古巴国家电视台播放了握手画面，但未加评论。

【美国洛杉矶时报网站12月10日报道】㊴白宫官员告诫说，不要给周二奥巴马同劳尔的握手赋予太多意义。一名官员说，奥巴马的唯一重点是向曼德拉致敬。

【埃菲社华盛顿12月10日电】㊵美国国务卿克里10日淡化奥巴马与劳尔握手的重要性，并再次指责古巴政府不尊重民众“基本人权”。

㊶克里当天在出席众院外委会听证会时就共和党众议员罗斯-莱赫蒂宁对奥巴马与劳尔罕见握手提出的批评作了回应。

㊷“总统出席的是一个国际性葬礼，他不能决定谁参加谁不参加，”克里指出，“正如总统今天所言，我们敦促各国领导人将哀思投入到尊重本国民众基本人权中去。”罗斯-莱赫蒂宁随即打断克里的话问道：“那您认为劳尔正在保障其国民的基本人权吗？”克里回答：“不，完全不认为。”

语料2：

奥巴马出席追悼会与卡斯特罗握手 白宫称无实质意义

国际在线（2013年12月11日10：40）

国际在线专稿：①据英国广播公司和法新社12月10日报道，在曼德拉追悼大会上，奥巴马在登台致辞前与出席追悼大会的外国领导人打招呼。当走到卡斯特罗面前时，奥巴马伸出手去，两人握了手。白宫方面事后表示，两人握手并非事先计划。

②报道称，美国白宫副国家安全顾问罗兹（Ben Rhodes）称，两人握手只是互致问候，没有实质的意义。古巴政府表示，两人握手也许是“美国结束对古巴侵略的第一步”。

③一名美国官员表示，奥巴马和卡斯特罗握手不是出于“事先计划”，美国仍严重关切古巴的人权状况。

④据悉，1959年古巴革命胜利后，美国政府一直对古巴采取敌视态度。1961年美国雇佣军入侵古巴失败后，美古断绝外交关系。1962年，时任美国总统约翰·肯尼迪签署法令，正式宣布对古巴实施经济、金融封锁和贸易禁运。

语料3：

美国共和党批奥巴马同卡斯特罗握手

人民网（2013年12月11日）

【人民网12月11日讯】①综合美国媒体报道，美国总统奥巴马10日在南非出席曼德拉追悼会时，与同样出席活动的古巴领导人卡斯特罗握手，引发外界广泛争议。对此，美共和党议员麦凯恩提出激烈批评，甚至将该举动比作“张伯伦和希特勒握手”。

②报道说，针对奥巴马同卡斯特罗握手一事，美国共和党议员参议员麦凯恩在一档广播节目中表示，奥巴马不应该和古巴领导握手，这将会无形中宣扬古巴的统治者。随后，麦凯恩甚至将此次握手比作“二战”时前英国首相张伯伦同德国独裁者希特勒握手。

③据报道，奥巴马对卡斯特罗表示，希望这景象是美国结束对古巴侵略行为的开端。实际上，自从20世纪60年代初开始，两国的外交关系已断绝长达半世纪，美国持续对古巴实施制裁。不过，上个月奥巴马曾表明要调整美国对古巴政策，所以奥巴马此举引发关注，外界认为两人握手，代表两国有可能采取新措施改善关系。

④而白宫表示，两人的握手并非事先计划好的，总统仅仅是在前往

演讲台的路上偶然碰到了做出的一种自发的表示问候的手势，根本算不上一种“实质性的接触”。

（原标题：共和党猛批奥巴马同卡斯特罗握手白宫称绝非事前计划）

语料4：

奥巴马与劳尔·卡斯特罗握手

新华网（2013年12月10日21：59：01）

【新华网约翰内斯堡12月10日电】

①美国总统奥巴马10日在参加南非前总统曼德拉追悼大会时，与古巴领导人劳尔·卡斯特罗相遇并握手。

②据悉，在曼德拉追悼大会上，奥巴马在登台致辞前与出席追悼大会的外国领导人打招呼。当走到卡斯特罗面前时，奥巴马伸出手去，两人握了手。

③1959年古巴革命胜利后，美国政府一直对古巴采取敌视态度。1961年美国雇佣军入侵古巴失败后，美古断绝外交关系。1962年，时任美国总统约翰·肯尼迪签署法令，正式宣布对古巴实施经济、金融封锁和贸易禁运。

④近年来，美古两国已采取一些措施以缓解双边关系。奥巴马上月曾表示，美国应根据形势变化继续调整对古巴政策。分析人士认为，两人此次握手可能预示着两国有可能进一步采取措施改善双边关系。

语料5：

外媒称奥巴马卡斯特罗相遇握手“并非安排”

中国新闻网（2013年12月11日）

【中新网12月11日电】①据英国广播公司（BBC）报道，美国总统奥巴马在南非出席曼德拉追悼大会期间与古巴领导人劳尔·卡斯特罗握手。白宫称这并非事先计划好的。

②美国白宫国家安全事务副助理本·罗兹（Ben Rhodes）表示，两位领导人只是互道问候而已。

③不过，古巴政府则相当看重美国的这一姿态，称这也许显示了“美国结束敌对的开始”。

④据报，奥巴马在抵达南非机场后，其车队在前往追悼会现场的途中遭遇堵车，结果没有赶上开幕。抵达会场后，奥巴马在致辞时表示，曼德拉是“时代的巨人”。

⑤奥巴马还同在场的多位国家领导人握手问候，其中就包括古巴领导人劳尔·卡斯特罗。

⑥有评论认为美国古巴两个长期的“敌人”这次握手，似乎是在响应曼德拉“和解”的精神。

⑦不过，据路透社报道，一位白宫官员在奥巴马同卡斯特罗握手之后说，美国政府依然“严重关切”古巴的现状。

⑧上一个同古巴领导人握手的美国总统是克林顿。克林顿在2000年联合国大会上同当时的古巴领导人菲德尔·卡斯特罗握手。

⑨古巴在1960年宣布将美国公民在古巴的产业收归国有后，美国方面宣布制裁措施，有关制裁在两年后被进一步加强至近乎全面经济封锁并持续至今。

⑩最近几年，美国和古巴两国间的关系有所缓和。奥巴马上台后，放松了两国间的旅行限制和家庭成员间汇款的限制。

⑪美国对古巴近来开放经济的改革措施感到欣慰，不过认为现有的改革仍不足以令美国解除经济封锁。

语料6：

奥巴马与卡斯特罗在曼德拉追悼会现场握手

中国新闻网（2013年12月10日20：14）

【中新网12月10日电】①据外媒报道，12月10日，美国总统奥巴马在南非出席该国前总统曼德拉的追悼大会期间发表讲话，并与同样出席活动的古巴领导人劳尔·卡斯特罗握手。

②据报道，由于交通不畅等原因，奥巴马在抵达南非机场后，其车队前往约翰内斯堡FNB体育场追悼会现场途中被堵，由此错过了追悼会开场。在抵达现场后，奥巴马就悼念曼德拉致辞，称曼德拉是“20世纪最伟大的民族解放者”之一。

③奥巴马还与在场多位国家政要握手寒暄，其中包括近期因美国监控事件导致两国关系不睦的巴西领导人罗塞夫，此外，也包括古巴领导人卡斯特罗。奥巴马还与联合国秘书长潘基文等人拥抱交谈。

④外媒分析称，美国古巴这两个冷战时期的“敌人”此次握手，似乎是在共同体会曼德拉所留下关于“和解”的精神。近来，美国与古巴的关系似乎出现改进的迹象。

⑤据报道，全球数十个国家的政要、代表出席此次追悼大会。出席者除了美国总统奥巴马和联合国秘书长潘基文，还包括法国总统奥朗德、英国首相卡梅伦、巴西总统迪尔玛·罗塞夫和津巴布韦总统穆加贝，以及中国国家副主席李源潮等。

⑥当天，约翰内斯堡下起雨，许多南非民众在场外冒雨等待数小时，为的是进入体育馆参加追悼会。有人表示，曼德拉一生的中心就是“人道主义”，这是大家都聚集一堂纪念他的原因。

语料7：

一次颇有意味的握手：奥巴马与卡斯特罗在曼德拉追悼会

中国日报网（2013年12月14日 08：37：24）

①当地时间12月10日，在南非约翰内斯堡美国总统奥巴马出席曼德拉官方追悼会，并与古巴领导人劳尔·卡斯特罗握手致意。

②据外媒报道，美国总统奥巴马10日在南非前总统曼德拉的追悼会上与古巴国务委员会主席劳尔·卡斯特罗握手，迅速引发全世界的关注，因为这是美国与古巴关系敌对半个多世纪来，两国领导人第二次握手。

礼节抑或实质性外交?

③就在握手一幕吸引世界目光的时候，奥巴马的国家安全事务副助理本·罗兹对外宣称，这次握手“非计划”，不意味着“政策变化”，美古关系的障碍依然存在，两人握手只是互致问候，没有实质的意义。

④美国依旧“严重关切”古巴人权状况和古巴关押美国政府承包商阿兰·格罗斯。2011年3月，古巴一家法院认定格罗斯从事“破坏古巴独立和领土完整”活动，判处他监禁15年；古巴有意就此与美方协商，但美国几次“捞人”未果。

⑤而古巴政府则表示，两人握手也许预示着“美国的敌意有开始结束”的迹象。

⑥尽管如此，美联社认为，奥巴马依然通过握手向古巴传递一种开放的信息，与他上个月在佛罗里达州迈阿密市一场民主党政治资金筹款会上的演讲相呼应。

上一次握手溯及克林顿时代

⑦这实际上并不是美古领导人近年来的首次晤谈。1959年古巴革命胜利以来，美古领导人上一次也是第一次在公开场合握手是2000年9月，时任美国总统克林顿与古巴革命领导人、劳尔·卡斯特罗之兄菲德尔·卡斯特罗曾在联合国总部参加千年首脑会议时握手寒暄。但由于当时并非宏大的公开场合，且电视、相机镜头没有记录下这一时刻，当时没有引发多大反应，而美方长期否认这次会面的存在。

⑧古巴国务委员会主席劳尔·卡斯特罗事后在谈到这次握手时表示，“这很正常，我们都是有礼貌的人”。古巴共产党机关报《格拉玛

报》只是用“前所未有”来形容两位领导人的此次握手。而古巴官方网站“古巴辩论”则刊登了一张两位领导人握手的照片，注脚写着“奥巴马向劳尔致意，这是美国结束对古巴侵略的开始”。

奥巴马是否因势而变

⑨美国和古巴两国关系僵局由来已久，在美国对古巴实行封锁的半个多世纪中，古巴蒙受了巨大经济损失。联合国大会近年来每年都会通过获压倒性支持的决议要求停止对古巴封锁，但美国对此置若罔闻。

⑩奥巴马2009年就任总统后，加速了美国同古巴的各类接触，民间交流不断加强，尝试放松对古巴的部分制裁，美国先后放宽了本国公民赴古巴旅游的限令、放松了对古巴裔美国人侨汇的限制，两国中断了半个世纪的海上直航重新恢复，两国今年又就重启直邮和移民问题展开了多轮谈判。而就在上个月，奥巴马首次承认了古巴政府为了改善本国经济所做出的一系列变革措施，并强调美国对古巴实施的长时间制裁和禁运“已经过时”。

⑪美国有线电视新闻网CNN报道说，这是一个有很大象征意义的时刻。美国《迈阿密先驱报》援引分析人士的话说，奥巴马同劳尔的这次会面正逢两国关系出现微妙变化之机，两国加强了一系列的合作。《纽约时报》的报道说，也许两国关系并不会立刻发生大的改变，但有一点很明确，两国关系在改善道路上会不断发生细小但很有意义的事件。

⑫冰冻三尺非一日之寒，奥巴马在对待美古问题方面是否会因势而变以改善两国关系，还有很长的路要走。

语料8：

美古两国领导人罕见握手

中央电视台（CCTV13–新闻频道 2013年12月11日 08：25）

①那么10号美国总统奥巴马在参加南非前总统曼德拉追悼大会的时

候与古巴领导人劳尔·卡斯特罗相遇并握手了。（出境）

②据报道，在曼德拉的追悼大会上，奥巴马在登台致辞前与出席追悼大会的外国领导人打招呼，当走到卡斯特罗面前的时候，奥巴马伸出手，两个人相握。

③1959年古巴革命胜利之后，美国政府一直对古巴采取敌视的态度，近年来，美古两国已采取一些措施，以缓解双边的关系，奥巴马上月曾经表示，美国应该根据形势变化继续调整对古巴的政策。

④分析人士认为，两人此次握手，可能预示着两国有可能进一步采取措施，改善双边关系。（244字，43秒）

附录六：英汉新闻编译运用测试样题

英汉新闻编译运用测试

试题册

根据国际上的粗略统计，90%以上译者在实际工作中所做的都是非文学文本类的翻译，比如法律、商务、科技等。当各种形式的新闻成为我们每天获取信息的主要来源时，新闻类文本已成为一种重要的非文学文本。新闻编译活动在许多单位中占相当一部分比例，比如，新华社、中国日报社、人民日报社、环球网、中新网、中央电视台、中国国际广播电台、外交部、中央编译局、外文局等。其中，新华社属于我国的官方通讯社，它位于新闻产业链的顶端，是“供应新闻的大动脉”。该社国际部、参编部等部门的记者或编辑需要具备相当的新闻编译能力，特别是英汉新闻编译能力，这是一种国家非常需要但在国内新闻市场上相对短缺的专业技能。

英汉新闻编译从业者是编译交际活动的核心参与者，同时担任原文读者、编辑、译者、交流者等多个角色，既要对源稿件作者负责，也要对目标稿件读者负责，尤其需要考虑新闻受众的文化背景、接受能力和阅读习惯。因此，请仔细阅读下列说明，按要求完成英汉新闻编译任务。

一、交际任务说明

假设你是新华社国际部的一名编辑，从事国际新闻的对内报道工作。现在，你得到两篇主题为“美委关系”的英文稿件——稿件A为基础新闻，来自美联社，稿件B为辅助素材，来自法新社，共1000字（英）。请你综合这两篇稿件，确定主题，自拟标题，将两篇源稿件中有价值的信息按照新闻的逻辑和规范编译成一篇可读性强的汉语稿件供国内读者阅读。译稿字数700—950字（汉），时间100分钟。你的译稿由国际部的编辑审核后，将通过新华社的通稿新闻线路签发到国内各大报社和网络媒体，请将译文写在答题册上，电头和导语的开头部分已经给出。

二、注意事项

1. 通读稿件理解原文后，先编辑，然后进行英汉转换。编辑有两层含义：一是加工，二是整理。加工和整理的具体办法是删、并、增、调。

（1）删：切忌逐字逐句进行翻译。请围绕主题，选择文章的主要信息，删除重复信息、次要信息、细节性描述或者敏感信息。可以删除词语、句子、句群甚至整个段落。请直接在原文用“——”画掉你所删除的部分。但是，信息源不得随意删减。表达一方观点或媒体表态的，要写清来源，如：英媒称、美媒分析、美国白宫表示、美学者认为、某分析人士等，需注明。

（2）并：删除信息后，在必要时合并保留下来的短语、句子或段落。

（3）增：必要时，增加背景信息，或者过渡的词语或句子，使译文在语篇层面上结构完整，行文流畅，符合读者阅读习惯。

（4）调：必要时，重新调整原文段落结构，以保证整篇译文在时间、空间和逻辑上的合理有序。

简言之，编辑过程中，要综合考虑文章主旨、媒体立场、篇章组织和译稿字数等因素。

2. 必须绝对性地保证翻译的准确性和客观性。编译过程中，要保证译文主旨与原文相符，人名、地名、日期和数量等信息的转换准确。同时，须遵守媒体客观报道的原则，不可揣摩推测，不得妄加评论。

3. 译稿组成：标题+电头（已给出）+导语+正文。各部分应保持高度一致性，为逐步内容丰富的过程。

4. 标题：请勿直接翻译原稿标题，要以主题自己拟定标题。标题需准确、客观、具体、生动，一般不超过21个字。用词不宜重复。尽量不使用标点或者“的”“了”等词语。

5. 导语：综合两则稿件的导语，用最简洁、高效的语言，概括新闻事件的核心内容，要素需包括who、when、where、what，如果可能的话，还有why（答题纸上导语开头部分已给出）。导语中无冗余信息，长度不宜过长，原则上应控制在A4纸5号字的四行以内。

6. 正文：按照倒金字塔体例排列信息，重要信息在前，次要信息在后。同时，要注意正文中段落内部以及段与段之间的衔接与连贯，保证语篇流畅。正文中的直接引语必须如实翻译，意思不能改动。但是，如果上下文需要，则可将直接引语改为间接引语。不可将间接引语改为直接引语。

7. 语言：译文要符合读者的阅读习惯。无论标题，导语还是正文，都要避免语法错误和错别字。注意句子成分搭配和词语的使用，前者包括主谓搭配、动宾搭配等问题。后者注意代词的使用，慎用形容词和具有感情色彩的词语。此外，译文要符合新闻文体。语言要求简单、凝练、正式。

8. 长度：全文不宜过长，请控制在10段以内，每段内容在4行左右。另外，每句亦不宜过长，句子中若无较长的人物或组织名称，一句话两行还未结束时，要注意用逗号断句。

三、评判标准

信息准确；编辑适度；语法准确；表达得体

稿件A

Obama meets Venezuela's president on sidelines of summit

By JOSHUA GOODMAN and JOSH LEDERMAN April 11, 2015

①PANAMA CITY (AP) — President Barack Obama met privately with his Venezuelan counterpart for the first time Saturday amid a bitter dispute between the two nations over recent U.S. sanctions on seven senior Venezuelan officials.

②The meeting between Obama and President Nicolas Maduro took place on the sidelines of the Summit of Americas and lasted only a few minutes, according to a White House official, who wasn't authorized to comment by name.

③The encounter comes after the Obama administration issued an executive order declaring the economic and political crisis in Venezuela a "national security threat" for the U.S. and froze the U.S. assets of seven officials accused of human rights abuses tied to anti-government protests last year in Venezuela.

④White House officials said every executive order includes that language, but it has sparked a fiery response from Maduro, who has been rallying other Latin American leaders to condemn the action as an aggressive throwback to Cold War era that will only add to tensions in Venezuela at a time of deep divisions and calls by the opposition for Maduro to resign.

⑤ "In his brief moment with Maduro, President Obama indicated our strong support for a peaceful dialogue between the parties within Venezuela," said Bernadette Meehan, a spokeswoman for the White House's National Security Council. "He reiterated that our interest is not in threatening Venezuela, but in supporting democracy, stability and prosperity in Venezuela and the region."

⑥Maduro later described the meeting as frank and cordial, saying the 10-minute exchange could lead the way to a meaningful dialogue between the two nations in the coming days.

⑦ "I told him we're not an enemy of the United States," Maduro said. "We told each other the truth."

⑧Obama did not mention the encounter in remarks at the conclusion of the summit.

⑨But during a speech at the summit, Obama defended his administration's right to criticize policies it doesn't agree with.

⑩ "When we speak out on something like human rights, it's not because we think we are perfect but it's because we think the ideal of not jailing people if they disagree with you is the right idea," he told regional leaders, without mentioning Venezuela by name.

⑪Heads of state from 35 countries in the Western Hemisphere have met every three years to discuss economic, social or political issues since the creation of the summit in 1994.

⑫Cuba has historically been the wrench in the diplomatic machinery, with some Latin American leaders threatening not to attend the Summit of the Americas if the United States and Canada didn't agree to invite President Raul Castro.

⑬The tide changed December 17, 2014, when President Barack Obama and Castro announced that more than five decades of Cold War rivalry was ending. Diplomats from both countries immediately began negotiations to establish embassies in Havana and Washington, and the attention immediately focused on the Summit of the Americas, where for the first time since the about–face, Obama and Castro would come face–to–face.

⑭The VII Summit of the Americas was supposed to be all about the symbolic handshake between the United States and Cuba. But insert Venezuela into the mix and Panama City, Panama, quickly turns into a "triangle of tension."

(547 words)

稿件B

Obama, Venezuela’s Maduro meet for first time

By Maria Lorente April 11, 2015 10:31 PM View gallery

⑮Panama City (AFP) – US President Barack Obama spoke with Venezuelan President Nicolas Maduro on the margins of the Summit of the Americasin Panama City, where Maduro used the stage to air his grievances about US sanctions against Venezuelan officials.

⑯The brief encounter happened the same day that Obama held historic talks with Cuban President Raul Castro as part of their efforts to end decades of Cold War–era hostility.

⑰Hours earlier, speaking at the summit, Maduro was harsher on his US counterpart. He told the summit that he respected but did not trust Obama, and that it was the US president who had threatened Venezuela.

⑱In his brief moment with Maduro, Obama voiced his support for a peaceful dialogue between Venezuela’s government and the opposition, said Katherine Vargas, a White House spokeswoman. The US leader also "reiterated that our interest is not in threatening Venezuela, but in supporting democracy, stability and prosperity in Venezuela and the region," Vargas said.

⑲Maduro came to the 35–nation summit to demand that Obama lift sanctions executive order, saying he had garnered more than 13 million signatured against it.He also asked for repeal in full–page ads in The New York Times and in a Panama City newspaper.

⑳ "I respect you, but I don’t trust you, President Obama," Maduro told the summit, though Obama had already left to hold bilateral talks with Colombia’s president.

㉑Fellow leftist leaders from Argentina, Bolivia and Ecuador rallied behind Maduro.

㉒I am willing to talk with President Obama about this issue with respect and sincerity whenever he wants," Maduro said.

㉓Maduro said he has publicly and privately sought to speak with Obama ever since the Venezuelan leader was elected two years ago, but his US counterpart "never answered the messages that I sent him."

㉔Maduro has charged Washington with backing an opposition plot to overthrow him in a coup that he says would have involved bombing the presidential palace.

㉕The US government has dismissed the charges as baseless.

㉖The sanctions have irritated other Latin American countries.

㉗ "The response has been forceful, rejecting the executive order and demanding its removal," Ecuador's leftist President Rafael Correa said. "Our people will never again accept tutelage, meddling and intervention."

㉘Bolivian President Evo Morales said: "The Venezuelan people along with Latin America and the Caribbean, we are not a threat to anybody."

㉙While Argentine President Cristina Kirchner also criticized the sanctions, she shook hands with Obama at the summit.（422 words）

附录七：英汉新闻全译测试样题

说明：

假设你是新华社华盛顿分社的一名记者，现有一则4月11日的新闻稿需要发回总社，供国内读者阅读。请翻译该稿件（如下所示）。注意是全译，不是编译。

要求：

1. 无误译和漏译。稿件须完整，要包括标题、电头、导语和正文。

2. 用词准确，句子无误，无语法错误；选词得体，符合新闻文体；注意译稿的可读性。

3. 可查生词，但请独立完成，若译稿中有地方明显抄袭网络，则取消成绩。

4. 请在1小时之内完成。

Barack Obama and Cuba President Raul Castro Make History with First Sit-DownMeeting

WASHINGTON -- Ending a decades-long standstill in U.S.-Cuba relations, President Barack Obama sat down with his Cuban counterpart Raul Castro on Saturday, the first substantial meeting between the two nations' top leaders in more than 50 years.

According to a White House pool report from the Summit of the Americas in Panama City, The meeting in a small room in the convention center came as the two countries work to end the Cold War enmity that had led to a total freeze of diplomatic ties. The two leaders were seated next to each other in "the same set up as when world leaders are hosted in the Oval Office."

They did not look exactly at ease, sitting on small chairs slightly angled towards each other, but their tone was cordial. The meeting was in essence symbolic. With the cameras flashing away, no decisions were made. But its message was clear: we have our differences, but we can do business with each other.

Obama said, "it was time for us to try something new, that it was important for us to engage more directly with the Cuban government and the Cuban people. And as a consequence, I think we are now in a position to move on a path towards the future, and leave behind some of the circumstances of the past that have made it so difficult, I think, for our countries to communicate."

Following Obama's remarks, Raul Castro said the two nations could have differences "with respect of the ideas of the others." "We could be persuaded of some things; of others, we might not be persuaded," Castro said. In an indicator of the newfound warmth between the two countries, he added, "But when I say that I agree with everything that the president has just said, I include that we have agreed to disagree. No one should entertain illusions. Our countries have a long and complicated history, but we are willing to make progress in the way the president has described."

Obama said earlier Saturday that he asked Congress to lift the embargo to Cuba, which Castro applauded, calling it a "courageous decision to get involved in this debate with Congress to put this to an end."

Brazilian President Dilma Rousseff hailed their reconciliation as a courageous effort to end the last vestiges of the Cold War, which she said had caused great damage in the hemisphere.

President Cristina Fernandez de Kirchner of Argentina gave the main credit to Cuba, saying it had fought with unprecedented dignity against the US blockade. (421 words)

附录八：新闻编辑测试样题

说明：

假设你是新华社参考消息报社的一名选稿编辑，现选择了如下一篇新闻，接下来你需要对该新闻进行编辑处理，主要是缩短其篇幅。编辑后的稿件供定稿老师阅读，审核决定是否进一步编译该稿件。

编辑的具体要求：

1. 请在短语、句子或段落层面对稿件进行删减处理；

2. 可以调整某些段落或句子的顺序；

3. 可以将删减后的信息进行合并，比如某些词组、句子或段落；

4. 编辑后的稿件不用翻译成中文，字数请控制在300字左右，要注意稿件格式的完整，保留标题、电头等。

Obama begins historic visit to Cuba

Latest update : 2016–03–21

Havana （AFP）—Barack Obama on Sunday became the first US president in 88 years to visit Cuba, touching down in Havana for a landmark trip aimed at ending decades of Cold War animosity.

"Que bola Cuba?" Obama tweeted on landing, using Cuban slang to ask what's going on. "Just touched down here, looking forward to meeting and hearing directly from the Cuban people."

Obama is not only the first sitting US president since Fidel Castro's guerrillas overthrew the US–backed government of Fulgencio Batista in 1959, but the first since President Calvin Coolidge in 1928.

Seeking to leave a historic foreign policy mark in his final year in office, Obama will tour old town Havana late Sunday, hold talks with Cuban President Raul Castro on Monday and attend a baseball game before leaving Tuesday.

For Cubans dreaming of escaping isolation and reinvigorating their threadbare economy, the visit has created huge excitement.

"CUBANS WANT EMBARGO LIFTED"

"A president of the United States in Cuba arriving in Havana on his Air Force One," wrote popular Cuban writer Leonardo Padura on the Cafefuerte blog.

"Never in my dreams or nightmares could we have imagined that we'd see such a thing."

For days, Havana's old town has been crawling with painters sprucing up the picturesque neighborhood and the Stars and Stripes—long the enemy flag—has appeared over numerous buildings.

Early Sunday, cleaners swept the narrow, cobbled streets where Obama was due to stroll later and police, especially plainclothes, were out in large numbers.

Protest crackdown

But minutes before Obama took off for Cuba, police in Havana arrested dozens of people from a banned group demanding greater human rights, AFP reporters said.

The protesters were from the Ladies in White, formed by wives of former political prisoners. Police bundled them into vehicles outside a church where they attempt to hold protests almost every Sunday.

Republicans and some human rights activists have criticized Obama for dealing with Castro, given the lack of political, media and economic freedom in a country where the Communist Party retains tight control.

Dissidents called for "radical change" on the eve of the visit, but the Castro government warned that lectures on democracy would be "absolutely off the table."

White House deputy national security adviser Ben Rhodes insists that the subject will be brought up. Obama will meet members of Cuba's beleaguered opposition and on Tuesday will give a speech at the National Theater carried live on Cuban television.

"Soft war"

The United States spent decades trying to topple Cuba's communist government.

Washington attempted economic strangulation, the failed 1961 Bay of Pigs invasion, and CIA assassination plots against Fidel Castro—including the legendary, but unproven story of sending him an exploding cigar.

Now, after so many failures, Obama has bet that soft power will achieve what muscle could not. The aim, Rhodes said, is to make "the process of normalization irreversible."

Although a decades-long US economic embargo remains in place—and can only be removed by the Republican-controlled Congress—large cracks in the sanctions regime are appearing.

Obama hopes that a host of incremental and seemingly technical steps will open Cuba' s economy, transforming the island economically and politically, backers of the policy say.

Lawmakers including House Minority Leader Nancy Pelosi were with Obama, while a delegation of political and business leaders was traveling separately.

"It's a soft war using visitors as the soldiers, commercial airlines as the air force, and cruise ships as the navy," said John Kavulich, president of the US–Cuba Trade and Economic Council

In the latest such move, the US government gave the home rental platform Airbnb a green light to accept bookings in Cuba from non–American customers.

Earlier, US group Starwood Hotels & Resorts Worldwide said it had signed three hotel deals in Cuba, a first for any hospitality company since the revolution of 1959.

Cuba's regime, which for decades defined itself as the people's bulwark against the Yankee enemy, has bowed to the fact that Cubans would rather do business than make war.

And as if Obama's arrival were not enough to illustrate the sea change in Cuba, the Rolling Stones—a symbol of the cultural imperialism that communist leaders raged against—are playing a free concert in Havana on Friday. (709 words)

(AFP)

附录九：新闻编译分项评分量表示例

分项二　内容评分量表示例

译稿中的错误	参考译稿
Major	
奥巴马表示要和委内瑞拉各方建立良好关系。/奥巴马在会面中表达了两国和平对话的意愿。	美方支持委内瑞拉各党派之间建立良好关系/和平对话。
这七人被指控与反政府人权活动有勾结/这七人涉嫌参与反政府抗议活动。	这几人被指在反政府抗议活动中有侵犯人权的行为。
他还要求撤回在《纽约时报》和《巴拿马城市报》上的整版广告。	要求在《纽约时报》和《巴拿马城市报》以整版广告的形式刊登撤销制裁的命令。
白宫认为，制裁事件不仅使委内瑞拉分裂的形势进一步恶化，也加速了马杜罗的下台。	委方认为，制裁事件不仅使委内瑞拉分裂的形势进一步恶化，也加速了马杜罗的下台。
马杜罗联合其他拉美国家共同谴责美国的举动具有冷战思维。	马杜罗联合其他拉美国家共同谴责美国，认为其制裁行为具有冷战思维/是向冷战时期的倒退。
马杜罗表示会谈是友好的，但是随后在会场中表达了对奥巴马的不满，称不信任他。	时间先后问题：马杜罗表示会谈是友好的，但是之前峰会演讲中表达了对奥巴马的不满，称不信任他。
当美国提及人权时，并不是因为美国人自恃完美，而是因为他们认为对反对者免除法律制裁并不是正确的。	当我们为人权问题大声疾呼时，并不是说我们认为自己在这方面作得尽善尽美，而是认为，当有人持反对意见时，我们不应该囚禁他们，这才是正确的做法。
标题中的错误	标题中有严重的误译和错误的主观翻译，则降到3档。

译稿中的错误	参考译稿
Minor	
译稿中的错误及术语	参考译稿
并在与哥伦比亚的峰会会谈中，对委内瑞拉的人权问题提出批评。	并在与哥伦比亚的峰会会谈中，不点名地批评了委内瑞拉的人权问题。
美国峰会/美国第六次首脑会议	美洲国家第七届首脑会议或者第七届美洲峰会
每一个行政命令都采取相同的语言	语言　措辞
美巴关系	美古关系
13000个签名或者1亿三千个签名	改为1300万个签名
周六	（当地时间）4月11日
马度罗	马杜罗
Bernadette Meehan, a spokeswoman for the White House’s National Security Council.	白宫国家安全委员会发言人贝尔纳黛特·米汉
Katherine Vargas, a White House spokeswoman	白宫发言人凯瑟琳·瓦加斯
Argentine President Cristina Kirchner	阿根廷总统克里斯蒂娜
Bolivian President Evo Morales	玻利维亚总统莫拉莱斯
Ecuador’s leftist President Rafael Correa	厄瓜多尔总统科雷亚
Fellow leftist leaders	“拉美左派”国家领导人
主观	
马杜罗甚至在峰会上说：我尊重奥巴马，但我不信任他。	“甚至”偏主观
委方一度威胁……	“威胁”偏主观，委方只是谴责
美委关系得到缓解	主观

分项二　编辑评分量表示例

<table>
<tr><td>基本
考察点</td><td colspan="2">从量和质两方面看取舍和调整：有无删和调的意识，删和调得对不对。</td></tr>
<tr><td>基本原则</td><td colspan="2">内容的编辑要与自拟的标题一致。</td></tr>
<tr><td>基本思路</td><td colspan="2">1. 标题：美委领导人、峰会（走廊）、首会、制裁；
2. 导语表明时间、地点、人物、内容、原因等；
3. 第二部分主要是稿件A的内容：白宫官员确认谈话内容，奥巴马的反应、马杜罗的反应；制裁背景（链接第二部分和第三部分），位置可灵活处理；
4. 第三部分主要是稿件B的内容：主要是马杜罗对制裁的态度（“尊重，不信任”）、反制裁签名、表明会谈的诚意、其他拉美国家反制裁；
5. 美洲峰会的背景介绍。</td></tr>
<tr><td rowspan="6">取舍</td><td rowspan="3">量</td><td>译稿要符合字数要求，500字以上勉强合格，若400字以下，则3档以下。</td></tr>
<tr><td>导语不能太长（3–4行），交代主要要素即可，否则不符合新闻文体。</td></tr>
<tr><td>译稿要同时包含稿件A和稿件B的内容，两者所占比重：3：1–5：1，要结合所拟标题来看。</td></tr>
<tr><td rowspan="3">质</td><td>稿件A中的美国白宫、奥巴马以及马杜罗的反应、制裁背景、美洲峰会背景应保留。</td></tr>
<tr><td>稿件B中马杜罗和其他拉美国家对制裁的反应应保留或概述。</td></tr>
<tr><td>古巴相关是干扰信息，应适当删减，若保留古巴部分的内容超过两段，则要降档。</td></tr>
<tr><td rowspan="2">调整</td><td>量</td><td>要有调整的意识。</td></tr>
<tr><td>质</td><td>一般先介绍会谈事件，再谈制裁事件，最后美洲峰会背景。但是，考生若有重新排列意识且调整合理，也给分。</td></tr>
</table>

分项三　语言评分量表示例

标题	好	美委关系抢戏美洲峰会总统会面难解心结 美委领导人短暂首次会晤两国隔阂难消除 马杜罗峰会抢镜首次会晤奥巴马
	中	美委领导人在美洲国家首脑会议初见面气氛紧张 奥巴马与委内瑞拉总统首次会晤对委制裁成争议焦点
	差	奥巴马在美洲峰会期间首次和委内瑞拉总统会面 美国对委内瑞拉七名高级官员制裁引起各拉美国家不满 第七次美洲峰会美古握手言和，委内瑞拉因为制裁问题介入引起局势紧张
正文	好	间隙，与会期间，二人就，此举，援引，首次，时间虽短，但颇有意义，我们无意威胁委内瑞拉/或威胁委内瑞拉对我们没有好处。
	差	之间，举行会议的时候，两个人就，这一举动，引用，第一次，时间虽然短，但是很有意义，我们的兴趣不在于威胁委内瑞拉。
		少使用“了”。

附录十：正式评分阶段3位评分员使用整体评分量表评编译试题的评分结果

考生编号	Rater A	Rater B	Rater C
1	5	4	3
2	6	3	5
3	6	5	4
4	7	5	6
5	5	6	5
6	6	6	5
7	7	6	4
8	6	8	7

考生编号	Rater A	Rater B	Rater C
9	6	5	6
10	8	5	4
11	6	5	5
12	5	6	4
13	6	5	6
14	6	7	7
15	7	6	5
16	6	8	7
17	5	6	4
18	7	5	6
19	5	6	5
20	4	4	3
21	6	5	3
22	5	5	3
23	5	4	5
24	5	5	4
25	5	6	6
26	7	5	4
27	6	6	5
28	6	5	5
29	6	4	4
30	5	4	3
31	7	7	6
32	7	8	7
33	5	5	3
34	5	5	5
35	4	4	4
36	5	4	4
37	5	3	2
38	5	5	4
39	8	7	6

考生编号	Rater A	Rater B	Rater C
40	6	6	5
41	5	5	4
42	5	3	2
43	4	4	3
44	4	4	3
45	5	4	3
46	5	4	4
47	6	5	5
48	4	6	5
49	5	2	4
50	4	3	2
51	5	4	3
52	4	3	2
53	5	4	4
54	5	3	3
55	5	3	4
56	6	4	3
57	4	4	3
58	6	5	3
59	4	5	5
60	6	5	7

附录十一：正式评分阶段3位评分员使用分项评分量表评编译试题的评分结果

考生编号	Rater A			Rater B			Rater C		
	内容	编辑	语言	内容	编辑	语言	内容	编辑	语言
1	3	2	4	4	2	4	3	2	3
2	4	3	4	4	4	4	4	3	4
3	4	3	4	4	3	4	4	4	5

考生编号	Rater A			Rater B			Rater C		
	内容	编辑	语言	内容	编辑	语言	内容	编辑	语言
4	3	4	4	4	4	5	3	4	5
5	3	4	4	3	3	4	3	3	4
6	4	3	4	4	4	4	4	4	4
7	3	4	4	3	4	4	3	4	5
8	4	5	5	5	5	4	5	5	5
9	3	4	4	3	4	4	3	3	4
10	3	4	4	3	4	4	4	4	3
11	3	3	4	4	3	4	3	3	4
12	4	3	4	4	3	4	4	3	3
13	3	4	3	3	3	3	4	4	4
14	4	4	4	4	4	4	5	4	5
15	4	4	4	4	4	4	4	3	4
16	5	4	5	5	4	5	5	4	5
17	3	3	3	3	3	3	4	3	4
18	4	4	4	5	4	4	5	4	4
19	3	4	4	4	4	4	4	4	5
20	3	3	4	4	3	4	3	3	4
21	3	3	4	3	3	4	3	5	4
22	3	3	4	3	3	4	3	4	4
23	3	3	3	3	4	3	3	3	3
24	4	3	4	4	4	4	4	3	4
25	4	4	4	4	4	3	4	4	4
26	4	4	5	3	4	5	4	3	4
27	4	4	3	4	4	4	4	4	4
28	4	3	3	4	3	3	3	3	3
29	2	3	3	3	3	3	4	3	4
30	2	3	3	3	3	3	3	3	4
31	4	4	4	4	5	4	4	4	4
32	5	4	4	5	5	4	4	5	4

考生编号	Rater A			Rater B			Rater C		
	内容	编辑	语言	内容	编辑	语言	内容	编辑	语言
33	3	4	3	3	4	4	4	3	4
34	3	3	4	4	3	3	3	3	4
35	3	2	4	4	2	4	3	2	3
36	3	3	3	3	3	4	2	3	3
37	2	2	3	2	2	4	2	2	3
38	3	3	4	4	4	4	3	4	4
39	4	4	3	4	4	4	5	4	3
40	4	4	3	4	4	3	4	4	4
41	3	4	4	3	4	3	2	3	4
42	3	3	2	2	3	2	2	2	2
43	4	4	4	4	3	4	3	3	3
44	3	3	3	4	3	3	3	3	2
45	3	2	4	3	2	3	3	2	3
46	3	2	4	3	2	3	3	3	3
47	3	4	3	3	4	3	3	3	3
48	3	3	3	4	3	4	4	3	3
49	2	3	2	2	3	2	2	2	2
50	2	3	3	2	3	2	2	3	2
51	4	3	2	3	2	2	3	3	2
52	2	3	3	2	2	3	2	2	2
53	3	3	3	3	3	3	3	3	2
54	3	3	3	3	3	4	2	2	3
55	4	4	3	4	3	3	3	3	3
56	4	2	3	3	3	3	3	2	3
57	4	3	3	4	2	3	3	3	3
58	4	4	3	4	3	3	3	3	3
59	4	3	4	4	3	4	3	3	4
60	4	4	4	3	4	4	3	4	4

附录十二：新闻编译运用测试反拨效应调查问卷

请根据自己对新闻编译运用测试的认识及在测试中的作答情况回答以下问题，在选项1、2、3或A、B、C……中勾选出符合自身情况的选项。选项1代表不同意，2代表基本同意，3代表完全同意。

谢谢合作!

是否上过编译课________　　　　　　是否有过编译实习经历________

1. 我认真阅读了测试说明，尤其是画线和加粗部分。　1　2　3

2. 我完全理解了测试要求。　1　2　3

3. 我认为测试的测试说明能更好地帮助我完成测试任务。　1　2　3

4. 分项评分标准能让我了解自己的长处和不足，明确努力的方向。　1　2　3

5. 答题过程与我在媒体单位实习中的编译过程基本一致。　1　2　3

6. 测试任务的形式与内容与我在新闻编译课中的学习任务情况基本一致。　1　2　3

7. 测试任务的形式与内容与我在媒体单位的编译实习工作情况基本一致。　1　2　3

8. 测试较好地反映了课堂教学内容，这使我今后的课堂学习更有目的性。　1　2　3

9. 测试让我意识到了编译的重要性和自身不足，对今后的学习有指导意义。　1　2　3

10. 我认为本测试难度适中。　1　2　3

11. 本次考试成绩能准确反映我的新闻编译能力。　1　2　3

12. 我认为本测试的难点在于________________。（可多选）

A. 字数把握 B.原稿理解 C.译稿表达 D. 编辑处理 E.信息转换

13. 我对本测试的建议：

____

____